国之重器出版工程

制造强国建设

2019—2020年中国工业和信息化发展系列蓝皮书

2019—2020年
中国工业发展质量蓝皮书

中国电子信息产业发展研究院 **编 著**

刘文强 **主 编**

秦海林 关 兵 王 昊 梁一新 **副主编**

电子工业出版社·

Publishing House of Electronics Industry

北京 · **BEIJING**

内 容 简 介

本书以习近平新时代中国特色社会主义思想为指引，围绕我国工业经济当前的重点、热点、难点问题进行研究，特别是对制造业高质量发展过程中所面临的机遇与挑战进行深度分析，构建了成熟的指标体系。

全书围绕"工业高质量发展"，遵循新发展理念，紧密结合制造强国的主要目标，充分吸纳"供给侧结构性改革"对工业经济发展的新要求，全面剖析了工业发展质量的内涵，明确了构建评价体系的基本原则和主要思路，并在往年评价体系的基础上，对一些指标进行了适时地调整，对全国和各省（区、市）的工业发展质量，以及工业主要行业发展质量进行了评价。

本书旨在推动我国工业经济高质量发展，可供相关人士参考阅读。

未经许可，不得以任何方式复制或抄袭本书之部分或全部内容。

版权所有，侵权必究。

图书在版编目（CIP）数据

2019—2020 年中国工业发展质量蓝皮书 / 中国电子信息产业发展研究院编著；刘文强主编. —北京：电子工业出版社，2020.12
（2019—2020 年中国工业和信息化发展系列蓝皮书）
ISBN 978-7-121-40035-3

Ⅰ. ①2… Ⅱ. ①中… ②刘… Ⅲ. ①工业发展－经济运行质量－研究报告－中国－2019-2020 Ⅳ. ①F424

中国版本图书馆 CIP 数据核字（2020）第 234502 号

责任编辑：陈韦凯
印　　刷：固安县铭成印刷有限公司
装　　订：固安县铭成印刷有限公司
出版发行：电子工业出版社
　　　　　北京市海淀区万寿路 173 信箱　　邮编：100036
开　　本：720×1 000　1/16　印张：21　字数：470.4 千字　彩插：1
版　　次：2020 年 12 月第 1 版
印　　次：2020 年 12 月第 1 次印刷
定　　价：198.00 元

凡所购买电子工业出版社图书有缺损问题，请向购买书店调换。若书店售缺，请与本社发行部联系，联系及邮购电话：（010）88254888，88258888。
质量投诉请发邮件至 zlts@phei.com.cn，盗版侵权举报请发邮件至 dbqq@phei.com.cn。
本书咨询联系方式：chenwk@phei.com.cn，（010）88254441。

《国之重器出版工程》
编辑委员会

编辑委员会主任：苗　圩

编辑委员会副主任：刘利华　辛国斌

编辑委员会委员：

冯长辉	梁志峰	高东升	姜子琨	许科敏
陈　因	郑立新	马向晖	高云虎	金　鑫
李　巍	高延敏	何　琼	刁石京	谢少锋
闻　库	韩　夏	赵志国	谢远生	赵永红
韩占武	刘　多	尹丽波	赵　波	卢　山
张　立	徐惠彬	赵长禄	周　玉	姚　郁
张　炜	聂　宏	付梦印	季仲华	

专家委员会委员（按姓氏笔画排列）：

于　全	中国工程院院士
王　越	中国科学院院士、中国工程院院士
王小谟	中国工程院院士
王少萍	"长江学者奖励计划"特聘教授
王建民	清华大学软件学院院长
王哲荣	中国工程院院士
尤肖虎	"长江学者奖励计划"特聘教授
邓玉林	国际宇航科学院院士
邓宗全	中国工程院院士
甘晓华	中国工程院院士
叶培建	人民科学家、中国科学院院士
朱英富	中国工程院院士
朵英贤	中国工程院院士
邬贺铨	中国工程院院士
刘大响	中国工程院院士
刘辛军	"长江学者奖励计划"特聘教授
刘怡昕	中国工程院院士
刘韵洁	中国工程院院士
孙逢春	中国工程院院士
苏东林	中国工程院院士
苏彦庆	"长江学者奖励计划"特聘教授
苏哲子	中国工程院院士
李寿平	国际宇航科学院院士

李伯虎	中国工程院院士
李应红	中国科学院院士
李春明	中国兵器工业集团首席专家
李莹辉	国际宇航科学院院士
李得天	国际宇航科学院院士
李新亚	国家制造强国建设战略咨询委员会委员、中国机械工业联合会副会长
杨绍卿	中国工程院院士
杨德森	中国工程院院士
吴伟仁	中国工程院院士
宋爱国	国家杰出青年科学基金获得者
张 彦	电气电子工程师学会会士、英国工程技术学会会士
张宏科	北京交通大学下一代互联网互联设备国家工程实验室主任
陆 军	中国工程院院士
陆建勋	中国工程院院士
陆燕荪	国家制造强国建设战略咨询委员会委员、原机械工业部副部长
陈 谋	国家杰出青年科学基金获得者
陈一坚	中国工程院院士
陈懋章	中国工程院院士
金东寒	中国工程院院士
周立伟	中国工程院院士

郑纬民	中国工程院院士
郑建华	中国科学院院士
屈贤明	国家制造强国建设战略咨询委员会委员、工业和信息化部智能制造专家咨询委员会副主任
项昌乐	中国工程院院士
赵沁平	中国工程院院士
郝 跃	中国科学院院士
柳百成	中国工程院院士
段海滨	"长江学者奖励计划"特聘教授
侯增广	国家杰出青年科学基金获得者
闻雪友	中国工程院院士
姜会林	中国工程院院士
徐德民	中国工程院院士
唐长红	中国工程院院士
黄 维	中国科学院院士
黄卫东	"长江学者奖励计划"特聘教授
黄先祥	中国工程院院士
康 锐	"长江学者奖励计划"特聘教授
董景辰	工业和信息化部智能制造专家咨询委员会委员
焦宗夏	"长江学者奖励计划"特聘教授
谭春林	航天系统开发总师

前 言

    2019 年，我国工业高质量发展的步伐不断加快且坚实有力。作为实体经济的主战场，我国工业特别是制造业的发展质量得到了国家以及各级政府的高度重视。在习近平新时代中国特色社会主义思想指引下，在党中央、国务院的领导下，稳步推进工业领域供给侧结构性改革，推动工业高质量发展成为我国经济优化升级的重要抓手。我国工业经济在坚持稳增长调结构的总要求下，保持"稳中求进"总基调不变，积极推进新旧动能平稳接续转换，全面落实制造强国战略。

    2019 年，我国工业经济下行压力进一步加剧，国际不稳定、不确定因素显著增加。2020 年年初，中美经过高级别经贸磋商，终于达成了第一阶段经贸协议，给中美双方乃至全球释放出积极信号，但协议是否能执行到位，围绕国有企业改革、知识产权、技术转让等问题的第二阶段谈判何时开启，仍给世界经济留下了巨大的猜想空间。无论中美谈判结果如何，都将对我国工业经济发展产生重大影响，我国工业特别是制造业已发展 40 年的模式亟待改变，需朝着高质量发展的方向加速前行。2020 年年初，一场突如其来的新冠肺炎疫情对我国经济社会带来了前所未有的冲击。在习近平总书记带领下，党中央、国务院统筹部署，防控疫情取得了阶段性的积极成效，工业经济复工复产快速推进，负面影响逐步缩小。然而，我国工业经济发展长期存在的结构性矛盾也在此次疫情中暴露无遗，工业结构优化升级和"去产能"任重道远，传统工业增长动能趋弱，新动能尚未发挥出支撑工业经济增长的主要作用，新旧动能转换尚需时日。我国工业经济在这样的发展背景下，加快推进制造强国战略，加快推动工业高质量发展，增强我国工业，特别是制造业的国际竞争力迫在眉睫。

本书深入研究"工业发展质量"，目的在于考量我国各省（区、市）工业经济及各工业行业在上述新的发展背景和环境下的发展进程。"工业发展质量"是指在一定时期内一个国家或地区工业发展的优劣状态，综合反映了速度、结构、效益、创新、资源、环境及信息化等方面关系的协调程度。本书通篇围绕"工业高质量发展"，遵循新发展理念，紧密结合制造强国建设的主要目标，充分吸纳"供给侧结构性改革"对工业经济发展的新要求，全面剖析工业发展质量的内涵，明确构建评价体系的基本原则和主要思路，在往年评价体系的基础上，对 19 项指标进行了适时的调整，对过去近十年全国及各省（区、市）的工业发展质量，以及工业主要行业发展质量进行了评价。

在研究过程中，我们深刻体会到，工业发展质量内涵丰富，构建一套相对合理的评价体系，并对全国、各省（区、市）以及工业行业进行评价，是一项极富挑战性和创造性的工作，具有现实意义。《中国工业发展质量蓝皮书》前七版问世以来，引发了学术界的广泛关注和热烈反响，《2019—2020年中国工业发展质量蓝皮书》在认真吸收和采纳行业专家及学者具有建设性的建议和意见的基础上，对 2019 年我国工业发展质量相关热点、重点和难点问题进行透析，期望能够引起更多国内外学术界有识之士的共同关注。

由于时间、精力、能力有限，虽谨思慎为、几经推敲，但不足之处在所难免，恳请业界同仁不吝赐教。

目 录

理 论 篇

全 国 篇

区 域 篇

专 题 篇

展　望　篇

理　论　篇

第一章

理论基础

　　党的十九大报告作出了"我国经济已由高速增长阶段转向高质量发展阶段"的重大战略判断。我国工业经济发展不仅实现了从高速到中高速的平稳换挡，而且从规模速度型粗放增长开始转向质量效益型发展，工业发展更加注重质量与效益的平衡，追求稳中有进、稳中提质，更加注重工业发展质量变革、效率变革、动力变革。基于这一现状，本章主要从我国工业发展走势和研究成果出发，提出有关工业发展质量的概念，并认为对工业发展质量的衡量是多维度的，主要体现在速度和效益的有机统一、结构持续调整和优化、技术创新能力不断提高、资源节约和环境友好、两化融合不断深化、人力资源结构优化和待遇提升六个方面。对工业发展质量进行评价，不仅是衡量工业转型升级成果的需要，还是把握工业经济运行规律和正确指导地方工业科学发展的有效手段。

第一节　研究背景和文献综述

一、研究背景

　　新中国成立 70 年来，我国经济社会发生了翻天覆地的历史性变化，主要经济社会指标占世界的比重大幅提高，居世界的位次不断前移，国际地位和国际影响力显著提升。自 2006 年以来，中国对世界经济增长的贡献率稳居世界第 1 位，是世界经济增长的第一引擎。2019 年我国经济总量逼近 100 万亿元大关，初步核算，全年国内生产总值达 990865 亿元，比上年增长 6.1%，对世界经济增长的贡献率为 30% 左右，持续成为推动世界经济增长的主要动力源。工业是立国之本，是实体经济的主体和建设现代化经济体系的主要着力点。新中国成立 70 年来，我国主要工业产品产量居世界的位次均大幅提升，相继步入世界前列。其中，粗钢、煤产量和发电量分别由 1949 年居世界第 26 位、第 9 位、第 25 位跃居 2017 年的世界第 1 位；水泥、化肥产量分别由 1978 年居世界第 4 位、第 3 位跃居 2017 年的世界第 1 位；原油产量由 1949 年居世界第 27 位上升到 2017 年的世界第 5 位。工业门类拥有全球门类最齐全的产业体系和配套网络，其中 220 多种工业产品产量居世界第一。

当前世界经济增长持续放缓，仍处在国际金融危机后的深度调整期，世界大变局加速演变的特征更趋明显，全球动荡源和风险点显著增多。我国正处在转变发展方式、优化经济结构、转换增长动力的攻关期，结构性、体制性、周期性问题相互交织，"三期叠加"影响持续深化，经济下行压力加大。2019 年，面对国内外复杂经济环境和各种严峻挑战，党中央、国务院保持战略定力，积极应对，加强和改善宏观调控，出台减税降费、改善营商环境、支持实体经济发展等一系列政策措施，工业生产稳定增长，新动能加快成长，结构调整持续推进，工业经济总体呈现平稳运行态势。2019 年全部工业增加值达 317109 亿元，占 GDP 的比重为 32%。战略性新兴产业、高技术制造业继续保持较快增长，支撑作用进一步增强。2019 年，战略性新兴产业增加值增长 8.4%，增速高于规模以上工业 2.7 个百分点。其中，新能源产业增速为 14.9%，新一代信息技术产业增速为 9.5%。高技术制造业增加值比上年增长 8.8%，增速高于规模以上工业 3.1 个百分点。高技术制造业增加值占规模以上工业比重达到 14.4%，较上年提高 0.5 个百分点，对工业经济稳定增长的支撑作用进一步增强。

近年来，我国坚持以创新、协调、绿色、开放、共享为发展理念，推动制造业高质量发展，不断推进制造强国建设。

一是科技创新引领作用增强。2019 年我国位列全球创新指数排名第 14 位，比上年上升 3 位。创新投入增长较快，2019 年全国研究与试验发展（R&D）经费支出比上年增长 10.5%，占国内生产总值比例为 2.19%。

二是发展协调性稳步提高。重大区域发展战略统筹推进，京津冀协同发展、长江经济带发展、粤港澳大湾区建设、长三角一体化发展按下快进键，黄河流域生态保护和高质量发展上升为国家战略，区域协同发展格局进一步优化。

三是节能降耗减排成效显现。2019 年全国万元国内生产总值能耗比上年下降 2.6%，万元国内生产总值二氧化碳排放下降 4.1%，万元国内生产总值用水量下降 6.1%。

四是对外贸易稳中提质。2019 年我国货物进出口总额 31.6 万亿元，比上年增长 3.4%，连续两年超过 30 万亿元。2019 年，我国对"一带一路"沿线国家进出口总额达 92690 亿元，比上年增长 10.8%。

五是供给侧结构性改革成效明显。2019 年全国工业产能利用率为 76.6%，比上年提高 0.1 个百分点。截至 2019 年年末，规模以上工业企业资产负债率为 56.6%。

中央工作经济会议指出：2020 年要着力推动高质量发展。要坚持巩固、增强、提升、畅通的方针，以创新驱动和改革开放为两个轮子，全面提高经济整体竞争力，加快现代化经济体系建设。要深化科技体制改革，加快科技成果转化应用，加快提升企业技术创新能力，发挥国有企业在技术创新中的积极作用，健全鼓励支持基础研究、原始创新的体制机制，完善科技人才发现、培养、激励机制。要支持战略性产业发展，支持加大设备更新和技改投入，推进传统制造业优化升级。要落实减税降费政策，降低企业用电、用气、物流等成本，有序推进"僵尸企业"处置。要健全体制机制，打造一批有国际竞争力的先进制造业集群，提升产业基础能力和产业链现代化水平。要大力发展数字经济。

我国将着力振兴实体经济，工业发展将更加注重质量和效益，更加注重质量变革、效率变革、动力变革，更加注重质量发展的体系建设。推动高质量发展是当前和今后一个时期确定发展思路、制定经济政策、实施宏观调控的根本要求，将形成高质量发展的指标体系、政策体系、标准体系、统计体系、绩效评价体系、政绩考核体系，推动我国经济在实现高质量发展上不断取得新进展。

二、文献综述

党的十九大报告指出，我国经济已由高速增长阶段转向高质量发展阶段，部分专家和学者对此进行了解读和研究。

张军扩（2020 年）认为高质量发展要处理好四个关系：一是要处理好发展新产业、新业态、新商业模式等"三新经济"与促进传统产业转型升级的关系；二是要处理好制造业质量提升与服务业质量提升的关系；三是要处理好提质增效与补齐短板的关系；四是要处理好经济社会发展与环境质量提升的关系。

　　周毅、许召元、李燕（2020 年）分析了日本制造业的经验，提出对我国制造业高质量发展的启示：鼓励企业参与全球价值链分工，培育重视质量的环境和精神，形成大中小企业协作发展的环境，加强政府及行业协会的作用。

　　许召元（2019 年）认为应做好制造业高质量发展的四个关键环节：塑造奖优罚劣的市场机制，创造有利于高质量发展的外部环境；支持研发创新，掌握核心技术；鼓励数字化智能化改造，促进技术升级；显著降低实体经济成本，为高质量发展赢得时间。

　　创新是引领发展的第一动力，是建设现代化经济体系的战略支撑。增强工业企业创新能力，改造提升传统动能，推动动力变革，加快构建工业经济新动力，推动工业高质量发展。吕薇（2019 年）认为要实现制造业高质量发展，离不开创新驱动。创新是制造业高质量发展的"牛鼻子"。推动制造业高质量发展，必须把创新摆在制造业发展全局的核心位置，不断提升供给体系的质量效益。国家统计局公布，2018 年中国创新指数首次突破 200，达到212（2005 年为 100），比上年增长 8.6%，较 2005 年实现翻番。分领域看，创新环境指数、创新投入指数、创新产出指数和创新成效指数比上年均呈现不同程度的增长。测算结果表明，2018 年，我国创新环境持续优化，创新投入不断加大，创新成效逐步显现，科技实力和创新能力再上新台阶。工业和信息化部强化创新引领，加快发展先进制造业，2020 年将在制造业创新中心方面，再培育遴选 4 家左右国家制造业创新中心，加强考核评估和动态管理。

　　生态环境是经济发展的生产力要素，工业经济高质量发展，必须坚持绿色发展，实现工业发展方式的根本转变。习近平总书记围绕绿色发展，发表一系列重要讲话，指出像保护眼睛一样保护生态环境，推动形成绿色低碳循环发展新方式，并从中创造新的增长点，强调绿色发展是最有前途的发展领域，加快构建绿色循环低碳发展的产业体系，决不以牺牲环境换取一时的经济增长，形成了既要金山银山、又要绿水青山的鲜明导向。周宏春（2019 年）认为生态环境保护将伴随我国工业化和城市化的全过程，是一场"持久战"，要坚持生态优先、绿色发展，促进经济高质量发展，着力推进生态环境保护和高质量发展。常纪文（2019 年）认为要在绿色高质量发展的道路上稳步前行，中国工业绿色转型的思路和方法应更加科学，2020 年及今后的较长一段时间，我国生态文明建设仍将处于压力叠加、负重前行的关键期。

　　以高水平对外开放推动工业高质量发展。推动优势产业国际产能合作，提升工业开放发展水平，主动融入全球产业链和价值链，推动工业高质量发展。隆国强（2019 年）认为应以高水平开放支撑和服务高质量发展。高质量发展是一种创新的发展，同时高质量发展也是开放的发展，高质量发展为对外开放战略指明了方向，也提出了新的要求。在新的发展阶段，对外开放战略，就要按照高质量发展的新要求来进行调整。

综上所述，当前以及未来相当长的一段时期内，我国工业经济发展应更加关注工业发展的质量和效益，更加注重工业发展质量变革、效率变革、动力变革。推动工业经济高质量发展，是保持工业经济持续健康发展的必然要求，是遵循经济规律发展的必然要求。就当前国内外复杂形势看，急需构建一套合理、完善的评价体系，来客观、科学地反映和评价我国新时代工业发展质量，引导和推动工业产业结构向更加合理的方向调整。

第二节 工业发展质量的概念及研究意义

一、概念及内涵

工业发展质量的衡量是多维度的，涉及生态效益、经济结构、创新能力、民生水平等多个方面。赛迪研究院工业经济研究所认为：广义上，工业发展质量是指一定时期内一个国家或地区工业发展的优劣状态；狭义上，工业发展质量是在保持合理增长速度的前提下，更加重视增长的效益，不仅包括规模扩张，还包括结构优化、技术创新、资源节约、环境改善、两化融合、惠及民生等诸多方面。现阶段其内涵主要体现在以下六个方面。

第一，速度和效益有机统一。工业发展质量的提高是以稳定的发展速度为基础的，目前我国工业经济运行呈现"稳中有进"的特点，"稳"主要体现在工业增速保持在一定的水平，"进"更多地体现在质量和效益的提高。忽视效益和质量的盲目扩张很可能以资源高消耗、环境高污染为代价，并可能引致产业结构失衡等一系列严重问题，将影响工业的良性循环和健康发展。提升工业发展质量的关键在于实现速度和效益的有机统一。

第二，结构持续调整和优化。工业结构反映了生产要素在产业间、地区间、企业间的资源配置情况，是工业总体发展水平的重要评价维度。工业结构的优化升级有助于提高工业发展质量，是工业发展质量提升的重要表现，必须要统筹处理好传统产业和新兴产业、劳动密集型产业和资本技术密集型产业、重化工业与轻工业、东部地区与中西部地区、大集团大企业与中小企业、国有企业与非国有企业等重要关系，优化生产要素配置。

第三，技术创新能力不断提高。技术创新是工业经济发展质量提高的源泉，提高产业技术创新能力，有助于实现内涵式发展，推动工业转型升级。在新一轮科技革命的背景下，必须转变经济发展方式，建立健全工业化的创新驱动机制，实现工业化动力从投资驱动向创新驱动转变，进而形成创新驱动的现代化经济体系。提高工业发展质量，要求完善创新生态体系，实现创新链、产业链与资金链的有机统一，保障科研经费投入，促进科技成果的转化。

第四，绿色发展持续推进。实现工业经济与资源环境的和谐发展，是缓解资源约束矛盾的根本出路，是提高工业发展质量的前提。绿色发展是工业发展质量的重要要求，也是工业经济效益的具体表现方面之一。实践证明，粗放利用资源的发展模式只会加剧资源约束矛盾，而以损害环境为代价的工业发展具有极强的社会负外部性。提升工业发展质量，必须提高资源利用效率，发展循环经济，有效控制污染排放。

第五，两化融合不断深化。随着新兴信息技术的产生和应用，工业互联网、大数据、人工智能、虚拟现实和实体经济深度融合，信息技术、信息产品、信息资源、信息化标准等信息化要素，在工业技术、工业产品、工业装备、工业管理、工业基础设施、市场环境等各个层面的渗透与融合，是推动工业转型升级的重要科技助力，也是优化工业系统管理水平的重要手段。

第六，人力资源结构优化和待遇提升。随着我国人口老龄化的加剧，劳动力成本上升，以廉价劳动力为特征的人口红利在不断消失。但随着改革开放后我国人均受教育水平的提高，劳动力质量呈现明显改善，成为我国人口红利的新特征。提高工业发展的质量，既要充分依托我国在人才和劳动力资源方面的巨大优势，特别是要关注人均受教育水平的提高，同时还要着眼于解决广大人民群众的就业与收入问题，实现发展成果人民共享的同时，扩大内需，增强国内购买力。

二、评价意义

党的十九大明确提出，必须坚持质量第一、效益优先，以供给侧结构性改革为主线，推动经济发展质量变革、效率变革、动力变革，提高全要素生产率，着力加快建设实体经济、科技创新、现代金融、人力资源协同发展的产业体系，着力构建市场机制有效、微观主体有活力、宏观调控有度的经济体制，不断增强我国经济创新力和竞争力。结合实际情况，我们认为，未来我国工业发展质量的评价，应综合考虑产业结构优化、协调发展、绿色发展、工业创新能力等多个维度，着力提高工业发展的质量和效益。加强对工业发展质量的评价和研究，是推进工业转型升级的重要基础性工作之一，也是深入贯彻落实十九大及十九届二中、三中、四中全会和中央经济工作会议相关精神，实现制造强国战略的重要实践性工作之一，对我国新时代工业经济实现健康平稳增长具有重要意义。

第一，研究和评价工业发展质量是科学衡量工业转型升级效果的迫切需要。加快工业转型升级已成为推进我国经济结构调整和发展方式转变的重大举措。工业转型升级主要体现在自主创新、结构优化、两化深度融合、绿色低碳、对外开放等诸多方面，其核心目标就是要实现工业发展质量的不断提升。工业转型升级是一个系统性工程，单一指标难以准确客观衡量转型升级的效果，当前急需构建一套能够全面准确衡量工业发展质量的指标体系，引导地方政府和企业走内生增长、集约高效的发展道路。

第二，研究和评价工业发展质量是正确引导地方工业实现科学发展的有效手段。长期以来，片面追求规模、增速的指标扭曲了行业或地区工业发展的经济行为，在推动工业规模高速扩张的同时，也引发了资源浪费、环境污染、产能过剩、产品附加值低、竞争力不强等深层次问题。加强对工业发展质量的评价，有利于引导各级政府实现工业增速与效益的统一，通过加大创新投入、优化产业结构、推进节能减排等措施改善工业整体素质，引导地方将工作重心转移到发展方式转变上来。

第三，研究和评价工业发展质量是准确把握工业经济运行规律的内在要求。通过对工业发展质量的长期持续跟踪评价，有利于全面分析工业经济运行的中长期特点、趋势及影响因素，深刻剖析工业经济发展中的深层次问题和矛盾，准确把握工业经济运行的客观规律，进而在把握规律的基础上指导实践，提高政府决策的科学性与合理性。

因此，了解和掌握2019年我国工业相关政策，构建我国工业发展质量的评价体系，分析全国及地方省区市的工业发展质量水平和工业细分行业的发展质量情况，探讨工业发展质量的热点和面临的问题，展望工业发展存在的机遇与挑战，对促进我国新时代工业经济更高质量、更有效率、更可持续的发展具有重要意义。

第二章

评价体系

党的十九大报告作出了"我国经济已由高速增长阶段转向高质量发展阶段"的重大战略判断，继 2017 年明确指出"推动高质量发展是当前和今后一个时期确定发展思路、制定经济政策、实施宏观调控的根本要求"之后，2018 年底召开的中央经济工作会议又将"推动制造业高质量发展"作为 2019 年的首个重点工作任务。2020 年是全面建成小康社会的攻坚之年，我们更应该按照中央经济工作会议的部署，坚定不移地贯彻新发展理念，着力推动工业高质量发展，持续提高工业发展质量。本章将基于工业发展质量的基本内涵，从工业高质量发展的主要特征出发来确定评价指标体系的基本框架和主要内容，并按内在逻辑要求来选择具有代表性的指标；同时，坚持以指标数据的可获得性为前提来保证评价结果的客观性。在构建评价体系时坚持系统性、可比性、可测度、可扩展等原则，最终选取的指标涵盖速度效益、结构调整、技术创新、资源环境、两化融合、人力资源六个方面，包含 19 项具体指标。本章详细介绍了工业发展质量评价指标体系的指标选取、指标权重、指标数据来源，以及工业发展质量时序指数和截面指数的测算方法，是后续测算工业发展质量指数的基础。

第一节　研究思路

党的十八届三中全会指出，要完善发展成果考核评价体系，纠正单纯以经济增长速度评定政绩的偏向，加大资源消耗、环境损害、生态效益、产能过剩、科技创新、安全生产、新增债务等指标的权重。《国民经济和社会发展第十二个五年规划纲要》明确提出，要"弱化对经济增长速度的评价考核，强化对结构优化、民生改善、资源节约、环境保护、基本公共服务和社会管理等目标任务完成情况的综合评价考核"。制造强国战略将质量为先与创新驱动、绿色发展、结构优化和人才为本并列为五大基本方针。党的十八届五中全会再次明确提出"十三五"时期仍要坚持发展是第一要务，以提高发展质量和效益为中心，加快形成引领经济发展新常态的体制机制和发展方式。《国民经济和社会发展第十三个五年规划纲要》提出要"切实转变发展方式，提高发展质量和效益，努力跨越'中等收入陷阱'，不断开拓发展新境界。"要"坚持发展是第一要务，牢固树立和贯彻落实创新、协调、绿色、开放、共享的发展理念，以提高发展质量和效益为中心，以供给侧结构性改革为主线，扩大有效供给，满足有效需求，加快形成引领经济发展新常态的体制机制和发展方式。"2017 年年底召开的中央经济工作会议明确指出"推动高质量发展是当前和今后一个时期确定发展思路、制定经济政策、实施宏观调控的根本要求"，并要求"必须加快形成推动高质量发展的指标体系、政策体系、标准体系、统计体系、绩效评价、政绩考核，创建和完善制度环境，推动我国经济在实现高质量发展上不断取得新进展"。2018 年年底召开的中央经济工作会议则将"推动制造业高质量发展"作为 2019 年的首个重点工作任务。2020 年是全面建成小康社会的攻坚之年，中央经济工作会议再次强调要坚定不移贯彻新发展理念，着力推动高质量发展。为全面落实党的十九大精神，更好地实现制造强国战略目标，我们构建完善了工业发展质量评价指标体系，以科学监测我国工业经济的发展质量，准确分析推动工业经济高质量发展过程中存在的突出问题，推动工业发展方式转变，提高工业竞争力和创新力。

评价体系的构建需要认真研究、不断尝试和逐步完善，必须在明确工业发展质量内涵的基础上，选取能够反映当前发展阶段我国工业发展水平和质量的指标，对数据进行处理，并对初步测算结果进行分析与验证，然后根据验证结果对指标体系进行必要的修改和调整，确立适合我国国情和工业化发展阶段的评价指标体系，最终用于全国及地方省（区、市）的工业发展质量评价（见图 2-1）。

（一）指标选取

首先应根据工业发展质量的基本内涵，确定评价指标体系的基本框架和主要内容，并按内在逻辑要求选择重要而有代表性的指标组成初步的指标框架体系。在确立指标框架体系的基础上，按照系统性、可比性、可测度、可

扩展的原则，选取具体指标。为保证评价结果的准确性和客观性，本书所需数据全部来源于国家统计局等权威机构发布的统计年鉴和研究报告。

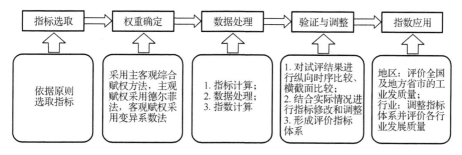

图 2-1　中国工业发展质量研究思路

资料来源：赛迪智库整理，2020 年 3 月

（二）权重确定

采用主、客观综合赋权法，主观赋权法选用德尔菲法，客观赋权法选用变异系数法，这样不仅能够充分挖掘数据本身的统计意义，也能够充分利用数据指标的经济意义。主、客观综合赋权法能够客观、公正、科学地反映各指标所占权重，具有较高的可信度。为便于逐年之间的比较，采用 2012—2018 年主、客观权重的平均值作为统一权重。

（三）数据处理

首先计算无法直接获取的二级指标，如高技术产业占比、就业人员平均受教育年限等。对于截面指数，将所有指标进行无量纲化处理，利用无量纲化数据和确定的权重，得到地方省市的工业发展质量截面指数；对于时序指数，将所有指标换算为以 2012 年为基期的发展速度指标，然后进行加权，得到全国及地方省（区、市）工业发展质量时序指数。

（四）验证与调整

指标体系确定后，对全国及地方省（区、市）的工业发展质量进行试评。利用试评结果对工业发展质量进行纵向时序分析和横向截面比较，并结合全国及地方省市的实际情况，发现指标体系存在的问题，对指标体系进行修改和调试，直至形成科学、全面、准确的评价指标体系。

（五）指数应用

利用调整后的指标体系，对全国及地方省市的工业发展质量进行评价。通过分析评价结果，发现我国及各省市工业发展过程中存在的问题，并据此提出促进工业发展质量提升的对策建议。针对行业的实际情况，对部分不适合指标和不可获得指标进行剔除，得到适用于行业之间比较的评价指标体系，并利用实际数据评价行业发展质量。

第二节　基本原则

一、研究的指导原则

以创新、协调、绿色、开放、共享的发展理念为指导，以提高发展质量和效益为中心，以推进供给侧结构性改革为主线，坚定不移地走好中国特色新型工业化道路。紧紧围绕新型工业化道路的内涵和高质量发展的要求，聚焦制造强国战略的主要目标，在保证一定增长速度的前提下，工业应实现更具效益的增长，结构不断调整和优化，技术创新能力不断提升，资源环境不断改善，信息化与工业化融合不断加深，人力资源优势得到更充分发挥。

二、指标的选取原则

指标的选择，首先应根据工业发展质量的基本内涵，确定评价指标体系的基本框架和主要内容，并按内在逻辑要求选择具有代表性的指标。同时，以指标数据的可获得性为前提并保证评价结果的客观性，指标数据应全部来源于统计年鉴或权威机构发布的研究报告。

三、体系的构建原则

构建评价指标体系是开展工业发展质量评价工作的关键环节。针对工业发展质量的内涵和特征，在构建评价指标体系的过程中要遵循以下四个原则。

第一，系统性原则。工业发展质量涉及经济、社会、生态等诸多方面，但评价指标体系不可能无所不包，只有那些真正能够直接反映工业发展质量内在要求的要素才能被纳入指标体系之中。同时，评价指标体系不应是一些指标和数据的简单堆砌与组合，而应当是一个安排科学、结构合理、逻辑严

谨的有机整体。

第二，可比性原则。指标的选择必须充分考虑到不同地区在产业结构、自然条件等方面的差异，尽可能选取具有共性的综合指标，并且代表不同经济含义、不同量纲的指标，在经过无量纲化处理后，可以相互比较。考虑到总量指标不具备可比性，指标选择尽量采用均量指标，兼顾采用总量指标；尽量采用普适性指标，兼顾采用特殊指标。

第三，可测度原则。要求所选择的指标应充分考虑到数据的可获得性和指标量化的难易程度，定量与定性相结合，既能全面反映工业发展质量的各种内涵，又能最大限度地利用统计资料和有关规范标准，采取各种直接的或间接的计算方法加以量化，否则就会失去指标本身的含义和使用价值。

第四，可扩展原则。指标的选取要突出现阶段工业发展的战略导向，构建出符合工业转型升级、两化深度融合等新形势新要求的指标体系。同时，由于受统计指标、数据来源等多种因素制约，建立评价指标体系不宜过分强调它的完备性。对于暂时无法纳入本评价体系的指标，要根据实际需要和可能，逐渐补充和完善。

第三节　指标体系

一、概念

工业发展质量评价指标，是指能够反映工业经济发展质量和效益等多方面的各项具体数据。这些数据按照一定的目的和方式进行组织而形成的指标集合，构成了工业发展质量评价指标体系，它能够比较科学、全面、客观地向人们提供工业发展质量的相关信息。

二、作用

工业发展质量评价体系，能够反映我国工业经济与社会发展的健康程度，能够指导我国走好新型工业化道路，有利于我国国民经济的持续稳定增长。

工业发展质量评价体系具有三大作用：

第一，描述与评价的功能，可以将工业经济的发展质量利用相关的指标进行具体描述，使工业经济高质量发展的现状一目了然。

第二，监测和预警的功能，可以监测战略目标的完成情况和政策实施的效果，为防止经济、社会和资源环境危害的产生，提供预警信息。

第三，引导和约束的功能，对于各地区的工业发展具有一定的导向作用，可以与周边类似省份互设标杆进行比较。

总之，工业发展质量评价体系提供了评价工业经济与社会、资源、环境等之间关系的量化工具。为了实现工业经济可持续发展的目标，我国有必要利用好这一工具，对工业发展的过程进行监测和评价、指导和监督、规范和约束。当然，工业发展阶段和水平是动态变化的，其评判标准并非一成不变，工业发展质量评价体系的内容也将与时俱进。

三、框架设计

（一）指标选取

评价指标体系的框架设计，必须建立在准确理解和把握工业发展质量内涵的基础上。根据对工业发展质量内涵的理解和指标选取的基本原则，本书建立了由速度效益、结构调整、技术创新、资源环境、两化融合、人力资源共六大类（一级指标）、19 项具体指标（二级指标）组成的中国工业发展质量评价指标体系（见表 2-1）。

表 2-1 中国工业发展质量评价指标体系

总指标	一级指标	二级指标
工业发展质量	速度效益	工业增加值增速
		资产负债率
		工业成本费用利润率
		工业主营业务收入利润率
	结构调整	高技术制造业主营业务收入占比
		500 强企业占比
		小型工业企业主营业务收入占比
		高技术产品出口占比
	技术创新	工业企业 R&D 经费投入强度
		工业企业 R&D 人员投入强度
		工业企业单位 R&D 经费支出发明专利数
		工业企业新产品销售收入占比

续表

总指标	一级指标	二级指标
工业发展质量	资源环境	单位工业增加值能耗
		单位工业增加值用水量
	两化融合	工业应用信息化水平
		电子信息产业占比
	人力资源	工业城镇单位就业人员平均工资增速
		第二产业全员劳动生产率
		就业人员平均受教育年限

资料来源：赛迪智库整理，2020年3月。

需要说明的是，由于工业发展质量的内涵十分丰富，涉及领域较多，并且关于工业发展质量的研究仍然在不断探索和完善中，目前社会各界对如何评价工业发展质量也还没有形成统一的认识。因此，构建评价指标体系是一项需要不断探索和长期实践，且极富挑战性的工作。经过近几年的摸索和调整，目前指标体系已相对稳定，本书在上一版评价指标体系的基础上，根据数据可获取情况对部分指标进行了微调，主要是将"小型工业企业主营业务收入增速"调整为"小型工业企业主营业务收入占比"，将"工业制成品出口占比"调整为"高技术产品出口占比"，剔除"工业固体废物综合利用率"和"工业污染治理投资强度"，新增"单位工业增加值用水量"，未来仍会根据经济发展需要和数据获取情况进行微调。

（二）指标阐释

根据评价体系的框架设计，主要分为如下六大类一级指标。

一是速度效益类。发展速度和经济效益是反映一个国家和地区工业发展质量的重要方面。这里主要选取了工业增加值增速、资产负债率、工业成本费用利润率和工业主营业务收入利润率四项指标（见表2-2）。

表2-2 速度效益类指标及说明

指标	计算公式	说明
工业增加值增速	$\left(\dfrac{当年工业增加值}{上年工业增加值}-1\right)\times100\%$	反映全口径工业增加值的增长速度
资产负债率	$\dfrac{负债总额}{资产总额}\times100\%$	反映企业利用债权人提供的资金从事经营活动的能力，也反映工业企业经营风险的大小

续表

指标	计算公式	说明
工业成本费用利润率	$\dfrac{工业利润总额}{工业成本费用总额}\times100\%$	反映工业企业投入的生产成本及费用的经济效益，同时也反映企业降低成本所取得的经济效益
工业主营业务收入利润率	$\dfrac{工业利润总额}{工业主营业务收入}\times100\%$	反映工业企业主营业务的获利能力

资料来源：赛迪智库整理，2020 年 3 月。

二是结构调整类。产业结构的优化和升级是走新型工业化道路的必然要求，对于工业经济的高质量增长具有重要意义。这里主要选取了高技术制造业主营业务收入占比、500 强企业占比、小型工业企业主营业务收入占比和高技术产品出口占比四项指标（见表 2-3）。

表 2-3　结构调整类指标及说明

指标	计算公式	说明
高技术制造业主营业务收入占比	$\dfrac{高技术产业主营业务收入}{工业主营业务收入}\times100\%$	一定程度上能够反映我国产业结构的优化程度
500 强企业占比	评价全国时为世界 500 强企业中的中国企业数量占比，评价地方省市时为中国制造业企业 500 强中的各省市企业数量占比	反映具有国际竞争力的大中型工业企业发展状况及产业组织结构
小型工业企业主营业务收入占比	$\dfrac{小型工业企业主营业务收入}{规上工业企业主营业务收入}\times100\%$	反映小型工业企业的发展活力
高技术产品出口占比	$\dfrac{高技术产品出口额}{出口总额}\times100\%$	反映国家/地区工业产品的出口竞争力

资料来源：赛迪智库整理，2020 年 3 月。

三是技术创新类。创新是第一动力，是走内涵式发展道路的根本要求，也是我国工业转型升级的关键环节。这里主要选取了工业企业 R&D 经费投入强度、工业企业 R&D 人员投入强度、工业企业单位 R&D 经费支出发明专利数和工业企业新产品销售收入占比四项指标（见表 2-4）。

表 2-4　技术创新类指标及说明

指标	计算公式	说明
工业企业 R&D 经费投入强度	$\dfrac{工业企业R\&D经费支出}{工业企业主营业务收入}\times100\%$	反映规模以上工业企业研发经费的投入强度

指标	计算公式	说明
工业企业 R&D 人员投入强度	$\dfrac{\text{工业企业R\&D人员数}}{\text{工业企业从业人员年平均人数}} \times 100\%$	反映规模以上工业企业研发人员的投入强度
工业企业单位 R&D 经费支出发明专利数	$\dfrac{\text{工业企业发明专利申请数}}{\text{工业企业R\&D经费支出}}$	反映规模以上工业企业单位研发经费投入所创造的科技成果的实力
工业企业新产品销售收入占比	$\dfrac{\text{新产品主营业务收入}}{\text{工业企业主营业务收入}} \times 100\%$	反映规模以上工业企业自主创新成果转化能力以及产品结构

资料来源：赛迪智库整理，2020 年 3 月。

四是资源环境类。加强资源节约和综合利用，积极应对气候变化，是加快转变经济发展方式的重要着力点，也是实现工业可持续发展的内在要求。限于数据可获取性，这里主要选取了单位工业增加值能耗、单位工业增加值用水量两项指标（见表 2-5）。

表 2-5 资源环境类指标及说明

指标	计算公式	说明
单位工业增加值能耗	$\dfrac{\text{工业能源消费总量}}{\text{工业增加值}}$	反映工业生产节约能源情况和利用效率
单位工业增加值用水量	$\dfrac{\text{工业用水量}}{\text{工业增加值}}$	反映工业生产过程中水资源的利用效率

资料来源：赛迪智库整理，2020 年 3 月。

五是两化融合类。信息化与工业化融合是我国走新型工业化道路的必然要求，也是提高工业发展质量的重要支撑。目前，工信部赛迪研究院已经连续多年发布《中国信息化与工业化融合发展水平评估报告》。两化融合评价指标体系包括基础环境、工业应用、应用效益三类，其中工业应用指数涵盖重点行业典型企业 ERP 普及率、重点行业典型企业 MES 普及率、重点行业典型企业 PLM 普及率、重点行业典型企业 SCM 普及率、重点行业典型企业采购环节电子商务应用、重点行业典型企业销售环节电子商务应用、重点行业典型企业装备数控化率、国家新型工业化产业示范基地两化融合发展水平八个方面，很好地反映了工业企业的两化融合水平。根据数据可获得性原则，本研究还选取了电子信息产业占比来辅助衡量两化融合水平。我们认为，电子信息产业发展的好坏，与地方产业结构轻量化、高级化有高度相关性，且一般来说，电子信息产业发达地区信息化应用水平也较高。两化融合类指标及说明见表 2-6。

表 2-6 两化融合类指标及说明

指标	计算公式	说明
工业应用信息化水平	由重点行业典型企业 ERP/MES/PLM/SCM 普及率、装备数控化率以及采购、销售环节电子商务应用等合成	反映工业企业生产经营管理过程中应用信息化技术的程度，用以体现工业化进程中企业的可持续发展情况
电子信息产业占比	$\dfrac{电子信息制造业收入}{工业主营业务收入}\times 50\% + \dfrac{软件业务收入}{GDP}\times 50\%$	反映地区电子信息制造业和软件业的发展程度和水平，体现工业化与信息化的发展水平

资料来源：赛迪智库整理，2020 年 3 月。

六是人力资源类。人才是第一资源，人力资源是知识经济时代经济增长的重要源泉，也是我国建设创新型国家的基础和加速推进我国工业转型升级的重要动力。这里主要选取了工业城镇单位就业人员平均工资增速、第二产业全员劳动生产率和就业人员平均受教育年限三项指标来反映人力资源情况（见表 2-7）。

表 2-7 人力资源类指标及说明

指标	计算公式	说明
工业城镇单位就业人员平均工资增速	$\left(\dfrac{当年工业企业职工平均工资}{上年工业企业职工平均工资}-1\right)\times 100\%$	体现一定时期内工业企业职工以货币形式得到的劳动报酬的增长水平，反映工业发展对改善民生方面的贡献
第二产业全员劳动生产率	$\dfrac{第二产业增加值}{第二产业就业人员数}$	综合反映第二产业的生产技术水平、经营管理水平、职工技术熟练程度和劳动积极性
就业人员平均受教育年限	就业人员小学占比×6+就业人员初中占比×9+就业人员高中占比×12+就业人员大专及以上占比×16	能够较好地反映就业人员的总体素质

资料来源：赛迪智库整理，2020 年 3 月。

第四节 评价方法

一、指数构建方法

统计指数是综合反映由多种因素组成的经济现象在不同时间和空间条件下平均变动的相对数（徐国祥，2005 年）。从不同的角度，可以对统计指数进行不同的分类：按照所反映现象的特征不同，可以分为质量指标指数和数量指标指数；按照所反映现象的范围不同，可分为个体指数和总指数；按照所反映对象的对比性质不同，可分为动态指数和静态指数。

本书通过构建工业发展质量时序指数来反映全国及地方省市工业发展质量的时序变化情况，旨在进行自我评价；通过构建工业发展质量截面指数来反映地方省市工业发展质量在某一时点上的截面比较情况，旨在进行对比评价。在评价各行业时，我们拟采用截面指数来衡量各产业的发展质量，待数据库补充完整之后再构建时序指数。按照统计指数的分类，工业发展质量时序指数即为动态指数中的定基指数，工业发展质量截面指数即为静态指数，并在上述过程中计算了速度效益、结构调整等六个方面的分类指数，即个体指数。

（一）时序指数的构建

首先，计算 2012—2018 年各省（区、市）各项指标以 2012 年为基期的发展速度；然后，加权求和得到各地区工业发展质量时序指数及分类指数。

（二）截面指数的构建

首先，按照式（2-1）将 2012—2018 年各省（区、市）的原始指标进行无量纲化处理；然后，按照式（2-2）和式（2-3）进行加权求和，分别得到各地区工业发展质量截面指数和分类指数。

$$X'_{ijt} = \frac{X_{ijt} - \min\{X_{jt}\}}{\max\{X_{jt}\} - \min\{X_{jt}\}} \qquad (2\text{-}1)$$

$$IDQI_{it} = \frac{\sum_{j=1}^{20} X'_{ijt} W_j}{\sum_{j=1}^{20} W_j} \qquad (2\text{-}2)$$

$$I_{it} = \frac{\sum X'_{ijt} W_j}{\sum W_j} \qquad (2\text{-}3)$$

式（2-1）～（2-3）中，i 代表各省（区、市），j 代表 19 项三级指标，X_{ijt} 代表 t 年 i 省 j 指标，$\max\{X_{jt}\}$ 和 $\min\{X_{jt}\}$ 分别代表 t 年 j 指标的最大值和最小值，X'_{ijt} 代表 t 年 i 省 j 指标的无量纲化指标值，I_{it} 代表 t 年 i 省的分类指数，$IDQI_{it}$ 代表 t 年 i 省的工业发展质量截面指数，W_j 代表 j 指标的权重。

需要说明的是，因为全国工业发展质量无须做截面比较，因此全国工业发展质量指数是时序指数。

二、权重确定方法

在指标体系的评价过程中，权重的确定是一项十分重要的内容，因为权重直接关系到评价结果的准确性与可靠性。从统计学上来看，权重确定一般分为主观赋权法和客观赋权法，前者一般包括德尔菲法（Delphi Method）、层次分析法（The Analytic Hierarchy Process，简称 AHP）等，后者一般包括主成分分析法、变异系数法、离差及均方差法等。主观赋权法的优点在于能够充分利用专家对于各指标的内涵及其相互之间关系的经验判断，并且简便易行，但存在因评价主体偏好不同有时会有较大差异这一缺陷；客观赋权法的优点在于不受人的主观因素的影响，能够充分挖掘指标数据本身所蕴含的信息，但存在有时会弱化指标的内涵及其现实意义这一缺陷。为避免主观赋权法的经验性较强以及客观赋权法的数据依赖性较强，本书利用德尔菲法和变异系数法进行主、客观综合赋权的方法。选择变异系数法的原因在于，从评价体系中的各项指标来看，差异越大的指标越重要，因为它更能反映各地区工业发展质量的差异，如果全国各省市的某个指标没有多大差别，则没有必要再将其作为一项衡量的指标，所以对差异越大的指标要赋予更大的权重。

权重的测算过程如下：首先按照式（2-4）计算各项指标的变异系数；然后按照式（2-5）和式（2-6）计算各项指标的客观权重；最后利用由德尔菲法得到的主观权重和由变异系数法得到的客观权重进行平均，得到各项指标的最终权重。

$$V_{jt} = \frac{\sigma_{jt}}{X_{jt}} \qquad (2\text{-}4)$$

$$W_{jt} = \frac{V_{jt}}{\sum_{j=1}^{19} V_{jt}} \qquad (2\text{-}5)$$

$$W_j = \sum_{t=2012}^{2018} W_{jt}/7 \qquad (2\text{-}6)$$

式中，V_{jt} 代表 t 年 j 指标的变异系数，σ_{jt} 代表 t 年 j 指标的标准差，$\bar{X}_{jt}$ 代表 t 年 j 指标的均值，W_{jt} 代表 t 年 j 指标的权重，W_j 代表 j 指标的最终权重。

第五节　数据来源及说明

一、数据来源

本书所使用的数据主要来源于国家统计局发布的历年《中国统计年鉴》《中国科技统计年鉴》《中国高技术产业统计年鉴》《中国工业统计年鉴》《中国劳动统计年鉴》，各省（区、市）统计局发布的历年地方统计年鉴，工信部发布的《中国电子信息产业统计年鉴》，工信部赛迪研究院发布的《中国信息化与工业化融合发展水平评估报告》。

二、数据说明

（一）对象

由于西藏缺失指标较多，故不参与本评价；加之港澳台地区的数据来源有限；因此，本书的最终研究对象为全国及国内 30 个省（区、市）。

（二）指标说明

由于历年统计年鉴没有直接公布全国及各地区 2012—2018 年的单位工业增加值能耗、单位工业增加值用水量数据，因此为保证工业发展质量时序指数在时间维度上的可比性，我们利用各地历年统计年鉴中的工业增加值、工业增加值指数、工业能耗、工业用水量数据，计算得到 2012—2018 年 30 个省（区、市）以 2015 年为不变价的单位工业增加值能耗和单位工业增加值用水量。

本书在计算第二产业全员劳动生产率时，将第二产业增加值数据调整为 2015 年不变价，以保证时序指数能够真实反映走势情况；工业企业单位 R&D 经费支出发明专利数采用 R&D 价格指数进行平减，该指数由固定资产投资

价格指数和消费者价格指数等权合成。500 强企业占比这一指标,在衡量全国工业发展质量时,是指世界 500 强企业中的中国企业数量所占比重;在衡量地方省市工业发展质量时,是指中国企业联合会和中国企业家协会联合发布的历年中国制造业企业 500 强中的各省市企业数量所占比重。

此外,由于资产负债率和单位工业增加值能耗、单位工业增加值用水量均为逆向指标,因此在计算过程中我们对其进行取倒数处理,以便于统一分析。

全　国　篇

第三章

全国工业发展质量分析

在第二章构建的工业发展质量评价体系的基础上，本章测算了 2012—2018 年全国工业发展质量总指数及分类指数，分析了分类指数对总指数增长的贡献情况。结果显示：2012—2018 年，全国工业发展质量指数呈逐年提升趋势，从 2012 年的 100.0 提高至 2018 年的 135.6，年均增速为 5.2%。表明自 2012 年以来，我国工业发展质量稳步提升。从分类指数看，六大分类指数整体呈上升趋势。其中，技术创新、两化融合、人力资源、资源环境提升较快，年均增速分别为 7.6%、6.6%、6.3%、5.7%，快于总指数年均增速；速度效益、结构调整提升较慢，年均增速分别为 1.7%、4.4%，低于总指数年均增速。从分类指数对总指数的影响看，与 2012 年相比，2018 年六大分类指数对工业发展质量总指数增长的贡献率和拉动作用差异较大，技术创新、人力资源、结构调整和两化融合对总指数增长的贡献率较高，均超过 15%，资源环境的贡献率刚超过 10%，速度效益的贡献率最低。

第一节　全国工业发展质量指数走势分析

利用本书所构建的评价体系，根据主、客观综合赋权法，按照时序指数计算方法，得到 2012—2018 年全国工业发展质量指数及分类指数，结果见表 3-1。根据表 3-1 中最后一行绘制全国工业发展质量指数走势图，结果见图 3-1。需要说明的是，由于全国工业发展质量无须做截面比较，因此该指数即为时序指数。

结合表 3-1 和图 3-1，2012—2018 年，全国工业发展质量指数呈逐年提升趋势，从 2012 年的 100.0 提高至 2018 年的 135.6，年均增速为 5.2%。表明自 2012 年以来，我国工业发展质量稳步提升。

表 3-1　2012—2018 年全国工业发展质量指数及分类指数

	2012	2013	2014	2015	2016	2017	2018	2012—2018 年均增速
速度效益	100.0	101.3	100.0	100.4	104.5	109.7	110.7	1.7%
结构调整	100.0	109.3	111.5	117.1	120.9	124.8	129.2	4.4%
技术创新	100.0	104.8	109.7	112.8	120.5	131.9	155.5	7.6%
资源环境	100.0	99.6	107.6	115.3	123.6	132.2	139.3	5.7%
两化融合	100.0	108.0	112.7	119.5	126.0	133.7	146.7	6.6%
人力资源	100.0	106.8	113.4	119.8	125.7	133.7	144.6	6.3%
工业发展质量指数	100.0	105.0	108.5	112.9	118.6	125.9	135.6	5.2%

资料来源：赛迪智库整理，2020 年 3 月。

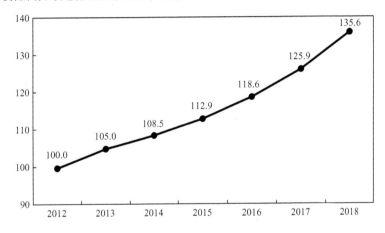

图 3-1　2012—2018 年全国工业发展质量指数

资料来源：赛迪智库整理，2020 年 3 月

　　从增速看，2012 年以来我国工业发展速度明显回落，全口径工业增加值增速和规模以上工业增加值增速分别从 2012 年的 8.1%和 10%持续回落至 2018 年的 6.1%和 6.2%，规模以上工业增速相对全口径工业增速的领先幅度也从 2012 年的 1.9 个百分点收窄至 2018 年的 0.1 个百分点。2019 年，我国全口径工业增加值增速和规模以上工业增加值增速进一步回落至 5.7%，但整体仍处于中速增长平台，并且在全球范围内仍处于领先水平。

　　从结构看，2012 年以来我国产业结构不断优化，产业新动能加速释放。2019 年我国高技术制造业增加值较上年增长 8.8%，增速高出规模以上工业

3.1 个百分点；装备制造业增加值较上年增长 6.7%，高出规模以上工业 1 个百分点。主要工业行业中，电气机械和器材、仪器仪表、计算机通信和其他电子设备等仍保持 9% 以上的增长。

从国际看，2012 年以来我国工业产品的国际竞争力显著增强。在我国制造业产出规模稳居世界第一的同时，工业产品出口结构不断优化，中高端工业品的国际竞争力持续增强。2019 年，我国规模以上工业企业实现出口交货值超过 12.4 万亿元，较上年增长 1.3%，增速较上年回落 7.2 个百分点。其中，电气机械及器材制造业出口交货值增长 7.1%，专用设备制造业出口交货值增长 4.9%，计算机、通信和其他电子设备制造业出口交货值增长 1.7%，都高于规模以上工业平均水平。同时，工业品出口结构持续优化，2019 年计算机通信和其他电子设备制造业出口交货值占比继续提高至 45.1%，比 2012 年提高 5.9 个百分点；纺织业出口交货值占比降至 2.3%，比 2012 年下降 1.3 个百分点。

综合看，2012 年以来，我国工业经济整体保持中速增长，但企业效益改善不明显；产业结构调整取得积极成效，技术创新能力不断提升，两化融合水平继续提高，资源环境有所改善，人力资源水平明显改善。整体看，工业发展质量稳步提高。

第二节 全国工业发展质量分类指数分析

本章第一节分析了 2012—2018 年全国工业发展质量总指数走势，本节着重分析各分类指数的走势及其影响因素。

一、分类指数走势及其对总指数的影响

（一）评价结果分析

2012—2018 年，全国工业发展质量的六大分类指数整体呈上升趋势（见图 3-2）。其中，技术创新、两化融合、人力资源、资源环境提升较快，年均增速分别为 7.6%、6.6%、6.3%、5.7%，快于总指数年均增速；结构调整、速度效益提升较慢，年均增速分别为 4.4%、1.7%，低于总指数年均增速。

从分类指数对总指数的影响看，2012—2018 年，六大分类指数对工业发展质量指数增长的贡献率和拉动作用差异较大（见表 3-2）。其中，技术创新对总指数增长的贡献率最高，超过 30%，拉动工业发展质量指数增长 1.6 个

百分点；人力资源、结构调整和两化融合指数的贡献率大体相当，都在 15%以上；资源环境的贡献率刚超过 10%，速度效益的贡献率最低。

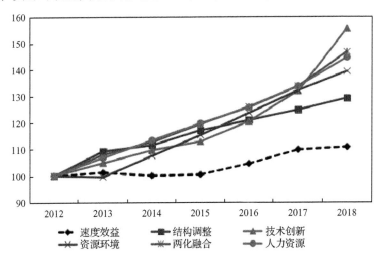

图 3-2　2012—2018 年全国工业发展质量分类指数

资料来源：赛迪智库整理，2020 年 3 月

表 3-2　2012—2018 年六大分类指数对总指数增长的贡献率和拉动

	速度效益指数	结构调整指数	技术创新指数	资源环境指数	两化融合指数	人力资源指数	合计
贡献率（%）	6.9	16.4	31.1	11.0	15.8	18.8	100.0
拉动（百分点）	0.4	0.8	1.6	0.6	0.8	1.0	5.2

资料来源：赛迪智库整理，2020 年 3 月。

（二）原因分析

1. 技术创新

第一，从创新投入来看，我国工业企业创新经费投入和人员投入强度都持续提高。2018 年，我国规模以上工业企业研究与试验发展（R&D）经费支出 12954.8 亿元，与主营业务收入之比达到 1.27%，比 2012 年提升了 0.49 个百分点。2018 年，我国规模以上工业企业 R&D 人员全时当量为 298.1 万人年，比 2012 年增加了 73.5 万人年；占工业平均用工人数的比重为 3.75%，比 2012 年提高了 1.41 个百分点。

第二,从创新产出来看,近些年来我国工业企业专利数量不断攀升。2018年,规模以上工业企业专利申请数达到 957298 件,其中发明专利数 371569件,规模以上工业企业有效发明专利数为 1094200 件。专利数量的持续增长,反映出我国工业自主创新能力和水平日益提高。目前,我国在载人航天、探月工程、载人深潜、新支线飞机、大型液化天然气船(LNG)、高速轨道交通等领域取得突破性进展并进入世界先进行列。信息通信行业中,TD-LTE技术、产品、组网性能和产业链服务支撑能力等均得到提升,涵盖系统、终端、芯片、仪表的完整产业链已基本完成。

2. 结构调整

2012 年以来,我国工业在结构调整方面取得显著成效。

第一,高技术制造业规模不断扩大。从收入看,2018 年我国高技术制造业营业收入达到 15.7 万亿元,占规模以上工业企业营业收入的 15%,比 2012年提高 4.0 个百分点。从增加值看,2018 年,我国高技术制造业增加值占规模以上工业比重为 13.9%,比 2012 年提高 4.5 个百分点。最新统计数据显示,2019 年我国高技术制造业增加值同比增长 8.8%,高出规模以上工业 3.1 个百分点;占规模以上工业比重已达到 14.4%,产业结构明显优化。

第二,装备制造业整体实力明显增强。近几年,通过深入实施制造强国战略,持续推进"核高基"、宽带移动通信、高档数控机床、大飞机、"两机"等重大科技专项,装备制造业综合实力显著提升。2019 年,装备制造业增加值占规模以上工业比重为 32.5%,比 2012 年提高 4.3 个百分点,对工业经济的支撑力度显著提高。2019 年,我国高端装备创新成果丰硕,嫦娥四号探测器在月球表面成功着陆、首艘国产航母"山东号"服役、长征五号火箭成功复出……这些都将进一步推动我国装备制造向高端攀升。

第三,工业企业组织结构不断优化。从央企兼并重组情况来看,截至 2019年年底,国资委监管中央企业减至 96 家。这有助于调整优化产业结构,加快产业转型升级,提高国有资本配置效率,打造世界一流企业。从企业数量和就业来看,2018 年末,我国规模以上小型企业达到 319559 家,平均吸纳就业 2979.7 万人,在规模以上工业企业中占比分别为 84.4%和 37.5%。当前,中小企业已经成为支撑我国国民经济和社会发展的重要力量,在促进经济增长、保障就业稳定等方面发挥着不可替代的重要作用。可以预见,随着我国经济发展环境的逐步完善,大众创业、万众创新将成为我国经济增长的新引擎,中小企业特别是小微企业的发展活力将对宏观经济增长起到重要作用。

3. 人力资源

2012 年以来，我国就业人员的平均受教育年限稳步提高，工业职工工资水平不断提高，劳动生产率也持续提升，人力资源水平明显提高。从工资增速看，2018 年我国规模以上工业城镇单位就业人员平均工资达到 7.6 万元，较上年增长 13.7%；从劳动生产率看，2018 年我国第二产业全员劳动生产率（2015 年不变价）达到 15.62 万元/人，较上年提高 8.0%；从平均受教育年限看，2018 年我国就业人员平均受教育年限接近 10.25 年，其中受过高等教育的人员占比提升较为明显。

4. 两化融合

近几年，我国在两化融合方面取得较大进展，电子信息产业、工业应用信息化水平等都有明显突破。

第一，从电子信息产业的发展来看，2019 年，我国规模以上电子信息制造业增加值同比增长 9.3%，高出工业平均水平 3.6 个百分点；电子信息制造业营业收入同比增长 4.5%，高出工业平均水平 0.7 个百分点；电子信息产品出口交货值同比增长 1.7%，高出工业平均水平 0.4 个百分点；软件和信息技术服务业完成软件业务收入 7.2 万亿元，同比增长 15.4%。

第二，从两化融合水平看，2019 年我国两化融合发展水平达到 54.5%，较 2012 年提高 9.4 个百分点；关键工序数控化率和数字化研发设计工具普及率分别达到 50.1% 和 70.2%，较 2012 年提高 14.3 个和 21.4 个百分点，两化融合程度稳步提高。

5. 速度效益

从规模和速度来看，2019 年，我国工业增加值达到 31.7 万亿元，比上年增长 5.7%；其中，规模以上工业增加值增长 5.7%，整体仍处于中速增长水平。从经济效益来看，2019 年，我国规模以上工业企业资产负债率为 56.6%，较上年降低 0.2 个百分点；营业收入利润率为 5.86%，较上年降低 0.43 个百分点；每百元主营业务收入中的成本为 84.08 元，较上年增加 0.18 元，我国工业企业效益仍有待提高。

6. 资源环境

自 2012 年以来，我国主要工业行业能耗和水耗都显著下降。首先，单位工业增加值能耗明显下降。2012 年以来，我国单位工业增加值能耗（2015 年不变价）持续下降。2018 年，我国工业能源消费总量预计将突破 30 亿吨标准煤，占能源消费总量的 65.4%，以 2015 年为不变价的单位工业增加值能

耗为 1.08 吨标准煤/万元，较 2012 年累计下降 16.9%。其次，单位工业增加值用水量快速下降。2018 年，我国工业用水总量降至 1261.6 亿立方米，用水绝对量已连续 5 年下降；以 2015 年为不变价的单位工业增加值用水量降至 44.8 立方米/万元，较 2012 年累计下降 36.8%。我国工业用能和用水效率提升显著。

综合来看，近些年来，我国工业发展取得了较大成绩，技术创新能力明显提升，两化融合不断深化，人力资源素质和待遇明显改善，资源利用效率持续提升，结构持续调整和优化，速度回落至中速增长平台，企业效益有待提升。

二、分类指数影响因素分析

为清楚地看到影响全国工业发展质量分类指数的内部因素，本书计算了 19 项指标对各自所属分类指数的贡献率和拉动，计算结果见表 3-3。

表 3-3　19 项指标对分类指数的贡献率和拉动

一级指标	二级指标	贡献率（%）	拉动（百分点）
速度效益	工业增加值增速（%）	109.0	1.9
	资产负债率（%）	5.1	0.1
	工业成本费用利润率（%）	−7.9	−0.1
	工业主营业务收入利润率（%）	−6.3	−0.1
	合计	100.0	1.8
结构调整	高技术制造业主营业务收入占比（%）	36.9	1.6
	500 强企业占比（%）	64.9	2.8
	小型工业企业主营业务收入占比（%）	−3.1	−0.1
	高技术产品出口占比（%）	1.3	0.1
	合计	100.0	4.4
技术创新	工业企业 R&D 经费投入强度（%）	34.4	2.6
	工业企业 R&D 人员投入强度（%）	32.4	2.5
	工业企业单位 R&D 经费支出发明专利数（件/亿元）	10.9	0.8
	工业企业新产品销售收入占比（%）	22.4	1.7
	合计	100.0	7.6

续表

一级指标	二级指标	贡献率（%）	拉动（百分点）
资源环境	单位工业增加值能耗（吨标准煤/万元）	25.9	1.5
	单位工业增加值用水量（立方米/万元）	74.1	4.2
	合计	100.0	5.7
两化融合	工业应用信息化水平	42.8	2.8
	电子信息产业占比（%）	57.2	3.8
	合计	100.0	6.6
人力资源	工业城镇单位就业人员平均工资增速（%）	52.4	3.3
	第二产业全员劳动生产率（万元/人）	43.5	2.8
	就业人员平均受教育年限（年）	4.1	0.3
	合计	100.0	6.4

注：表中各二级指标的数据经四舍五入后只取到小数点后一位，累加后与实际"合计"数会有一点偏差，是正常的。特此说明，全书同。

资料来源：赛迪智库整理，2020 年 3 月。

2012—2018 年，全国工业发展质量的六个分类中，技术创新指数、两化融合指数、人力资源指数、资源环境指数增长较快。其中，技术创新指数显著提升，主要是由工业企业 R&D 经费投入强度、R&D 人员投入强度以及新产品销售收入占比提高联合驱动的，贡献率分别为 34.4%、32.4% 和 22.4%。两化融合指数由工业应用信息化水平和电子信息产业占比联合拉动，两者的贡献率旗鼓相当，分别为 42.8% 和 57.2%，拉动两化融合指数提升 2.8 个和 3.8 个百分点。人力资源指数主要是由工业城镇单位就业人员平均工资增速及第二产业全员劳动生产率提高所共同带动的，贡献率分别为 52.4% 和 43.5%。资源环境指数增长主要是由单位工业增加值用水量下降推动的，贡献率高达 74.1%。

结构调整指数和速度效益指数增长低于总指数。其中，结构调整指数增长主要是由 500 强企业占比持续提高、高技术制造业主营业务收入占比提高联合推动的，贡献率分别为 64.9% 和 36.9%，分别拉动结构调整指数增长 2.8 个和 1.6 个百分点。速度效益指数缓慢增长，虽然工业增加值继续保持中速增长，但资产负债改善有限，而工业成本费用利润率和工业主营业务收入利润率没有提高甚至出现了下降，拖累了速度效益指数的增长。

第四章

工业大类行业发展质量分析与评价

　　本章通过构建工业大类行业发展质量评价指标体系，对我国工业大类行业 2018 年的发展质量进行评价。本评价体系涵盖速度效益和技术创新两大类、共计 8 个指标。基于指标体系从横向和纵向分别计算截面指数和时序指数，以便于分别评价发展质量水平和质量提升速度。评价结果表明，装备制造业受技术创新的带动，发展质量水平普遍较高，但 2018 年质量提升速度并不快；原材料行业和采矿业等上游行业 2018 年受去产能影响，产能利用率大幅提升，速度效益提升更为明显，从而带动了整体质量的较快提升；消费品中大多数行业属于传统劳动密集型行业，其速度效益和技术创新水平均一般，质量提升速度也不快，增长压力较大。

第一节　评价体系构建与数据收集

一、指标选取

　　行业和地区通常是工业发展质量评价的两个维度，而在地区的工业发展质量评价体系中，有部分指标不适用于工业大类行业评价，如结构调整类指标。同时，对于资源环境、两化融合、人力资源类指标大部分行业未公布统计数据或难以收集，且由于行业自身特点，这类指标的行业间比较意义不大。因此，为了体现工业大类行业间的主要差异和特色，以下构建速度效益和技术创新两大类、8 个具体指标的评价体系。

二、行业选取

　　根据国家统计局最新国民经济行业分类，我国工业大类行业分为 41 个，但由于开采专业及辅助性活动、其他采矿业、废弃资源综合利用业 3 个行业的部分指标数据缺失,故本指标体系仅对此外的 38 个工业大类行业进行评价。

三、数据来源

2018 年规模以上工业和 38 个工业大类行业的具体指标值见表 4-1,其中 8 个指标数据均来自国家统计局数据库、中国统计年鉴等。

表 4-1　2018 年规模以上工业和 38 个工业大类行业的具体指标值

	速度效益类				技术创新类			
	工业增加值增速(%)	资产负债率(%)	工业成本费用利润率(%)	工业主营业务收入利润率(%)	工业企业 R&D 经费投入强度(%)	工业企业 R&D 人员投入强度(%)	工业企业单位 R&D 经费支出发明专利数(件/亿元)	工业企业新产品销售收入占比(%)
规模以上工业	6.2	56.5	7.01	6.49	1.3	3.8	28.7	19.3
煤炭开采和洗选业	2.2	65.7	15.25	12.75	0.6	1.0	6.9	4.6
石油和天然气开采业	2.0	41.6	28.40	19.29	1.1	2.1	19.7	1.4
黑色金属矿采选业	-4.7	60.7	2.31	2.22	0.4	0.7	23.2	2.5
有色金属矿采选业	1.5	56.2	13.26	11.40	0.9	1.5	6.3	6.8
非金属矿采选业	1.4	50.8	8.81	7.95	0.4	1.1	15.7	4.4
农副食品加工业	5.9	54.7	4.70	4.49	0.6	1.6	17.2	6.7
食品制造业	6.7	45.9	9.23	8.46	0.9	2.2	25.3	9.0
酒、饮料和精制茶制造业	7.3	42.1	16.58	13.70	0.7	1.8	15.8	8.3
烟草制品业	6.0	24.1	28.36	9.94	0.3	3.0	74.8	10.5
纺织业	1.0	56.5	4.86	4.64	0.9	2.2	19.1	13.1
纺织服装、服饰业	4.4	48.5	6.24	5.89	0.6	1.2	15.5	10.5
皮革、毛皮、羽毛及其制品和制鞋业	4.7	47.7	6.37	5.96	0.5	1.1	15.8	8.3
木材加工和木、竹、藤、棕、草制品业	2.8	47.5	5.49	5.19	0.6	1.4	24.5	6.5
家具制造业	5.6	51.6	6.45	6.07	1.0	2.3	24.2	16.0
造纸和纸制品业	1.0	57.7	5.87	5.58	1.2	3.1	11.5	21.2

续表

	速度效益类				技术创新类			
	工业增加值增速（%）	资产负债率（%）	工业成本费用利润率（%）	工业主营业务收入利润率（%）	工业企业R&D经费投入强度（%）	工业企业R&D人员投入强度（%）	工业企业单位R&D经费支出发明专利数（件/亿元）	工业企业新产品销售收入占比（%）
印刷和记录媒介复制业	6.6	44.8	7.11	6.66	1.0	2.6	28.6	14.5
文教、工美、体育和娱乐用品制造业	7.8	53.0	5.64	5.34	0.8	2.2	26.4	11.0
石油、煤炭及其他燃料加工业	6.4	64.6	5.78	4.90	0.3	1.7	8.7	6.9
化学原料和化学制品制造业	3.6	55.4	7.93	7.34	1.3	4.5	23.2	17.7
医药制造业	9.7	41.8	14.70	12.90	2.4	6.1	19.8	26.5
化学纤维制造业	7.6	59.8	5.14	4.93	1.4	4.5	10.2	27.6
橡胶和塑料制品业	3.2	50.8	5.39	5.11	1.3	3.4	27.6	18.3
非金属矿物制品业	4.6	53.9	9.73	8.85	0.9	2.3	24.3	10.1
黑色金属冶炼和压延加工业	7.0	62.5	6.72	6.30	1.1	3.4	8.3	15.0
有色金属冶炼和压延加工业	7.8	63.1	2.87	2.79	0.9	3.8	11.0	16.1
金属制品业	3.8	54.5	4.95	4.72	1.2	3.5	28.7	15.3
通用设备制造业	7.2	53.4	7.16	6.70	2.0	5.6	33.7	26.6
专用设备制造业	10.9	55.8	7.49	6.99	2.5	6.4	39.4	28.9
汽车制造业	4.9	59.2	8.14	7.57	1.6	5.7	15.0	31.9
铁路、船舶、航空航天和其他运输设备制造业	5.3	59.6	6.08	5.77	3.4	7.5	26.5	48.1
电气机械和器材制造业	7.3	57.5	6.35	6.00	2.1	5.6	41.5	35.9
计算机、通信和其他电子设备制造业	13.1	58.2	4.70	4.51	2.2	6.5	44.0	40.4
仪器仪表制造业	6.2	44.5	10.54	9.65	2.8	8.0	39.5	26.5
其他制造业	3.3	49.8	5.73	5.42	2.3	4.5	43.3	19.4

续表

	速度效益类				技术创新类			
	工业增加值增速（%）	资产负债率（%）	工业成本费用利润率（%）	工业主营业务收入利润率（%）	工业企业R&D经费投入强度（%）	工业企业R&D人员投入强度（%）	工业企业单位R&D经费支出发明专利数（件/亿元）	工业企业新产品销售收入占比（%）
金属制品、机械和设备修理业	11.6	52.9	5.91	5.65	1.2	3.1	32.4	22.4
电力、热力生产和供应业	9.6	61.0	5.52	5.31	0.2	0.7	121.2	0.6
燃气生产和供应业	17.7	59.0	8.63	8.13	0.2	1.1	12.0	1.5
水的生产和供应业	6.8	56.7	12.01	11.43	0.4	0.6	25.4	2.7

资料来源：赛迪智库整理，2020 年 3 月。

第二节 工业大类行业发展质量指数分析与评价

为突出行业发展特点，本章在确定指标权重时，对 8 个指标取相等权重。从横向看，对原始数据进行标准化，对 38 个工业大类行业的发展质量、速度效益、技术创新截面指数进行排名（见表4-2），旨在比较行业发展水平；从纵向看，将原始数据调整为以 2017 年为基期，对 38 个工业大类行业 2018 年的发展质量、速度效益、技术创新的时序指数进行排名，旨在反映行业发展质量的提升速度。

表 4-2 2018 年 38 个工业大类行业发展质量截面指数和时序指数排名

行业	截面指数排名			时序指数排名		
	发展质量	速度效益	技术创新	发展质量	速度效益	技术创新
铁路、船舶、航空航天和其他运输设备制造业	1	22	1	11	13	18
计算机、通信和其他电子设备制造业	2	11	3	7	3	17
仪器仪表制造业	3	17	2	12	11	22
专用设备制造业	4	8	4	26	30	24
医药制造业	5	6	6	13	32	8
电气机械和器材制造业	6	18	5	10	18	14
通用设备制造业	7	19	7	15	9	23
汽车制造业	8	13	9	5	7	10

续表

行业	截面指数排名			时序指数排名		
	发展质量	速度效益	技术创新	发展质量	速度效益	技术创新
石油和天然气开采业	9	1	26	37	28	36
其他制造业	10	34	8	29	5	31
化学纤维制造业	11	20	10	20	25	15
金属制品、机械和设备修理业	12	16	12	19	37	1
烟草制品业	13	9	15	18	14	21
化学原料和化学制品制造业	14	23	11	8	24	6
电力、热力生产和供应业	15	12	19	6	10	9
黑色金属冶炼和压延加工业	16	10	20	38	17	38
酒、饮料和精制茶制造业	17	5	27	22	34	12
煤炭开采和洗选业	18	3	35	2	2	11
非金属矿物制品业	19	14	24	33	21	34
燃气生产和供应业	20	2	38	35	31	35
有色金属冶炼和压延加工业	21	25	18	36	22	37
橡胶和塑料制品业	22	35	13	25	16	28
金属制品业	23	33	14	9	15	16
造纸和纸制品业	24	30	16	17	4	26
水的生产和供应业	25	4	36	32	20	32
有色金属矿采选业	26	7	31	27	23	27
印刷和记录媒介复制业	27	28	17	31	26	30
家具制造业	28	26	21	34	33	33
食品制造业	29	21	25	21	36	4
文教、工美、体育和娱乐用品制造业	30	24	23	28	19	29
石油、煤炭及其他燃料加工业	31	15	33	3	8	7
纺织业	32	36	22	4	12	5
农副食品加工业	33	29	30	16	6	25
纺织服装、服饰业	34	32	29	14	35	3
非金属矿采选业	35	27	34	1	1	2
皮革、毛皮、羽毛及其制品和制鞋业	36	31	32	23	29	19
木材加工和木、竹、藤、棕、草制品业	37	37	28	24	27	20
黑色金属矿采选业	38	38	37	30	38	13

资料来源：赛迪智库整理，2020 年 3 月。

从横向截面指数看，呈现以下特点：

（1）装备行业发展质量普遍较高。国家统计局装备制造八大行业中，除金属制品业外，其他七大行业发展质量指数均位居前列。主要是由于这些行业研发投入强度和创新产出效率普遍较高，进一步印证了其高技术产业的战略地位。而这些行业的速度效益则表现不一，除专用设备制造业速度效益指数排名第 8 位外，"铁路、船舶、航空航天和其他运输设备制造业"、仪器仪表制造业、电气机械和器材制造业、通用设备制造业等行业速度效益指数均排在第 17 位之后。

（2）多数消费品行业发展质量较低。由于消费品行业经营效益一般、技术创新水平不高，所以发展质量指数排名靠后。但值得一提的是医药制造业，其发展质量指数排名第 5 位，速度效益和技术创新指数均排名第 6 位。

（3）原材料行业和采矿业发展质量分化明显。石油和天然气开采业、化学纤维制造业、化学原料和化学制品制造业发展质量指数分别排名第 9、11、14 位，而黑色金属矿采选业、非金属矿采选业、"石油、煤炭及其他燃料加工业"则排名靠后。此外，"电力、热力生产和供应业"、燃气生产和供应业、水的生产和供应业由于效益较好，增速稳定，速度效益指数较高，但技术创新指数不高，因此发展质量处中游水平。

从纵向时序指数看，呈现以下特点：

（1）多数原材料行业和采矿业发展质量提升快。发展质量排名前 14 位的行业中，有一半都是原材料和采矿业等上游行业。主要是由于 2018 年这些行业产能利用率明显提高，企业效益水平大幅提升；但黑色金属矿采选业、有色金属矿采选业、橡胶和塑料制品业是由于技术创新水平大幅提升而带动发展质量提升。

（2）装备制造业发展质量提升不快。装备制造 8 个行业中，仅专用设备制造业提升速度排名第 13 位，其速度效益和技术创新提升速度均处于中上游水平。其他 7 个行业均排名第 24 位以外，这些行业的速度效益和技术创新指标提升速度均不突出。尤其是汽车制造业，速度效益指标拖累了其整体质量的提升。

（3）消费品行业发展质量提升速度大多处于中游水平。仅印刷和记录媒介复制业、"文教、工美、体育和娱乐用品制造业"质量提升较快，其他行业提升速度排名普遍分布在第 15～26 位之间，纺织业由于速度效益提升较慢，其整体质量提升速度也排名靠后。此外，燃气、水的生产和供应业技术创新提升快，质量提升也较快。

综合来看，不同类型的行业各有特点。装备制造业发展质量水平普遍较高，但提升速度不快；原材料和采矿业 2018 年受去产能影响，速度效益提升更为明显，带动整体质量快速提升；大多数消费品行业属于传统劳动密集型行业，其发展质量水平不高，且质量提升速度一般，可持续增长压力较大。

区 域 篇

第五章

四大区域工业发展质量评价与分析

第三章我们分析了全国工业发展质量指数，2012—2018 年，我国工业发展质量总体稳步提升。本章我们将从东部、东北、中部和西部四大区域①角度来分析我国工业发展质量的水平、特点及存在的问题，为区域协调发展提供相应数据支撑及决策参考。四大区域截面指数测算结果显示：2012—2018年，东部地区工业发展质量始终遥遥领先其他地区；中部地区工业发展质量稳中有升，紧紧追赶东部地区；西部地区工业发展质量有明显提升，逐渐向中部看齐；东北地区工业发展质量提升缓慢。此外，本章还从分类指数入手分析了四大区域工业发展质量指数变动的具体因素。

第一节　四大区域截面指数分析

基于本书第二章构建的工业发展质量评价指标体系和评价方法，我们得到 2012—2018 年全国 30 个省（区、市）的工业发展质量截面指数（各省分析详见第六章），根据各省（区、市）数据计算出我国四大区域的工业发展质量截面指数及排名，结果见表 5-1 和表 5-2。

---

①　东部地区包括北京、天津、河北、上海、江苏、浙江、山东、广东、福建、海南 10 省（市）；中部地区包括河南、山西、安徽、湖南、湖北、江西 6 省；东北地区包括辽宁、吉林、黑龙江 3 省；西部地区包括新疆、青海、内蒙古、宁夏、甘肃、陕西、四川、重庆、贵州、广西、云南、西藏（未参与分析）12 省（区、市）。

表 5-1　2012—2018 年四大区域截面指数

	2012	2013	2014	2015	2016	2017	2018	2012—2018 年指数均值
东北地区	34.6	32.7	32.7	33.5	32.9	29.4	28.0	32.0
东部地区	47.8	48.2	51.6	54.5	54.9	49.1	47.7	50.6
西部地区	29.9	31.1	31.6	33.3	33.6	30.8	31.2	31.7
中部地区	34.5	34.3	37.2	40	39.5	36.9	38	37.2

资料来源：赛迪智库整理，2020 年 3 月。

表 5-2　2012—2018 年四大区域截面指数排名

	2012	2013	2014	2015	2016	2017	2018	2012—2018 年指数均值排名
东北地区	2	3	3	3	4	4	4	3
东部地区	1	1	1	1	1	1	1	1
西部地区	4	4	4	4	3	3	3	4
中部地区	3	2	2	2	2	2	2	2

资料来源：赛迪智库整理，2020 年 3 月。

从表 5-1 和表 5-2 可以看出，2012—2018 年，东部地区依靠更为集约高效的发展模式和更有竞争力的营商环境，工业发展质量始终遥遥领先其他地区。中部地区积极承接产业转移，大力推进新型城镇化和实施长江经济带战略，工业发展质量稳中有升，紧紧追赶东部地区。西部地区抓住"西部大开发"和"一带一路"发展机遇，工业发展质量有明显提升，逐渐向中部看齐。东北地区受困于深层次体制机制和结构性矛盾，工业发展质量提升缓慢。

从规模以上工业增加值增速来看，我国工业发展呈现中部地区领跑、西部地区追赶、东北地区缓慢恢复、东部地区稳中趋缓的格局。2018 年以来，中部地区规模以上工业增加值当月增速多数保持在 7%以上，西部地区保持在 6%以上，东部地区虽然增速有所放缓但多数月份仍保持在 5%以上，为全国规模以上工业增加值实现 6.2%的增长奠定坚实基础；东北地区增速也较上年有明显回升。2019 年数据显示：中、西部地区多数省份工业经济仍保持中高速增长，企业活力在增强；东部地区虽然工业增加值增速放缓，但作为工业经济稳定器的作用更加凸显。

从推动高质量发展的实践看，东部地区更加注重新技术运用和营商环境改善，而中部、西部、东北地区依然重视招商引资。东部地区由于资源环境的制约，提高经济密度和投入产出效率的需求更为迫切，更加注重资源使用效率的提升。如浙江全面深化"亩均论英雄"改革、上海实施资源利用效率评价制度。在营商环境方面，更加注重公平、公正的法治环境，上海在新一轮营商环境改革中，进一步扩大改革覆盖面，推动政府管理和服务模式从"以部门为中心"向"以用户为中心"转变。中部、西部、东北地区持续加大招商引资的力度。江西、广西等地建立重大工业项目招商引资和项目推进"一把手"亲自抓、负总责的工作机制。在招商引资方向上，注重引入产业关联度高、辐射带动能力强的企业，各地做法风格各异，如山西利用"十二大产业招商图谱"，对制造业空白领域、薄弱环节招商；广西围绕支撑工业高质量发展的"工业树"进行招商，逐步构建广西特色的工业体系。

第二节 四大区域分类指数分析

本章第一节综合分析了四大区域工业发展质量截面指数及排名情况，本节将从速度效益、结构调整、技术创新、资源环境、两化融合、人力资源这六大分类指数来分析影响各区域工业发展质量的具体因素。

表 5-3 和图 5-1 显示，2012 年，东部地区在技术创新、两化融合、资源环境、结构调整和人力资源方面都显著领先于其他地区；中部地区在结构调整、技术创新、两化融合方面小幅领先东北地区和西部地区，其他分类指标都处于中下游水平；西部地区在速度效益方面处于领先地位，其他分类指标排名都比较靠后；东北地区在速度效益、资源环境和人力资源等方面处于中上游水平。

表 5-3 2012 年四大区域工业发展质量六大分类指数

	速度效益	结构调整	技术创新	资源环境	两化融合	人力资源
东北地区	49.9	24.7	24.5	31.7	40.4	35.2
东部地区	43.6	44.8	58.0	47.3	59.1	35.7
西部地区	53.3	20.1	22.9	18.3	22.6	29.9
中部地区	46.3	30.7	33.4	24.8	41.1	24.0

资料来源：赛迪智库整理，2020 年 3 月。

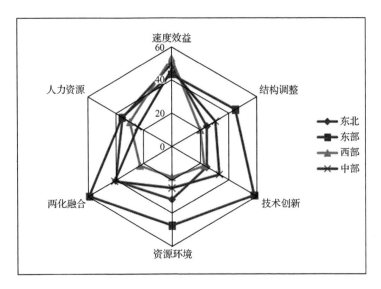

图 5-1　2012 年四大区域工业质量分类指数
资料来源：赛迪智库整理，2020 年 3 月

　　表 5-4 和图 5-2 显示，2018 年，东部地区除速度效益、人力资源指数外，其他分类指数均处于领先地位，其中，速度效益从 2012 年的末位升至第二位，结构调整、技术创新、资源环境和两化融合继续保持大幅领先。这表明东部地区仍然是我国工业发展质量的引领者，通过近几年发展模式的探索创新，东部地区工业发展迈上新台阶；富有竞争力的营商环境是东部地区迈向高质量发展最有力的保障。

表 5-4　2018 年四大区域工业发展质量六大分类指数

	速度效益	结构调整	技术创新	资源环境	两化融合	人力资源
东北地区	37.9	11.9	24.3	25.9	27.1	41.1
东部地区	47.8	39.8	58.6	39.1	59.6	40.0
西部地区	46.1	25.4	27.7	16.4	21.6	38.4
中部地区	48.0	34.7	46.1	18.7	34.7	32.0

　　资料来源：赛迪智库整理，2020 年 3 月。

　　中部地区速度效益升至首位，在技术创新方面相对东北地区和西部地区的优势继续扩大，相对于东部地区的差距也有所缩小；同时，中部地区的人力资源指数也严重拖累了整个地区的工业发展质量。这表明中部地区要想追赶东部地区，还必须坚持"人才是第一资源"，继续加大对高技能人才的引进力度，不断聚集人才、资本等创新要素，加大科技创新投入，加快结构优化调整，为提升工业发展质量积蓄新动能。

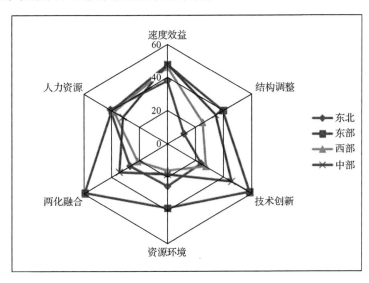

图 5-2　2018 年四大区域工业质量分类指数
资料来源：赛迪智库整理，2020 年 3 月

西部地区在结构调整和技术创新方面取得一些成效，部分省份工业增速也保持较高水平；但是，信息化水平较低、资源利用效率不高等问题依然存在。西部地区还需要积极运用"互联网+"等技术带动生产方式变革，大力拓展工业发展空间，提升工业发展质量。

东北地区在人力资源方面取得积极成效，工业发展速度和效益在缓慢恢复。东北地区要实现突围，必须深化体制机制改革，大力改善营商环境，主动调整产业结构，提升技术创新能力，在发展中逐步提高企业效益，提升发展质量。

第六章

地方省市工业发展质量评价与分析

本章重点分析了各地方省市工业发展质量。首先，将 30 个省（区、市）按照时序指数和截面指数两个维度进行梯队分析，描绘出 30 个省（区、市）工业发展质量的综合表现。

其次，按照六大分类指数进行地区排序，同时通过离散系数判断区域之间的差距程度。结果显示，当前速度效益、人力资源两个方面区域之间差距较小；结构调整方面区域之间有一定差距，离散系数为 0.49；技术创新、资源环境和两化融合方面区域之间差距较大，离散系数分别为 0.59、0.7 和 0.6。

最后，在介绍 30 个省（区、市）宏观经济总体情况、工业经济运行情况的基础上，具体分析其时序指数和截面指数的表现及背后成因。

第一节　梯队分析

通过前面介绍的评价指标体系计算得到 2012—2018 年全国 30 个省（区、市）工业发展质量截面指数及排名，计算结果详见表 6-1 和表 6-2。表中最后一列是 2012—2018 年截面指数的均值和均值排名，反映了 2012—2018 年各地区工业发展质量的横向比较水平。表 6-3 为 2012—2018 年全国及 30 个省（区、市）工业发展质量时序指数，表中最后一列是 2012—2018 年时序指数的年均增速，反映了 2012—2018 年各地区工业发展质量的增长水平。同时，以各地区截面指数均值和时序指数年均增速为基准绘制散点图（见图 6-1），通过 30 个省（区、市）在 4 个象限中的位置，可直观地看出各地区工业发展质量在截面指数和时序指数两个维度上的表现。

表 6-1　2012—2018 年 30 个省（区、市）工业发展质量截面指数

	2012 年	2013 年	2014 年	2015 年	2016 年	2017 年	2018 年	2012—2018 年均值
北　京	68.9	67.1	71.4	72.5	73.6	71.4	65.8	70.1
天　津	58.2	58.7	58.3	63.1	61.0	53.4	51.2	57.7
河　北	27.7	27.5	30.8	37.1	36.3	34.2	30.2	32.0
山　西	21.5	18.6	14.8	16.6	19.8	26.2	23.5	20.2
内蒙古	35.1	35.0	31.6	34.1	36.3	37.0	36.2	35.1
辽　宁	33.2	35.4	34.6	33.5	31.1	30.1	33.7	33.1
吉　林	33.9	31.1	32.9	35.4	36.5	30.6	27.3	32.5
黑龙江	36.8	31.7	30.7	31.8	31.3	27.4	23.0	30.4
上　海	53.4	56.2	62.7	63.5	65.4	58.3	51.9	58.8
江　苏	52.9	55.5	54.9	60.4	58.7	53.6	53.8	55.7
浙　江	44.2	47.6	54.6	59.3	63.0	57.1	57.1	54.7
安　徽	38.2	38.3	39.9	46.5	45.8	44.8	44.7	42.6
福　建	43.2	42.8	44.6	45.0	46.0	40.3	40.6	43.2
江　西	30.9	31.6	38.8	41.0	39.8	34.9	37.9	36.4
山　东	45.7	45.6	47.3	50.3	50.6	46.5	41.4	46.8
河　南	35.4	35.3	41.0	43.3	40.0	34.3	38.9	38.3
湖　北	38.2	40.0	44.0	44.4	46.5	41.3	43.4	42.5
湖　南	42.6	41.9	45.1	48.4	45.3	39.7	39.9	43.3
广　东	52.2	51.4	57.7	59.4	62.6	57.2	59.9	57.2
广　西	29.0	31.2	36.0	38.0	36.3	29.4	28.6	32.7
海　南	31.1	29.9	34.0	34.7	31.8	19.5	25.4	29.5
重　庆	42.6	45.0	50.6	56.4	52.4	48.5	41.9	48.2
四　川	35.7	37.6	39.5	41.2	41.6	38.0	41.1	39.2
贵　州	29.1	33.0	33.9	37.0	39.0	35.6	41.6	35.6
云　南	23.0	22.8	20.6	27.2	25.7	27.5	29.5	25.2
陕　西	43.2	48.9	46.3	46.1	47.7	45.9	48.7	46.7
甘　肃	16.6	16.7	17.2	15.5	16.6	10.0	11.6	14.9
青　海	25.2	22.5	21.6	20.2	22.7	20.3	18.4	21.6
宁　夏	19.9	22.9	22.2	25.1	28.5	22.6	23.8	23.6
新　疆	29.3	26.7	28.0	25.7	23.1	24.2	22.0	25.6

资料来源：赛迪智库整理，2020 年 3 月。

表 6-2　2012—2018 年 30 个省（区、市）工业发展质量截面指数排名

	2012 年	2013 年	2014 年	2015 年	2016 年	2017 年	2018 年	2012—2018 年均值排名
北 京	1	1	1	1	1	1	1	1
天 津	2	2	3	3	5	6	6	3
河 北	25	24	23	18	20	19	20	22
山 西	28	29	30	29	29	25	26	29
内蒙古	17	17	22	22	19	15	18	18
辽 宁	19	15	18	23	24	21	19	19
吉 林	18	22	21	20	18	20	23	21
黑龙江	14	19	24	24	23	24	27	23
上 海	3	3	2	2	2	2	5	2
江 苏	4	4	5	4	6	5	4	5
浙 江	7	7	6	6	3	4	3	6
安 徽	12	13	14	10	12	10	8	12
福 建	9	10	11	12	11	12	14	11
江 西	21	20	16	16	16	17	17	16
山 东	6	8	8	8	8	8	12	8
河 南	16	16	13	14	15	18	16	15
湖 北	13	12	12	13	10	11	9	13
湖 南	10	11	10	9	13	13	15	10
广 东	5	5	4	5	4	3	2	4
广 西	24	21	17	17	21	22	22	20
海 南	20	23	19	21	22	29	24	24
重 庆	11	9	7	7	7	7	10	7
四 川	15	14	15	15	14	14	13	14
贵 州	23	18	20	19	17	16	11	17
云 南	27	27	28	25	26	23	21	26
陕 西	8	6	9	11	9	9	7	9
甘 肃	30	30	29	30	30	30	30	30
青 海	26	28	27	28	28	28	29	28
宁 夏	29	26	26	27	25	27	25	27
新 疆	22	25	25	26	27	26	28	25

资料来源：赛迪智库整理，2020 年 3 月。

表 6-3　2012—2018 年全国及 30 个省（区、市）工业发展质量时序指数

	2012年	2013年	2014年	2015年	2016年	2017年	2018年	2012—2018年年均增速
全　国	100.0	105.0	108.5	112.9	118.6	125.9	135.6	5.21%
北　京	100.0	101.9	107.0	111.8	115.5	123.6	125.1	3.81%
天　津	100.0	103.6	105.4	110.2	116.5	120.2	121.9	3.35%
河　北	100.0	106.8	113.0	118.9	123.2	131.7	144.3	6.31%
山　西	100.0	100.6	101.2	102.3	114.3	129.2	137.2	5.42%
内蒙古	100.0	104.6	103.3	107.7	115.5	135.6	141.5	5.96%
辽　宁	100.0	106.2	106.2	106.7	113.5	121.0	129.2	4.37%
吉　林	100.0	104.3	111.7	112.8	118.7	123.7	124.8	3.76%
黑龙江	100.0	103.1	106.4	107.8	111.7	119.0	122.8	3.48%
上　海	100.0	103.7	109.3	111.5	116.4	119.2	124.0	3.65%
江　苏	100.0	103.6	107.5	112.6	116.8	122.0	130.9	4.59%
浙　江	100.0	107.8	115.3	123.8	132.5	139.7	148.1	6.76%
安　徽	100.0	106.7	121.2	131.9	139.4	150.7	166.3	8.85%
福　建	100.0	100.9	103.3	106.4	111.4	117.4	126.3	3.96%
江　西	100.0	105.0	112.5	116.5	123.8	134.1	153.2	7.37%
山　东	100.0	104.4	108.3	112.7	116.5	122.5	130.6	4.55%
河　南	100.0	109.5	111.5	117.2	120.5	128.3	157.3	7.84%
湖　北	100.0	109.2	113.3	117.8	128.0	134.3	144.6	6.34%
湖　南	100.0	105.3	108.8	119.0	123.6	128.0	131.3	4.65%
广　东	100.0	104.8	109.3	113.8	124.8	131.7	145.3	6.43%
广　西	100.0	107.8	113.8	119.4	126.8	130.5	140.7	5.86%
海　南	100.0	104.9	101.3	106.1	109.1	106.7	112.0	1.90%
重　庆	100.0	108.6	116.9	128.0	132.7	145.3	150.5	7.05%
四　川	100.0	106.9	112.0	114.2	120.4	132.1	142.5	6.08%
贵　州	100.0	106.3	112.0	119.8	126.0	148.7	163.2	8.50%
云　南	100.0	105.1	102.2	111.2	122.1	136.5	146.7	6.59%
陕　西	100.0	110.7	111.6	120.2	128.7	138.5	149.8	6.96%
甘　肃	100.0	107.2	109.1	103.1	121.0	130.4	134.6	5.07%
青　海	100.0	102.5	110.0	112.8	124.4	127.1	136.2	5.28%
宁　夏	100.0	104.1	108.7	116.9	130.7	133.9	140.5	5.83%
新　疆	100.0	103.1	118.6	126.5	130.8	137.2	147.0	6.63%

资料来源：赛迪智库整理，2020 年 3 月。

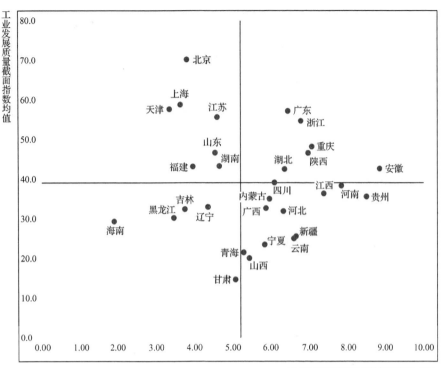

图 6-1　30 个省（区、市）工业发展质量综合表现

资料来源：赛迪智库整理，2020 年 3 月

从工业发展质量截面指数来看，表 6-2 显示，北京、上海、天津、广东、江苏是我国工业发展质量较好的地区，2012—2018 年始终处于全国前列。

北京工业发展质量始终处于全国首位，其多年来在技术创新、两化融合、资源环境、人力资源四个方面始终处于全国领先水平，2012—2018 年四大类指数均值位于全国第 1。

上海工业发展质量处于全国第 2 位，主要得益于技术创新、两化融合和人力资源的突出表现，其中两化融合的 2012—2018 年均值排在全国第 2，人力资源和技术创新均排在第 4 位。

天津工业发展质量保持在全国第 3 位，主要原因在于其技术创新、资源环境和人力资源三个方面的良好表现。其中资源环境的 2012—2018 年均值排在全国第 2 位，技术创新和人力资源均为全国第 3 位。

广东工业发展质量处于全国第 4 位，主要得益于其在结构调整、资源环境和两化融合三个方面的良好表现，其中结构调整的 2012—2018 年均值位居全国第 2 位，资源环境和两化融合指数均排在第 4 位。

江苏工业发展质量处于全国第 5 位，主要原因在于其在结构调整和两化融合两个方面的表现较好，其中结构调整的 2012—2018 年均值排在全国第 1 位，两化融合排在全国第 3 位。

地区分布方面，除东部沿海地区的工业发展质量截面指数处于全国前列以外，西部的重庆和陕西、中部的湖南和安徽也表现较好，均处于全国中上游水平，其中陕西、重庆、安徽排名均有所上升，安徽上升幅度最明显，从 2012 年的第 12 名上升至 2018 年的第 8 名。

分类指数方面，东部和中西部地区具有自身的特点和优势。例如，陕西、贵州、河南、内蒙古等地区在速度效益和人力资源等方面取得了突出成就，位于全国前列。与此同时，广东、北京、上海、天津、浙江等东部地区在结构调整、技术创新、资源环境、两化融合四个方面表现较好。综合来看，分类指数的走势体现了处于不同发展阶段的地区各自的发展特点及优势。

从工业发展质量时序指数来看，表 6-3 显示，安徽、贵州、河南、江西、重庆五个省市的工业发展质量增长较快，年均增速超过 7%。而福建、北京、吉林、上海、黑龙江、天津、海南七个省市的工业发展质量增长相对较慢，年均增速均处于 4% 以下，其中海南年均增速仅为 1.9%。

图 6-1 显示，位于水平线上方的地区是工业发展质量截面指数位于全国平均水平以上的省（区、市），位于垂直线右侧的地区是工业发展质量时序指数增速高于全国平均水平的省（区、市），因此位于第一象限的地区是工业发展质量截面指数和时序指数均高于全国平均水平的省（区、市）。从 2012—2018 年的总体情况来看，第一象限主要集中了重庆、湖南、湖北、安徽等中西部省市，即这些地区在横向比较中处于全国中上游水平，在纵向走势上也处于质量提升较快的阶段，时序指数和截面指数均处于相对领先位置。北京、上海、江苏、天津、福建和山东等东部省市位于第二象限。由于当前东部地区在工业质量上已经处于较高水平，进步速度减弱，因此截面指数上处于领先水平，时序指数偏低。第三象限主要包括东北地区和海南、甘肃，这些地区时序指数和截面指数均表现较弱，处于全国平均水平之下。大量中西部地区处于第四象限，如四川、贵州、河南、江西、青海等地区，这些地区的工业质量处于较快增长阶段，但工业发展质量在全国仍处于偏低的位置。

第二节　分类指数分析

根据 2012—2018 年全国 30 个省（区、市）工业发展质量的六个分类指数的均值，并按照六个分类指数进行地区排序，同时计算六个分类指数的离散程度，结果见表 6-4。

表 6-4　2012—2018 年全国工业发展质量分类指数各省表现

排名	速度效益		结构调整		技术创新		资源环境		两化融合		人力资源	
	省份	指数	省份	指数	省份	指数	省份	指数	省份	指数	省份	指数
1	陕 西	83.4	江 苏	59.8	北 京	82.4	北 京	85.2	北 京	87.7	北 京	71.9
2	贵 州	70.0	广 东	58.4	浙 江	77.7	天 津	76.0	上 海	83.9	内蒙古	65.0
3	河 南	67.5	浙 江	56.2	天 津	73.6	山 东	50.4	江 苏	77.4	天 津	55.0
4	北 京	66.9	山 东	50.1	上 海	73.3	广 东	43.1	广 东	77.1	上 海	54.8
5	江 西	66.6	重 庆	49.8	广 东	71.9	浙 江	38.8	浙 江	58.3	吉 林	47.7
6	内蒙古	65.8	四 川	49.1	江 苏	61.9	陕 西	35.7	福 建	56.3	陕 西	45.1
7	福 建	65.1	上 海	44.5	安 徽	60.3	辽 宁	35.6	重 庆	55.9	辽 宁	42.8
8	上 海	61.8	北 京	41.9	重 庆	52.4	吉 林	35.2	山 东	53.1	新 疆	42.0
9	天 津	60.7	河 南	41.4	湖 南	51.0	重 庆	33.3	安 徽	50.7	江 苏	39.8
10	新 疆	59.8	天 津	38.3	湖 北	44.5	河 北	28.5	湖 北	49.1	广 东	38.7
11	江 苏	58.6	陕 西	36.7	山 东	40.0	福 建	28.5	湖 南	46.7	湖 北	37.8
12	湖 北	57.6	湖 北	35.7	福 建	37.6	上 海	27.2	广 西	46.0	青 海	37.7
13	海 南	56.4	湖 南	35.0	陕 西	33.5	河 南	26.9	天 津	46.0	海 南	37.2
14	重 庆	56.0	安 徽	34.7	辽 宁	31.5	江 苏	26.2	四 川	39.5	宁 夏	36.9
15	湖 南	55.7	江 西	33.2	海 南	30.5	江 西	25.3	黑龙江	39.3	浙 江	35.8
16	四 川	55.6	贵 州	33.0	黑龙江	29.5	湖 南	24.1	江 西	37.6	湖 南	35.0
17	安 徽	55.0	福 建	30.6	四 川	28.3	安 徽	22.3	辽 宁	35.2	广 西	34.9
18	山 东	54.2	河 北	28.0	宁 夏	28.2	内蒙古	21.9	河 南	34.7	福 建	33.4
19	广 东	51.2	辽 宁	26.5	贵 州	28.0	四 川	21.3	河 北	32.0	山 东	32.6
20	吉 林	50.9	广 西	24.1	河 北	22.6	广 西	18.8	陕 西	25.9	重 庆	32.3
21	广 西	50.8	吉 林	23.6	云 南	22.2	湖 北	17.1	吉 林	24.0	黑龙江	31.9
22	浙 江	50.7	山 西	22.5	河 南	21.6	青 海	12.6	贵 州	20.2	河 北	29.6
23	云 南	50.0	云 南	18.0	山 西	19.7	黑龙江	12.3	宁 夏	15.7	江 西	27.4
24	河 北	46.7	黑龙江	16.6	甘 肃	18.4	山 西	11.5	山 西	15.6	四 川	27.2
25	黑龙江	45.2	内蒙古	14.7	内蒙古	18.2	云 南	11.1	新 疆	14.2	山 西	25.6

排名	速度效益		结构调整		技术创新		资源环境		两化融合		人力资源	
	省份	指数	省份	指数	省份	指数	省份	指数	省份	指数	省份	指数
26	青海	40.7	海南	14.4	广西	17.6	贵州	10.9	内蒙古	11.8	贵州	25.2
27	宁夏	34.3	青海	11.8	江西	16.5	海南	9.2	青海	9.1	甘肃	23.5
28	辽宁	31.7	宁夏	10.6	吉林	12.7	新疆	5.9	海南	8.8	云南	23.4
29	甘肃	21.9	新疆	7.0	青海	9.2	甘肃	5.7	云南	8.4	河南	22.4
30	山西	21.2	甘肃	5.7	新疆	9.1	宁夏	5.0	甘肃	7.6	安徽	17.8
离散系数	速度效益	0.25	结构调整	0.49	技术创新	0.59	资源环境	0.70	两化融合	0.60	人力资源	0.33

资料来源：赛迪智库整理，2020 年 3 月。

速度效益方面，陕西、贵州和河南位于全国前三名，三个省份的速度效益指数分别为 83.4、70.0 和 67.5；辽宁、甘肃、山西位于全国最后三位，三个省份的速度效益指数分别为 31.7、21.9 和 21.2。由计算结果可知，速度效益指数表现较好的主要为中、西部的省份，而东部发达地区中，北京、上海、天津的速度效益指数相对排名靠前，其他省市处于中等或中等偏下位置。同时，速度效益指数的离散系数为 0.25，在六个分类指数中离散程度最低，表明这方面各地区差距较小。

结构调整方面，江苏、广东和浙江位于全国前三名，三个省份的结构调整指数分别为 59.8、58.4 和 56.2；宁夏、新疆、甘肃位于全国最后三位，三个地区的结构调整指数分别为 10.6、7.0 和 5.7。可以看到，东部发达省份在结构调整方面成绩显著，而中、西部地区特别是西部地区的结构调整进展缓慢。同时，结构调整指数的离散系数为 0.49，表明结构调整方面差距相对较大。

技术创新方面，北京、浙江和天津位于全国前三名，三个省市的技术创新指数分别为 82.4、77.7 和 73.6；吉林、青海和新疆位于全国最后三位，技术创新指数分别为 12.7、9.2 和 9.1。整体看，技术创新方面东部地区省市表现较好，中、西部省市普遍排名靠后。同时，其离散系数为 0.59，表明在技术创新方面各地仍然有一定差距。

资源环境方面，北京、天津、山东位于全国前三名，三个省市的资源环境指数分别为 85.2、76.0 和 50.4；新疆、甘肃和宁夏位于全国最后三位，资源环境指数分别为 5.9、5.7 和 5.0。同时，资源环境离散系数为 0.7，是分类指数中离散程度最大的，表明各地区之间存在明显差距。

两化融合方面，北京、上海和江苏位于全国前三名，三个省市的两化融合指数分别为 87.7、83.9 和 77.4；海南、云南、甘肃位于全国最后三位，两化融合指数分别为 8.8、8.4 和 7.6。同时，两化融合的离散系数高达 0.6，在六个分类指数的离散程度中排名第二，表明各地区在两化融合方面存在较大差距。

人力资源方面，北京、内蒙古、天津位于全国前三名，三个省市的人力资源指数分别为 71.9、65.0 和 55.0；云南、河南、安徽位于全国最后三位，三个省份的人力资源指数分别为 23.4、22.4 和 17.8。从全国整体来看，各地区人力资源指数的离散系数为 0.33，表明地区之间差距较小。

从上述六个分类指数的地区分析可以看到，当前东部发达地区在结构调整、技术创新、两化融合和资源环境等方面普遍表现较好，领先中、西部地区；速度效益、人力资源两个方面各地差距较小，其中陕西、贵州、河南占据速度效益指数的前三，内蒙古位于人力资源指数的第二位，表现突出。

第三节 地区分析

一、北京

（一）总体情况

1. 宏观经济总体情况

2019 年，北京市实现地区生产总值 35371 亿元，同比增速为 6.1%。其中，第一、二、三产业增加值分别为 113.7 亿元、5715.1 亿元和 28542.5 亿元，同比增速分别为 -2.5%、4.5% 和 6.4%。全市常住人口人均 GDP 为 16.4 万元。三次产业结构为 0.4∶16.2∶83.5，与上年相比，第二产业比重略有下降。全年高技术产业实现增加值 8630 亿元，战略性新兴产业实现增加值 8405.5 亿元，按现价计算，分别较上年增长 7.9% 和 7.3%。

2019 年，全社会固定资产投资较上年下降 2.4%。其中，基础设施投资下降 3.8%。从基础设施投资投向上看，交通运输投资下降，降幅为 9.2%；邮政电信互联网和公共设施管理实现了上涨，涨幅为 17.8% 和 14.1%。分产业看，第二产业下降 9.0%；科学研究和技术服务业投资增长明显，增幅达到 27.0%。全年北京地区进出口总值为 28663.5 亿元，同比增速为 5.4%；出口、进口增速相差近 1 个百分点，增速分别为 6.1% 和 5.1%。

2. 工业经济运行情况

2019 年，北京市实现工业增加值 4241.1 亿元，按可比价格计算，较上年增长 3.0%。其中，规模以上工业增加值较上年增长 3.1%。规模以上工业中，高技术制造业、战略性新兴产业增长较快，增速分别为 9.3%和 5.5%。规模以上工业销售产值为 19424.3 亿元，较上年增长 3.0%。其中，出口增速远大于内销，增速分别为 7.1%和 2.7%。

（二）指标分析

1. 时序指数（见图 6-2 和表 6-5）

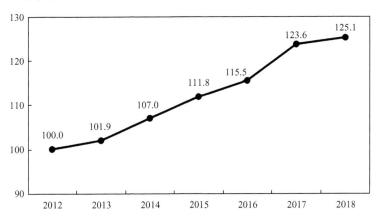

图 6-2　北京市工业发展质量时序指数

资料来源：赛迪智库整理，2020 年 3 月

表 6-5　2012—2018 年北京市工业发展质量时序指数

	2012	2013	2014	2015	2016	2017	2018	2012—2018 年年均增速
速度效益	100.0	97.3	105.3	113.2	112.9	126.6	109.7	1.6%
结构调整	100.0	99.6	98.5	98.2	93.5	92.5	94.4	−0.9%
技术创新	100.0	99.0	102.0	99.9	101.7	104.6	103.6	0.6%
资源环境	100.0	114.3	124.3	147.9	176.0	194.0	211.4	13.3%
两化融合	100.0	102.9	108.4	108.6	110.4	124.6	136.2	5.3%
人力资源	100.0	107.1	114.6	122.1	130.6	138.4	151.9	7.2%
时序指数	100.0	101.9	107.0	111.8	115.5	123.6	125.1	3.8%

资料来源：赛迪智库整理，2020 年 3 月。

纵向来看，北京市工业发展质量时序指数从 2012 年的 100.0 升至 2018 年的 125.1，年均增速为 3.8%，低于全国增速 1.4 个百分点。

北京在资源环境方面的改善最为显著,年均增速达到 13.3%,人力资源和两化融合发展也快于工业发展质量整体增速,年均增速分别达到 7.2%和5.3%。资源环境方面,单位工业增加值能耗和单位工业增加值用水量指标增长明显,增速分别高达 14.5%和 12.0%。人力资源方面,尽管就业人员平均受教育年限增速指标增速仅为 0.3%,但工业城镇单位就业人员平均工资增速和第二产业全员劳动生产率增速分别达到 11.5%和 8.3%,是人力资源指标增速高于工业发展质量整体增速的主要原因。两化融合方面,工业应用信息化水平和电子信息产业占比增速均高于工业发展质量整体增速,二者分别达到6.4%和 4.1%。

除上述三项指标外,其他方面增速均低于总体增速,速度效益、结构调整、技术创新三项指标增速分别只有 1.6%、-0.9%和 0.6%。

速度效益方面,工业增加值率增速表现较高,增速达到 4.9%,资产负债率、工业成本费用利润率、工业主营业务收入利润率则表现欠佳,三者年均增速均低于工业整体增速,后两项指标甚至出现了负增长,年均增速均为-0.8%。结构调整方面,只有高技术制造业主营业务收入占比 1 项指标实现了正增长,年均增速为 2.3%,小型工业企业主营业务收入占比、制造业 500强企业占比、高技术产品出口占比则呈现负增长,年均增速分别为-2.0%、-3.8%和-2.1%。技术创新方面,工业企业 R&D 经费投入强度、工业企业 R&D人员投入强度实现了正增长,增速分别为 1.5%和 2.7%。工业企业单位 R&D经费支出发明专利数和工业企业新产品销售收入占比两项指标则均为负增长,增速为-3.8%和-0.3%。

2. 截面指数(见表 6-6)

表 6-6　2012—2017 年北京市工业发展质量截面指数排名

	2012	2013	2014	2015	2016	2017	2018	2012—2018 年均值排名
速度效益	15	18	10	2	1	1	8	4
结构调整	7	8	8	9	10	13	11	8
技术创新	1	1	1	2	3	3	5	1
资源环境	2	1	1	1	1	1	1	1
两化融合	1	2	1	2	2	2	2	1
人力资源	1	1	1	1	1	2	2	1
截面指数	1	1	1	1	1	1	1	1

资料来源:赛迪智库整理,2020 年 3 月。

横向来看，北京工业发展质量截面指数连续多年排名全国第 1，2012—2018 年平均截面指数为 70.1，排名全国第 1。

2018 年，北京在资源环境、两化融合和人力资源方面表现较好，均处于全国前 2 位。

资源环境方面，单位工业增加值能耗和单位工业增加值用水量分别排在全国第 1 位和第 2 位，两项指标表现突出带来了资源环境总体排名全国第 1。

两化融合方面，电子信息产业占比表现抢眼，位居全国第 1 位，工业应用信息化水平同样表现不俗，排在全国第 4 位，较往年提升较快。

人力资源方面，就业人员平均受教育年限连续多年位于全国第 1 位，第二产业全员劳动生产率、工业城镇单位就业人员平均工资增速两项指标同样表现不俗，分列全国第 4 位和第 8 位。

此外，北京市在技术创新、速度效益和结构调整等方面也处于全国领先水平，分别排在全国第 5 位、第 8 位和第 11 位。速度效益方面，尽管资产负债率指标仍排在全国第 1 位，但工业主营业务收入利润率和工业成本费用利润率较往年均有所下降，分别排在全国第 6 位和第 8 位。技术创新方面，工业企业 R&D 人员投入强度、工业企业 R&D 经费投入强度两项指标均进入全国前 5，分别排在全国第 3 位和第 4 位，工业企业单位 R&D 经费支出发明专利数和工业企业新产品销售收入占比则有待提升，两项指标较上一年份均有下降，分别处于全国第 9 位和第 10 位。结构调整方面较上年有所提升，其中，高技术制造业主营业务收入占比、制造业 500 强企业占比分别位居全国第 3 位和第 5 位，小型工业企业主营业务收入占比表现欠佳，排在全国第 29 位，成为制约结构调整发展的最主要因素。

3. 原因分析

近年来，北京市在环境治理及产业疏解的大环境下，发展速度和结构调整受到一定程度的影响，但两化融合、资源环境和人力资源等方面的优势仍然明显。

资源环境方面，近年来北京市一直将绿色发展作为转变发展方式、调整经济结构的重要抓手，全力打好蓝天保卫战、碧水攻坚战，能源结构、产业结构、交通结构不断优化调整。2019 年全市万元地区生产总值水耗为 13.02 立方米，规模以上工业万元增加值能耗较上年下降 2.8%，均处于全国领先水平。

人力资源方面，北京市继续加大人才就业和生活环境，重点聚焦高端人才。发布实施新时代深化科技体制改革 30 条政策措施，落实支持高精尖产业发展人才政策，引进人才落户 3500 余人，国际人才社区试点区域增加到 8 个。修订科学技术奖励办法，推动出台促进科技成果转化条例，科研人员长期盼望的科技成果权属改革等实现制度性突破。

两化融合方面，大力实施北京大数据行动计划，加快 5G 试点，工业加速转型升级。互联网、大数据、人工智能与实体经济深度融合，有 12 个项目获工业和信息化部智能制造综合标准化和新模式应用项目立项。

（三）结论与展望

综合时序指数和截面指数来看，北京工业发展质量处于全国首位。六个分类指数均处于全国领先位置，反映出近年来北京市在加快经济高质量发展的背景下，推动供给侧结构性改革，实现创新发展。

未来，北京市可以从以下几个方面着手，继续推动高质量发展：一是带头抓好京津冀协同发展工作。借助城市副中心、北京冬奥会及雄安新区建设发展机遇，将非首都功能疏解与产业提升有机结合起来，在疏解功能中谋求发展，联合天津、河北打造世界级先进制造业产业集群。二是继续加大创新力度，加快建设现代经济体系。加快体制机制创新，加快释放利用丰富的科技资源，聚焦集成电路、人工智能、生命科学等高精尖领域，推进产业高端化、智能化、绿色化、服务化、融合化发展。三是继续优化营商环境，加强与世界银行合作，针对营商环境中短板与问题，借鉴国外先进去的做法，打造良好的营商环境。

二、天津

（一）总体情况

1. 宏观经济总体情况

2019 年，天津实现地区生产总值 14104.28 亿元，同比增速为 4.8%。其中，第一、二、三产业增加值分别为 185.23 亿元、4969.18 亿元和 8949.87 亿元，分别同比增长 0.2%、3.2%和 5.9%。全年固定资产同比增长 13.9%。分产业看，第一、二、三产分别增长 10.3%、17.4%和 12.8%，高技术制造业投资增长 36.5%，快于全市 22.6 个百分点。

2. 工业经济运行情况

2019 年，天津市工业增加值增速较上年增长 1.0 个百分点，达到 3.4%。

分行业看，采矿业、制造业、"电力、热力、燃气及水的生产和供应业"增速分别为 3.0%、3.3%和 6.0%。装备制造业增加值占规模以上工业增加值的比重达到 33.5%。新能源汽车、服务机器人、工业机器人等产量分别增长 56.7 倍、85.8%和 40%。

（二）指标分析

1. 时序指数（见图 6-3 和表 6-7）

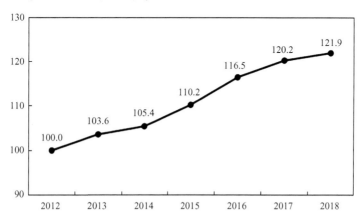

图 6-3 天津市工业发展质量时序指数

资料来源：赛迪智库整理，2020 年 3 月

表 6-7 2012—2018 年天津市工业发展质量时序指数

	2012	2013	2014	2015	2016	2017	2018	2012—2018 年年均增速
速度效益	100.0	99.9	101.3	103.9	107.1	100.4	103.8	0.6%
结构调整	100.0	97.1	92.5	93.4	95.4	92.1	92.6	−1.3%
技术创新	100.0	107.1	111.9	117.2	124.2	135.8	126.4	4.0%
资源环境	100.0	105.9	115.1	127.5	137.3	144.8	154.3	7.5%
两化融合	100.0	111.2	106.3	106.5	121.1	136.3	139.5	5.7%
人力资源	100.0	105.8	113.3	124.6	131.1	138.2	147.1	6.6%
时序指数	100.0	103.6	105.4	110.2	116.5	120.2	121.9	3.4%

资料来源：赛迪智库整理，2020 年 3 月。

纵向来看，天津工业发展质量时序指数自 2012 年的 100.0 上涨至 2018 年的 121.9，年均增速为 3.4%，低于全国平均增速 1.8 个百分点。

天津在资源环境、两化融合和人力资源方面提升较快，年均增速分别为 7.5%、5.7% 和 6.6%。资源环境方面，单位工业增加值能耗、单位工业增加值用水量两项指标均好于工业整体表现，年均增速分别达到 8.6% 和 6.4%。两化融合方面，工业应用信息化水平与电子信息产业占比增速相差较大，其中工业应用信息化水平表现较好，增速为 8.3%。人力资源方面，第二产业全员劳动生产率增长最快，为 9.6%，工业城镇单位就业人员平均工资增速也超过了天津市工业发展质量整体增速，年均增速为 8.2%。

除上述三项指标之外，速度效益、结构调整、技术创新等指标均低于整体增速，结构调整还出现了负增长。速度效益方面，工业增加值增速、资产负债率两项指标实现了正增长，分别为 7.4% 和 1.5%。工业成本费用利润率、工业主营业务收入利润率两项指标均为负增长，增速分别为-4.5% 和-4.3%。技术创新方面，尽管四项指标均实现了正增长，但增速都较慢，其中工业企业单位 R&D 经费支出发明专利数和工业企业新产品销售收入占比两项指标均低于工业整体表现，增速分别为 1.1% 和 2.6%。

2. 截面指数（见表 6-8）

表 6-8　2012—2018 年天津市工业发展质量截面指数排名

	2012	2013	2014	2015	2016	2017	2018	2012—2018 年均值排名
速度效益	7	5	6	4	6	22	21	9
结构调整	8	10	10	11	14	14	15	10
技术创新	4	4	4	3	4	2	7	3
资源环境	1	2	2	2	2	2	2	2
两化融合	12	9	15	14	11	8	8	13
人力资源	3	5	5	2	6	4	3	3
截面指数	2	2	3	3	5	6	6	3

资料来源：赛迪智库整理，2020 年 3 月。

横向来看，2018 年天津工业发展质量截面指数为 51.2，排在全国第 6 名。2012—2018 年间平均截面指数为 57.7，排名为全国第 3。

2018 年，天津市工业发展质量的六个方面指标整体发展较好。技术创新、资源环境、人力资源三项均排在全国前 3 位。

技术创新方面，工业企业 R&D 人员投入强度、工业企业 R&D 经费投入强度与工业企业新产品销售收入占比分别排在全国第 2 位、第 8 位和第 6 位，是支撑技术创新整体良好表现的有利因素；工业企业单位 R&D 经费支出发明专利数指标有待提升，排名全国第 22 名。资源环境方面，单位工业增加值能耗和单位工业增加值用水量均居于全国前列，分别排在全国第 1 位和第 5 位。人力资源方面，第二产业全员劳动生产率、就业人员平均受教育年限两项指标均排在全国第 3 位，工业城镇单位就业人员平均工资增速指标尽管较之前年份有了较大提升，但仍排在全国第 13 位。

此外，速度效益、结构调整和两化融合方面也处于全国中上游水平，分别为第 9 名、第 10 名和第 13 名。

速度效益方面，资产负债率、工业成本费用利润率与工业主营业务收入利润率增速三项指标均处于全国中游，分别排在全国第 17 位、第 10 位和第 10 位；工业增加值增速指标则表现较差，排在全国第 28 位。

结构调整方面，高技术制造业主营业务收入占比、高技术产品出口占比和制造业 500 强企业占比处于全国中上游水平且比较稳定，2018 年分别排在第 7、11、11 位；小型工业企业主营业务收入增速排名全国第 14，但较之前年份有了明显上升。

两化融合方面，电子信息产业占比指标表现较好，近年来排名处于全国上游水平且相对稳定，2017 年排在全国第 9 位，工业应用信息化水平连续多年稳中有升，2018 年排在第 11 位。

3. 原因分析

近年来，天津市扎实践行新发展理念，深入推进供给侧结构性改革，速度效益、结构调整等方面表现不佳，但技术创新、资源环境和人力资源等方面仍具有优势。

技术创新方面，天津市综合科技创新水平位居全国前列，重点建设国家新一代人工智能创新发展试验区。2019 年，全市国家高新技术企业、国家科技型中小企业总数均突破 6000 家，雏鹰、瞪羚、领军（培育）企业分别达到 1500 家、245 家和 170 家。新增上市企业 6 家，万人发明专利拥有量 22.3 件。

资源环境方面，天津市坚持"绿水青山就是金山银山"的发展理念，实施"控源、治污、扩容、严管"四大举措，完成河湖"清四乱"专项行动，全年共完成 10 座城镇污水处理厂扩建提升工程，新增污水日处理能力 66.8 万吨，地表水优良水体比例达到 50%。

人力资源方面，天津市升级了"海河英才"行动计划，不断优化放宽"企业提名单、政府接单办"人才引进政策条件。推广"项目+团队"模式，鼓励领军人才打包人才团队、技术专利等资源"带土移植"。推进"创新人才队伍培育工程"和"海河工匠"建设工程，为汇聚高水平企业家和技能人才打造了优良的环境。

（三）结论与展望

综合时序指数和截面指数来看，天津在多个方面表现良好，但也存在一些问题。未来，天津市可以从以下几个方面着手：一是在京津冀协同发展"大格局"下，积极承接北京非首都功能疏解，提升国际枢纽港功能，深入推进京津、津冀产业合作。二是继续加强创新体系建设，培育发展新动能，充分发挥国家自主创新示范区引领作用，重点建设国家新一代人工智能创新发展示范区，建立"一企一策"工作机制，助推各类"隐形冠军""小巨人"企业快速成长。三是持续优化营商环境，定期发布制造业营商环境指数及区域排名，打造"全天候"网上政府，建立高标准的符合国际贸易规则的管理和审批原则。

三、河北

（一）总体情况

1. 宏观经济总体情况

2019 年，河北实现生产总值 35104.5 亿元，比上年增长 6.8%。其中，第一、二、三产业增加值分别为 3518.4 亿元、13597.3 亿元和 17988.8 亿元，增长速度分别为 1.6%、4.9%和 9.4%。三次产业比例调整为 10.0:38.7:51.3。2019 年，河北全社会固定资产投资同比增长 5.8%。其中，工业技改投资增长 7.2%，占工业投资的比重为 61.6%。2019 年，实现社会消费品零售总额 17934.2 亿元，同比增速为 8.4%。其中，乡村消费增长水平快于城镇消费增速，同比增速分别达到 9.5%和 8.1%；进出口总值达到 4001.6 亿元，比上年增长 12.6%，进口增速较快，达到 24.4%。

2. 工业经济运行情况

2019 年，河北省实现全部工业增加值 11503.0 亿元，同比增长 5.2%，规模以上工业增加值达增速为 5.6%。分主要行业看，非金属矿物制品业、医药制造业增长最快，增速分别达到 10.7% 和 10.4%。食品制造业、"石油、煤炭及其他燃料加工业"、农副食品加工业增速也明显高于工业整体增速，分别达到 7.9%、7.7% 和 6.5%。

（二）指标分析

1. 时序指数（见图 6-4 和表 6-9）

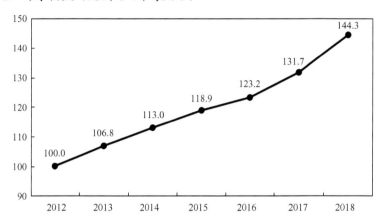

图 6-4 河北省工业发展质量时序指数

资料来源：赛迪智库整理，2020 年 3 月

表 6-9 2012—2018 年河北省工业发展质量时序指数

	2012	2013	2014	2015	2016	2017	2018	2012—2018 年年均增速
速度效益	100.0	103.0	101.8	100.0	109.0	113.5	108.5	1.4%
结构调整	100.0	103.9	106.8	113.2	107.5	109.3	100.7	0.1%
技术创新	100.0	111.1	121.4	128.8	138.7	160.4	191.1	11.4%
资源环境	100.0	111.0	119.9	132.2	140.7	149.3	160.8	8.2%
两化融合	100.0	112.8	130.8	142.5	142.7	147.4	205.1	12.7%
人力资源	100.0	103.4	108.4	114.3	117.8	126.8	135.5	5.2%
时序指数	100.0	106.8	113.0	118.9	123.2	131.7	144.3	6.3%

资料来源：赛迪智库整理，2020 年 3 月

纵向来看，河北工业发展质量时序指数自 2012 年的 100.0 上涨至 2018 年的 144.3，年均增速为 6.3%，高于全国平均增速 1.1 个百分点。河北省在技术创新、资源环境和两化融合方面增速均高于整体增速，年均增速分别为

11.4%、8.2%和 12.7%。

技术创新方面，工业企业新产品销售收入占比和工业企业 R&D 经费投入强度增长最快，增速分别达到 16.1%和 14.3%；其余两项指标也实现了正增长，但工业企业单位 R&D 经费支出发明专利数增速仅实现了 4.8%的增速，低于工业整体增速。资源环境方面，单位工业增加值用水量表现较好，增速为 10.2%；单位工业增加值能耗略低于工业整体表现，增速为 6.0。两化融合方面，电子信息产业占比表现较好，年均增速达 18.2%，工业应用信息化水平则有待提升，仅实现了 5.5%的增长。

除此上述三项指标之外，速度效益、结构调整、人力资源三项指标也都实现了低速正增长。速度效益方面，资产负债率、工业成本费用利润率和工业主营业务收入利润率指标均为负增长，增速分别为-0.2%、-0.3%和-0.1%。结构调整方面，只有高技术制造业主营业务收入占比实现了正增长，为 6.5%，制造业 500 强企业占比、小型工业企业主营业务收入增速以及高技术产品出口占比三项指标则为负增长，年均增速分别为-4.0%、-2.3%和-3.6%。人力资源方面，工业城镇单位就业人员平均工资增速、第二产业全院劳动生产率和就业人员平均受教育年限三项指标均实现了正增长，但后两项指标增速均低于工业整体增速。

2. 截面指数（见表 6-10）

表 6-10 2012—2018 年河北省工业发展质量截面指数排名

	2012	2013	2014	2015	2016	2017	2018	2012—2018 年均值排名
速度效益	23	24	24	22	17	21	22	24
结构调整	16	17	19	18	19	18	20	18
技术创新	26	24	22	21	20	20	18	20
资源环境	14	13	12	11	9	9	8	10
两化融合	20	20	14	18	19	19	18	19
人力资源	24	27	26	19	26	5	24	22
截面指数	25	24	23	18	20	19	20	22

资料来源：赛迪智库整理，2020 年 3 月。

横向来看，2012—2018 年，河北省工业发展质量截面指数平均值为 32.0，排在全国第 22 名。2018 年河北省工业发展质量截面指数为 30.2，排在全国第 20 名，河北省工业发展质量六项指标均排在全国中下游，总体和具体指标较上一年份前年份变化不大。

速度效益方面，全部 4 个指标均处于全国下游，工业增加值增速、资产负债率、工业成本费用利润率和工业主营业务收入利润率分别排在第 20、20、23、23 位。

结构调整方面，制造业 500 强企业占比近年来始终处于全国前列，但 2018 年排在全国第 6 位，近年来首次未进入前 5 位；小型工业企业主营业务收入增速处于全国中游，排在第 16 位；高技术产品出口占比、高技术制造业主营业务收入占比则处于全国中下游水平，分别排在第 23 位和第 27 位。

技术创新方面，工业企业 R&D 经费投入强度、工业企业新产品销售收入占比两项指标稳中有升，2018 年均排在全国第 15 位。工业企业 R&D 人员投入强度、工业企业单位 R&D 经费支出发明专利数则呈下降趋势，2018 年分别排在了全国第 21 位和第 29 位。

资源环境方面，两项指标差异明显，单位工业增加值用水量处于全国领先水平，排在第 4 位，单位工业增加值能耗则处于全国下游水平，排在第 23 位。

两化融合方面，工业应用信息化水平和电子信息产业占比均处于全国中下游水平，工业应用信息化水平表现相对较好，排在全国第 15 位，电子信息产业占比则有待提升，排在全国第 23 位。

人力资源方面，就业人员平均受教育年限表现最好，排在全国第 11 位，第二产业全员劳动生产率表现较差，排在全国第 27 位，工业城镇单位就业人员平均工资增速排在全国第 17 位，但 2017 年河北省该指标排在全国第一位，波动幅度较大。

3. 原因分析

近年来，河北省按照"三六八九"的工作思路，积极贯彻落实京津冀协同发展国家战略，坚持创新驱动，制定了调整产业结构优化产业布局的指导意见，实施工业转型升级、战略性新兴产业发展等行动计划，实施 10 大优势产业提升和千项技改工程。2019 年，河北省新增"专精特新"中小企业 500 家。全省各市工业设计中心实现全覆盖，工业设计加速赋能传统产业，产品附加值明显提高。大数据物联网、生物医药、智能制造等新兴产业加速发展，谋划布局了氢能、太赫兹、超材料等未来产业，制定实施了 5G 产业政策，供给侧结构性改革持续深化。

（三）结论与展望

综合时序指数和截面指数来看，河北省各项指标排名比较偏后。随着京津冀协同发展、雄安新区建设发展、冬奥会配套设施建设等方面的带动以及供给侧结构性改革的持续深入，河北省将面临前所未有的发展机遇。

未来，河北省应从以下两个方面着手：一是高起点承接非首都功能疏解。积极打造科技创新、高等教育、高端产业、总部金融等承接平台，承接聚集要素资源，培育发展高端高新产业，加快建设现代化经济体系，大力发展新一代信息技术、人工智能、智能装备等战略性新兴产业。二是持续推动工业转型升级。重点突出创新与智能、整机与配套、制造与服务协同发展方向，以两化融合、两业融合、军民结合为抓手，补链、延链、强链，推动工业发展高端化、绿色化、智能化、服务化，加快建设制造强省。

四、山西

（一）总体情况

1. 宏观经济总体情况

2019 年，全省实现地区生产总值 17026.7 亿元，其中第一、第二、第三产业增加值分别达到 824.7 亿元、7453.1 亿元和 8748.9 亿元，同比增速分别达到 2.1%、4.8% 和 5.7%。全省固定资产投资（不含农户、不含跨省）增长 9.3%。分产业看，第二产业投资增长 5.3%，其中工业投资增长 5.4%。全省社会消费品零售总额 7909.2 亿元，增长 7.8%，其中，城镇消费品零售额增速 7.6%，低于乡村消费品零售额增速 8.6%。

2. 工业经济运行情况

2019 年，山西全省规模以上工业增加值同比增长 5.3%。战略性新兴产业增长 7.4%，较规模以上工业增速快 2.1 个百分点，其中，新能源汽车业、节能环保产业、新材料产业、新一代信息技术产业增速分别达到 61.6%、12.1%、9.8% 和 5.9%。全省主要工业产品产量方面，太阳能电池增长 41.2%、白酒增长 23.5%；汽车下降 40.2%，但新能源汽车增长 31.9%。规模以上工业企业每百元主营业务收入中的成本为 81.15 元，较上年增加 1.97 元。

（二）指标分析

1. 时序指数（见图 6-5 和表 6-11）

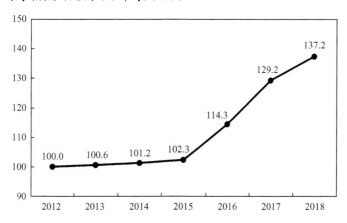

图 6-5 山西省工业发展质量时序指数

资料来源：赛迪智库整理，2020 年 3 月

表 6-11 2012—2018 年山西省工业发展质量时序指数

	2012	2013	2014	2015	2016	2017	2018	2012—2018 年年均增速
速度效益	100.0	80.7	63.4	47.1	68.4	106.4	120.8	3.2%
结构调整	100.0	102.0	108.9	125.6	144.6	158.4	159.6	8.1%
技术创新	100.0	110.7	113.2	107.4	119.0	122.8	134.8	5.1%
资源环境	100.0	109.9	116.6	118.9	124.4	128.5	129.8	4.4%
两化融合	100.0	110.2	124.4	144.6	147.4	156.8	160.3	8.2%
人力资源	100.0	101.5	104.3	103.8	104.9	111.7	122.6	3.5%
时序指数	100.0	100.6	101.2	102.3	114.3	129.2	137.2	5.4%

资料来源：赛迪智库整理，2020 年 3 月。

纵向来看，山西工业发展质量时序指数自 2012 年的 100.0 上涨至 2018 年的 137.2，年均增速为 5.4%，高于全国平均增速 0.2 个百分点。

山西省在结构调整、两化融合两个方面表现较好，年均增速分别达到 8.1% 和 8.2%。结构调整方面，指标增速差异较大，高技术产品出口占比增速最快，为 14.4%，高技术制造业主营业务收入占比年均增速也达到了 11.4%，但制造业 500 强企业占比和小型工业企业主营业务收入占比增速分别为

3.1%和 1.1%。两化融合方面，电子信息产业占比年均增速高达 13%，表现较为突出，工业应用信息化水平增速为 1.9%，保持低速增长。

山西省在速度效益、技术创新、资源环境和人力资源年均增速分别为 3.2%、5.1%、4.4%、3.5%，均保持低速增长态势。速度效益方面，除资产负债率年均增速为 -0.6%，为负增长外，其余 3 项指标均实现了正增长，其中工业成本费用利润率表现最好，年均增速为 4.5%。技术创新方面，工业企业新产品销售收入占比表现最好，年均增速达到 11.9%，工业企业 R&D 经费投入强度、工业企业单位 R&D 经费支出发明专利数年均增速指标也实现了稳步增长，分别为 2.4%、7.6%，但工业企业 R&D 人员投入强度 2018 年出现大幅度下滑，拉低年均增速至 -0.1%。资源环境方面，单位工业增加值用水量年均增速高于整体增速，达到 5.7%，单位工业增加值能耗年均增速达到 3.1%。人力资源方面，三项指标均实现了正增长，其中第二产业全员劳动生产率表现最好，年均增速达到 5.9%。

2. 截面指数（见表 6-12）

表 6-12　2012—2018 年山西省工业发展质量截面指数排名

	2012	2013	2014	2015	2016	2017	2018	2012—2018 年均值排名
速度效益	29	30	30	30	29	25	23	30
结构调整	23	22	22	22	20	19	19	22
技术创新	22	21	20	24	24	25	22	23
资源环境	24	22	24	25	25	25	26	24
两化融合	22	25	22	22	24	26	26	24
人力资源	14	28	30	29	30	6	23	25
截面指数	28	29	30	29	29	25	26	29

资料来源：赛迪智库整理，2020 年 3 月。

横向来看，2012—2018 年山西工业发展质量截面指数平均数为 20.2，排在全国第 29 名。2018 年山西工业发展质量截面指数为 23.5，排在全国第 26 名，较 2017 年上升了 1 名。

山西工业发展质量截面指数所有指标均值排名都处于全国下游水平，速度效益、结构调整、技术创新、资源环境、两化融合、人力资源各指标分别排在全国第 30、22、23、24、24、25 位。

速度效益方面整体表现较差，指标表现差异较明显，其中资产负债率、工业增加值增速分别排在全国第 30 位、第 25 位，而工业成本费用利润率、工业主营业务收入利润率均排在全国第 7 位。

结构调整方面，高技术产品出口占比表现最好，排在全国第 5 位，高技术制造业主营业务收入占比、制造业 500 强企业占比、小型工业企业主营业务收入占比三项指标排名分别在全国第 21 位、第 19 位和第 27 位。

技术创新方面，四项指标均处于全国下游水平，工业企业 R&D 经费投入强度、工业企业 R&D 人员投入强度、工业企业单位 R&D 经费支出发明专利数和工业企业新产品销售收入占比分别排在全国第 23 位、第 26 位、第 25 位和第 18 位。

资源环境方面，单位工业增加值用水量全国排名第 13 位，但单位工业增加值能耗表现较差，排在全国第 28 位。

两化融合方面，山西整体表现有待提升，工业应用信息化水平、电子信息产业占比两项指标年均排名分别处于全国第 29 位和第 20 位。

人力资源方面，就业人员平均受教育年限指标表现较好，排在全国第 7 位，工业城镇单位就业人员平均工资增速、第二产业全员劳动生产率则相对较差，分别排在全国第 21 位、第 24 位。

3. 原因分析

山西工业经济发展长期积累的结构性、体制性、素质性矛盾仍然制约其工业发展质量提升，偏重能源原材料生产的产业结构带来较重的传统产业改造升级任务，新兴产业发展不足，创新发展基础薄弱，市场化改革相对滞后，营商环境改善压力较大，导致缺乏对能够支撑转型的优质项目的吸引能力。值得关注的是，2019 年山西在成本、利润等企业绩效类指标方面取得较好改善，山西传统产业改造步伐加快，数字经济、高端装备制造、新能源汽车、新材料、新能源等新兴产业快速发展，战略性新兴产业、高技术产业增加值增速快于规模以上工业，非煤工业、制造业增速快于煤炭工业，山西近年来加快转型发展步伐、加速新旧动能转换的一系列举措已开始显现成效。

（三）结论与展望

综合时序指数和截面指数来看，尽管山西省个别指标有所改善，但相对来说，工业发展质量总体仍有待提升。

未来，山西省应从以下几个方面着手：一是以项目建设推动产业培育，通过"521"工程等举措，扩大有效投资，改善营商基础设施条件，加速培育高端装备制造业、新材料、数字产业、医药健康、现代煤化工、新能源等产业新动能。二是把握能源革命综合改革试点的发展机遇，深化市场化改革，深化财政金融、国资国企、园区建设等相关体制机制改革，进一步提升政府服务能力与国有企业活力，为民营经济营造公平健康的发展环境。三是主动融入"一带一路"建设，提升山西省对内对外开放能级，加快融入京津冀联动发展，加强与长三角、粤港澳大湾区等区域合作，重点聚焦新兴产业领域。

五、内蒙古

（一）总体情况

1. 宏观经济总体情况

2019 年，内蒙古实现生产总值达到 1.72 万亿元，比上年增长 5.2%，经济运行处于合理区间。其中，第一产业增加值较上年增长 2.4%；第二产业增加值较上年增长 5.7%；第三产业增加值较上年增长 5.4%。2019 年，全区实现进出口总值 1095.7 亿元，比上年增长 5.9%，其中，出口 376.8 亿元，下降 0.4%，进口 718.9 亿元，增长 9.5%。2019 年，全区居民消费价格同比上涨 2.4%，其中，城市同比上涨 2.3%；农村牧区同比上涨 2.8%。全区工业生产者出厂价格较上年上涨 2.1%，工业生产者购进价格较上年上涨 1.1%。

2. 工业经济运行情况

2019 年，全区规模以上工业增加值比上年增长 6.0%，增速较上年同期下降 1.1 个百分点，其中，规模以上工业战略性新兴产业增加值比上年增长 2.3%，高技术制造业增加值比上年增长 3.8%，产业结构不断改善。2019 年，全区规模以上工业企业实现利润 1431.7 亿元，同比增长 3.8%，规模以上工业企业营业收入利润率为 8.8%，高于全国平均水平近 3 个百分点，工业经济效益水平保持良好。投资结构持续优化，2019 年全区制造业投资占固定资产投资总额的 18.8%，比上年提高 0.4 个百分点，工业技改投资占全部工业投资的比重为 17.0%，比上年提高 2.2 个百分点。

（二）指标分析

1. 时序指数（见图 6-6 和表 6-13）

纵向来看，从 2012 年到 2018 年，内蒙古工业发展质量时序指数由 100.0 上涨至 141.5，年均增速达到 6%，高于全国 5.2% 的平均增速。

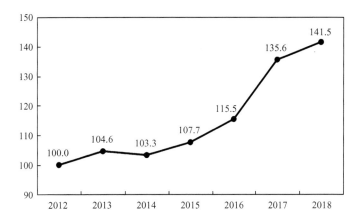

图 6-6 内蒙古工业发展质量时序指数

资料来源：赛迪智库整理，2020 年 3 月

表 6-13 2012—2018 年内蒙古工业发展质量时序指数

	2012	2013	2014	2015	2016	2017	2018	2012—2018 年年均增速
速度效益	100.0	99.1	84.4	81.8	90.0	109.1	110.6	1.7%
结构调整	100.0	103.9	97.6	105.7	115.5	115.9	137.9	5.5%
技术创新	100.0	111.3	111.5	123.8	133.3	173.7	160.2	8.2%
资源环境	100.0	115.4	136.6	147.8	161.4	177.2	184.8	10.8%
两化融合	100.0	98.7	102.8	91.9	87.0	125.3	137.7	5.5%
人力资源	100.0	102.8	107.3	114.2	123.2	132.1	143.1	6.2%
时序指数	100.0	104.6	103.3	107.7	115.5	135.6	141.5	6.0%

资料来源：赛迪智库整理，2020 年 3 月。

内蒙古在技术创新、资源环境、人力资源三个方面增长较快，年均增速分别达到 8.2%、10.8% 和 6.2%。构成技术创新各个指标中，工业企业 R&D 经费投入强度、工业企业 R&D 人员投入强度、工业企业单位 R&D 经费支出发明专利数、工业企业新产品销售收入占比等指标的年均增速分别达到 7.7%、2.3%、8.9%、14.8%。构成资源环境的各项指标中，单位工业增加值能耗、单位工业增加值用水量均有不同幅度提高，年均增速分别达到 5.5%、15%。构成人力资源各个指标中，工业城镇单位就业人员平均工资增速、第二产业全员劳动生产率、就业人员平均受教育年限均有所加强，年均增速分别达到 9.3%、7.6%、0.6%。速度效益方面，进展较为缓慢，除工业增加值年均增速达 7.7%外，资产负债率、工业成本费用利润率、工业主营业务收入利润率均呈负增长，年均增速分别为-0.6%、-1.2%和-1%。两化融合方面，电子信息产业占比年均增速为 7%，工业应用信息化水平年均增速为 3.9%。结构调整方面，高技术产品出口占比、高技术制造业主营业务收入占比表现较好，年均增速分别高达 16.5%、10.9%，但制造业 500 强企业占比、小型工业企业主营业务收入占比年均增速分别为-6.5%、-8.2%，成为阻碍内蒙古结构调整指数增长的主要因素。

2. 截面指数（见表 6-14）

表 6-14　2012—2018 年内蒙古工业发展质量截面指数排名

	2012	2013	2014	2015	2016	2017	2018	2012—2018 年均值排名
速度效益	3	3	15	20	14	5	3	6
结构调整	22	25	24	24	25	29	26	25
技术创新	27	26	26	23	22	21	23	25
资源环境	21	18	18	19	14	13	14	18
两化融合	25	23	24	27	28	27	25	26
人力资源	2	2	3	4	2	1	1	2
截面指数	17	17	22	22	19	15	18	18

资料来源：赛迪智库整理，2020 年 3 月。

横向来看，2018 年内蒙古工业发展质量截面指数为 36.2，排在全国第 18 名，较 2017 年排名下降 3 位。

2018 年，内蒙古在人力资源方面处于全国领先水平，排在全国第 1 名。其中，第二产业全员劳动生产率是促进内蒙古人力资源方面全国领先的主要支撑指标，2012 年以来一直处于全国领先水平。2018 年内蒙古工业城镇单位就业人员平均工资增速指标表现优异，排名保持在全国第 2 位，但是就业人员平均受教育年限仍然处于中游水平，全国排名第 11 位，对人力资源指数增长起到了负面影响。

2018 年，内蒙古在速度效益方面延续了 2017 年的上升态势，比 2017 年上升了 2 个名次，位居全国第 3 名。其中，工业成本费用利润率与工业主营业务收入利润率两个指标全国领先，均位居全国第 2 位，有效拉动了速度效益方面的表现。工业增加值增速具有明显改善，由 2017 年的第 25 位升至 2018 年的第 15 位，资产负债率也由 2017 年的第 27 位升至 2018 年的第 26

位。2018年，内蒙古在资源环境方面的排名保持稳定，单位工业增加值用水量排名居于全国中上游，为第7位，单位工业增加值能耗排名第24位，成为制约资源环境指数排名的主要影响因素。

2018年，内蒙古工业发展质量截面指数排名靠后主要是受到结构调整、技术创新、两化融合三个方面影响，这三个指标分别排在全国第26名、第23名和第25名。结构调整方面，高技术制造业主营业务收入占比、制造业500强企业占比、小型工业企业主营业务收入占比、高技术产品出口占比4项指标均处于全国中下游，排名分别为第28名、第25名、第25名和第20名。技术创新方面，工业企业R&D经费投入强度、工业企业R&D人员投入强度、工业企业单位R&D经费支出发明专利数、工业企业新产品销售收入占比在全国排名分别是第22位、第23位、第30位和第24位。两化融合方面，工业应用信息化水平、电子信息产业占比分别位于全国第24位、第29位。

3. 原因分析

作为西部后发省份，内蒙古仍处于工业化进程中，在速度效益、劳动力禀赋等方面具有一定优势，但仍要坚持工业经济发展遵循高质量要求。近年来传统行业加大力度清退过剩低质产能，市场环境得到较好改善，内蒙古产业结构偏重能源、冶金，在去产能过程中获益较为明显，相关企业成本、利润等效益指标有明显改善。但该地区如何确保企业债务杠杆保持合理水平、如何避免工业增速大幅波动，仍是需要关注的宏观风险点。此外，内蒙古在技术创新、两化融合方面仍处于全国下游，在相应领域的改善提升空间较大，是未来其实现高质量发展的重要发力点。

（三）结论与展望

综合时序指数和截面指数来看，内蒙古在结构调整、两化融合、技术创新等方面仍需加快提升步伐，以实现工业的高质量发展。

内蒙古今后还需在以下几个方面加大工作力度，一要加快推动产业结构转型升级，加速化工、装备制造、钢铁和有色金属加工、乳制品加工等优势特色领域的产业培育进程，推动产业集群化、绿色化发展，稳扎稳打调整产业结构。二是加快推动两化融合进程，把握数字经济带来的产业优化升级机遇，积极布局5G通信、大数据、物联网等相关新型基础设施建设，推动工业企业智能化改造，依托互联网平台充分利用内外部创新资源。

六、辽宁

（一）总体情况

1. 宏观经济总体情况

2019 年，辽宁全省完成地区生产总值 24909.5 亿元，比上年增长 5.5%；全省固定资产投资较上年增长 0.5%；社会消费品零售总额达到 15008.6 亿元，较上年增长 6.1%；进出口总额 7255.1 亿元，较上年下降 4.0%，其中出口总额达到 3129.8 亿元，较上年下降 2.6%，进口总额 4125.3 亿元，较上年下降 5.0%。2019 年，全省一般公共预算收入为 2652 亿元，较上年增长 1.4%，一般公共预算支出为 5761.4 亿元，较上年增长 7.9%。2019 年，全省居民消费价格比上年上涨 2.4%，工业生产者购进价格比上年上涨 0.8%，工业生产者出厂价格比上年下降 0.5%。

2. 工业经济运行情况

2019 年，辽宁全省规模以上工业增加值比上年增长 6.7%。其中，装备制造业增加值增长 7.2%，占规模以上工业增加值的 29.7%，石化工业增加值增长 11.9%，占规模以上工业增加值的 27.2%，冶金工业增加值增长 5.1%，占规模以上工业增加值的 16.3%。2019 年，全省新动能快速发展，规模以上高技术制造业增加值比上年增长 18.7%。2019 年，规模以上工业企业实现营业收入达 30365.5 亿元，同比增长 7.9%。

（二）指标分析

1. 时序指数（见图 6-7 和表 6-15）

纵向来看，辽宁工业发展质量时序指数自 2012 年的 100.0 上涨至 2018 年的 129.2，年均增速为 4.4%，低于全国平均增速 0.8 个百分点。

在技术创新方面年均增速为 12.2%，其中工业企业 R&D 经费投入强度、工业企业 R&D 人员投入强度、工业企业单位 R&D 经费支出发明专利数、工业企业新产品销售收入占比年均增速分别为 9.7%、14.6%、5.4%、17.2%。

在资源环境方面年均增速达到 3%，其中单位工业增加值能耗与单位工业增加值用水量年均增速分别为 1.5% 和 4.4%。

在两化融合方面年均增速为 0.9%，其中工业应用信息化水平逐年上升，年均增速为 4.4%，是拉动两化融合发展的主要因素，但电子信息产业占比 2019 年出现较大幅度下滑，年均增速为-3.3%。

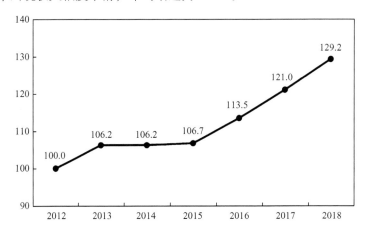

图 6-7　辽宁工业发展质量时序指数

资料来源：赛迪智库整理，2020 年 3 月

表 6-15　2012—2018 年辽宁工业发展质量时序指数

	2012	2013	2014	2015	2016	2017	2018	2012—2018年年均增速
速度效益	100.0	109.7	95.7	81.6	70.2	91.1	104.4	0.7%
结构调整	100.0	93.8	92.3	96.7	99.0	94.6	99.5	-0.1%
技术创新	100.0	110.6	117.6	126.9	173.6	185.4	199.5	12.2%
资源环境	100.0	111.5	116.1	114.8	104.4	110.5	119.4	3.0%
两化融合	100.0	111.2	117.9	118.3	118.0	115.8	105.7	0.9%
人力资源	100.0	104.2	109.9	117.1	121.3	127.3	138.6	5.6%
时序指数	100.0	106.2	106.2	106.7	113.5	121.0	129.2	4.4%

资料来源：赛迪智库整理，2020 年 3 月。

在人力资源方面年均增速为 5.6%，其中工业城镇单位就业人员平均工资增速是人力资源指标的最有力支撑，年均增速达到 8.9%，其次是第二产业全员劳动生产率年均增速为 6.1%，最后是就业人员平均受教育年限年均增速 1.2%。

在速度效益方面年均增速为 0.7%，其中工业增加值增速、资产负债率、工业成本费用利润率、工业主营业务收入利润率等指标较上年有不同程度改善，年均增速分别为 0.9%、-1.5%、1.5%、1.5%。

结构调整方面相对弱势，年均增速为-0.1%。其中高技术制造业主营业务收入占比、高技术产品出口占比指标的年均增速为 6.1%、8.9%；但制造业500 强企业占比、小型工业企业主营业务收入占比年均增速分别为-12.3%、-11.4%，是结构调整的主要阻力。

2. 截面指数（见表 6-16）

表 6-16　2012—2018 年辽宁工业发展质量截面指数排名

	2012	2013	2014	2015	2016	2017	2018	2012—2018 年均值排名
速度效益	25	25	27	28	30	29	17	28
结构调整	11	12	16	19	22	23	22	19
技术创新	19	20	19	18	11	11	12	14
资源环境	6	5	5	6	10	10	10	7
两化融合	16	17	13	15	17	17	20	17
人力资源	9	7	10	8	5	10	7	7
截面指数	19	15	18	23	24	21	19	19

资料来源：赛迪智库整理，2020 年 3 月。

横向来看，2018 年辽宁工业发展质量截面指数为 33.1，排在全国第 19名，处于全国中下游水平。

2018 年，在人力资源、资源环境方面表现相对较好，分别排在全国第 7位、第 10 位，处于全国中上游水平。人力资源方面，工业城镇单位就业人员平均工资增速、第二产业全员劳动生产率、就业人员平均受教育年限的全国平均排名分别位于第 17 位、第 7 位、第 8 位。资源环境方面，单位工业增加值能耗、单位工业增加值用水量的全国排名分别位于第 19 位、第 6 位。

2018 年，在技术创新方面，工业企业 R&D 经费投入强度、工业企业 R&D人员投入强度、工业企业新产品销售收入占比表现较好，年均排名分别位于全国第 12 位、第 13 位、第 11 位，成为促进技术创新的主要推动因素；但工业企业单位 R&D 经费支出发明专利数却成为技术创新主要阻力，年均排名位于全国第 26 位。

2018 年，两化融合方面排在全国第 20 位，较上年下降 3 个位次。其中，电子信息产业占比和工业应用信息化水平分别排在第 17 位和第 20 位，处于全国中下游水平。

2018 年，在结构调整方面排在第 22 位。其中，制造业 500 强企业占比表现相对较好，位于全国第 14 位；而高技术制造业主营业务收入占比、小型工业企业主营业务收入占比、高技术产品出口占比相对弱势，分别排在全国第 20 位、第 24 位和第 18 位。

2018 年，在速度效益方面全国排名第 17 位，较上年提升 12 个位次。其中，工业增加值增速表现较好，位于全国第 2 位，但资产负债率、工业成本费用利润率、工业主营业务收入利润率仍处于全国下游水平，分别排在全国第 25、25 和 24 位。

3. 原因分析

作为"共和国工业长子"，辽宁具有较高水平的工业基础、技术创新能力积淀与产业人才储备，但单一的产业结构、偏重国企的企业生态，导致该省工业发展的结构问题突出，成为近年来经济走弱的关键因素。辽宁工业经济的结构性问题主要表现在产业和企业两个层面：从产业层面看，近年来该省加速新产业、新模式、新业态等动能培育进程，高端装备、电子信息、生物医药等产业加快发展，但高技术制造业营收占比的提升仍不明显；从企业层面看，该省大中小企业发展不均衡、国企与民企发展不平衡，从指标看，小型工业企业主营业务收入占比仍处于低位，民营经济活力未得到充分发挥，进而制约了产业结构调整的步伐。

（三）结论与展望

综合时序指数和截面指数结果，辽宁在企业效益、两化融合与结构调整等方面还有较大的提升空间。

辽宁今后还需在以下几个方面加大工作力度。一是加快建设制造强省步伐，依托优势企业，打好产业基础高级化、产业链现代化攻坚战。重点聚焦制约产业基础能力的短板装备、装备制造业智能化发展，培育壮大 IC 装备、航空装备、机器人等产业链，推动智能制造工程和制造业数字化转型升级。二是以市场经济体制机制建设为主要改革内容，为民营企业创新创业营造良好的社会营商环境，营造国有企业与民营企业公平竞争的市场环境，妥善处理国企账款拖欠问题，切实减轻民营企业压力，树立民营企业投资信心，激发社会资本活力。

七、吉林

（一）总体情况

1. 宏观经济总体情况

2019 年，吉林实现地区生产总值 11726.82 亿元，按可比价格计算，比上年增长 3.0%。分产业看，第一产业增加值 1287.32 亿元，比上年增长 2.5%；第二产业增加值 4134.82 亿元，增长 2.6%；第三产业增加值 6304.68 亿元，增长 3.3%。

2. 工业经济运行情况

2019 年，全年全省规模以上工业增加值比上年增长 3.1%。从重点产业看，汽车制造业比上年增长 7.9%。食品、信息、冶金建材、能源、装备制造业分别增长 0.8%、1.6%、6.8%、13.8% 和 1.9%。石油化工、医药、纺织产业分别下降 0.1%、2.1% 和 5.6%。从主要产品产量看，汽车、卷烟、乙烯、水泥、钢材产量分别增长 4.4%、2.4%、13.1%、24.2%、19.1%，化学纤维、中成药产量分别下降 13.8%、25.0%。

（二）指标分析

1. 时序指数（见图 6-8 和表 6-17）

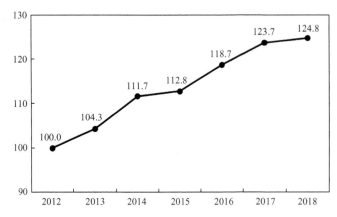

图 6-8　吉林工业发展质量时序指数

资料来源：赛迪智库整理，2020 年 3 月。

表 6-17 2012—2018 年吉林工业发展质量时序指数

	2012	2013	2014	2015	2016	2017	2018	2012—2018 年年均增速
速度效益	100.0	99.0	104.8	99.2	102.1	99.2	109.3	1.5%
结构调整	100.0	121.7	136.7	127.4	122.6	107.7	76.0	-4.5%
技术创新	100.0	85.0	94.5	94.3	106.8	115.8	112.4	2.0%
资源环境	100.0	111.7	120.2	142.3	165.9	191.6	213.5	13.5%
两化融合	100.0	110.6	106.9	118.3	121.3	146.1	162.8	8.5%
人力资源	100.0	105.1	110.1	114.8	121.4	130.0	140.7	5.9%
时序指数	100.0	104.3	111.7	112.8	118.7	123.7	124.8	3.8%

资料来源：赛迪智库整理，2019 年 2 月。

纵向来看，吉林工业发展质量时序指数自 2012 年的 100.0 上涨至 2018 年的 124.8，年均增速为 3.8%，低于全国平均增速 1.4 个百分点。

在资源环境、两化融合和人力资源方面增长相对较快，年均增速分别为 13.5%、8.5% 和 5.9%。资源环境方面，单位工业增加值用水量和单位工业增加值能耗改善较好，年均增速分别达到 15.1%、11.8%。两化融合方面，电子信息产业占比增长较快，年均增速为 12.1%，工业应用信息化水平增速相对较缓，为 4.0%。人力资源方面，工业城镇单位就业人员平均工资增速较快，为 11.0%，是支撑人力资源发展的有利因素。第二产业全员劳动生产率和就业人员平均受教育年限增速较慢，年均增速分别为 4.2% 和 1.1%。

速度效益、结构调整、技术创新等方面的增速表现相对一般，年均增速分别为 1.5%、-4.5%、2%。速度效益方面，工业增加值相对增长较快，年均增速达到 6.2%，资产负债率、工业成本费用利润率和工业主营业务收入利润率均出现负增长，年均增速分别为-0.7%、-0.3%、-0.4%。结构调整方面，高技术产品出口占比是唯一的正增长因素，增速为 8.6%；高技术制造业主营业务收入占比、小型工业企业主营业务收入占比表现欠佳，增速分别为-3.6%、-12.2%。技术创新方面，工业企业 R&D 经费投入强度、工业企业 R&D 人员投入强度、工业企业单位 R&D 经费支出发明专利数、工业企业新产品销售收入占比等指标的年均增速分别为 5.6%、-7.2%、9.0%、-1.6%。

2. 截面指数（见表 6-18）

表 6-18 2012—2018 年吉林工业发展质量截面指数排名

	2012	2013	2014	2015	2016	2017	2018	2012—2018 年均值排名
速度效益	12	20	19	21	18	23	20	20
结构调整	20	20	20	20	18	21	29	21
技术创新	25	28	28	29	28	26	28	28
资源环境	10	9	9	7	6	5	4	8
两化融合	19	19	23	24	22	20	22	21
人力资源	6	6	4	10	10	8	5	5
截面指数	18	22	21	20	18	20	23	21

资料来源：赛迪智库整理，2020 年 3 月。

横向来看，吉林工业发展质量截面指数连续多年处于全国中下游水平，2018 年截面指数为 27.3，排在第 23 位，比 2017 年排名下降 3 位。

2018 年，吉林的人力资源处于全国中上游水平，排在第 5 位。其中，工业城镇单位就业人员平均工资增速、第二产业全员劳动生产率分别排在全国第 6 位、第 5 位，就业人员平均受教育年限排在第 14 位。

2018 年，吉林在资源环境方面排在全国第 4 名，排在全国前列。其中单位工业增加值能耗表现较好，排在第 3 位；单位工业增加值用水量排在第 10 位，对吉林资源环境的排名产生一定负面影响。

2018 年，吉林在速度效益方面排在全国第 20 位。其中，工业增加值增速排全国第 21 位，较 2017 年前进 1 位；资本负债率排在全国第 13 位，与 2016 年持平；工业成本费用利润率和工业主营业务收入利润率均处于全国第 21 位。

2018 年，吉林在结构调整方面排在全国第 29 位。其中，小型工业企业主营业务收入占比增速出现较大幅度下滑，从 2017 年的第 5 位下降至 2018 年的第 26 位；高技术制造业主营业务收入占比和制造业 500 强企业占比指标排名较上年有所下降，分别排在全国第 24 位和第 27 位。

2018 年，吉林在两化融合方面排在全国第 22 位，工业应用信息化水平、电子信息产业占比指标均处于全国中下游水平，分别排在第 16 位、第 22 位，直接影响了吉林两化融合指数的排名。

2018 年，吉林的技术创新排在第 28 名，处于全国下游水平，较上年下降了 2 个名次。其中，工业企业单位 R&D 经费支出发明专利数的排名有大幅提升，为第 14 位；工业企业新产品销售收入占比表现较好，排在全国第 19 位；但是工业企业 R&D 经费投入强度、工业企业 R&D 人员投入强度处于相对落后水平，排名分别为第 29 位和第 28 位，影响了技术创新指数的排名。

3. 原因分析

吉林人力资源指标 2018 年度表现优异，得益于产业结构特征与产业人才政策等多方面因素。装备制造业等资本密集型、技术密集型产业一定程度上拉动了吉林第二产业全员劳动生产率。2018 年吉林省出台"十八条人才新政"（《关于进一步激发人才活力服务创新驱动发展战略的若干意见》）以来，吉林省积极用足政策空间、挖掘地方潜力，创新推出多样化的人才政策，积极营造引人用人的良好生态环境，其积极作用正在显现。

（三）结论与展望

综合时序指数和截面指数结果，吉林在人力资源、资源环境两方面发展水平相对较好，今后应着重加强结构调整、技术创新等方面的改革力度。

吉林今后还应继续致力于新动能培育。一是整合创新资源，探索关键共性技术领域攻关的多方参与协同创新机制，发挥人才优势，促进人才链与创新链、产业链、资金链、信息链、价值链等深度融合。二是进一步推动国有企业改革，继续推动地方国有企业开展混合所有制改革或股权多元化改革，从体制机制入手提高企业效能，焕发企业活力。三是围绕加快打造"体制最顺、机制最活、政策最好、审批最少、手续最简、成本最低、服务最优、办事最畅、效率最高"的最佳投资地和最优营商环境省份这一目标，深化进行制度创新和改革，切实优化营商环境。

八、黑龙江

（一）总体情况

1. 宏观经济总体情况

2019 年全省实现 GDP 总量 13612.7 亿元，按可比价格计算，比上年增长 4.2%。从三次产业看，第一产业增加值为 3182.5 亿元，增长 2.4%；第二产业增加值为 3615.2 亿元，增长 2.7%；第三产业增加值为 6815.0 亿元，增长 5.9%。

2. 工业经济运行情况

2019 年，全省规模以上工业增加值比上年增长 2.8%。若扣除石油和天然气开采行业，全省规模以上工业增加值增长 6.2%。从行业看，装备工业增加值增长 11.0%，食品工业增加值增长 8.7%，是全省工业的重要支撑力量。高技术制造业增加值比上年增长 10.2%，快于全省规模以上工业 7.4 个百分点。新产品中，新能源汽车增长 1.8 倍，集成电路（芯片）增长 16.6%，电工仪器仪表增长 52.6%。石墨产业发展较快，石墨及碳素制品产量比上年增长 18.6%。

（二）指标分析

1. 时序指数（见图 6-9 和表 6-19）

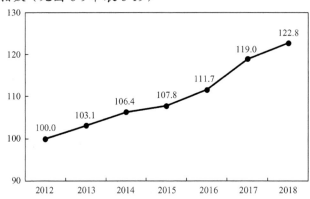

图 6-9　黑龙江工业发展质量时序指数

资料来源：赛迪智库整理，2020 年 3 月。

表 6-19　2012—2018 年黑龙江工业发展质量时序指数

	2012	2013	2014	2015	2016	2017	2018	2012—2018 年年均增速
速度效益	100.0	91.2	86.6	69.6	64.0	74.5	78.4	-4.0%
结构调整	100.0	104.6	106.9	110.0	109.6	96.6	130.0	4.5%
技术创新	100.0	103.1	105.9	107.3	114.0	131.9	101.9	0.3%
资源环境	100.0	121.1	141.7	164.7	182.9	193.9	198.9	12.1%
两化融合	100.0	106.1	112.4	122.9	131.2	145.7	147.0	6.6%
人力资源	100.0	105.3	108.3	114.3	121.3	128.8	138.8	5.6%
时序指数	100.0	103.1	106.4	107.8	111.7	119.0	122.8	3.5%

资料来源：赛迪智库整理，2020 年 3 月。

纵向来看,黑龙江工业发展质量时序指数自 2012 年的 100.0 上涨至 2018 年的 122.8,年均增速为 3.5%,比全国平均增速少 1.7 个百分点。

黑龙江在资源环境方面快速增长,年均增速为 12.1%。其中,单位工业增加值用水量表现优异,年均增速达到 16.9%,单位工业增加值能耗年均增速达到 6.1%,促进了资源环境指数的增长。

黑龙江在技术创新方面,年均增速为 0.3%。其中,工业企业单位 R&D 经费支出发明专利数增速最高,达到 6.5%;工业企业 R&D 人员投入强度和工业企业 R&D 经费投入强度增速表现欠佳,分别为-8.5%、-1.3%。

黑龙江在两化融合方面,年均增速为 6.6%。其中,电子信息产业占比、工业应用信息化水平年均增速分别达到 8.8%和 4.2%。

黑龙江在人力资源方面,年均增速为 5.6%。其中,工业城镇单位就业人员平均工资快速增长,年均增速为 8.9%;第二产业全员劳动生产率也保持较快增长,年均增速为5.8%;就业人员平均受教育年限增长较慢,增速仅为1.5%。

黑龙江在结构调整方面,年均增速为 4.5%。其中,制造业 500 强企业占比、小型工业企业主营业务收入增速两项指标在 2012—2018 年间均呈现负增长,年均增速分别为-8.2%、-3.4%,阻碍了结构调整指标的优化。

黑龙江在速度效益方面,年均增速为-4.0%。其中,工业增加值年均增速为 3.2%,但资产负债率、工业成本费用利润率和工业主营业务收入利润率均呈负增长,年均增速为分别为-0.3%、-11.7%和-10.9%。

2. 截面指数（见表 6-20）

表 6-20　2012—2018 年黑龙江工业发展质量截面指数排名

	2012	2013	2014	2015	2016	2017	2018	2012—2018 年均值排名
速度效益	4	13	22	25	27	27	27	25
结构调整	24	23	23	23	24	26	25	24
技术创新	14	16	15	15	16	15	26	16
资源环境	25	23	23	22	23	24	25	23
两化融合	10	15	17	19	16	15	16	15
人力资源	18	23	27	20	13	12	20	21

续表

	2012	2013	2014	2015	2016	2017	2018	2012—2018 年均值排名
截面指数	14	19	24	24	23	24	27	23

资料来源：赛迪智库整理，2020 年 3 月。

横向来看，黑龙江工业发展质量截面指数呈下滑趋势。2018 年截面指数为 23.0，排在全国第 27 名，较 2017 年下降 3 个位次。

黑龙江在两化融合和人力资源两个方面均处于全国中游水平，2018 年分别排在全国第 16 位和第 20 位。两化融合方面，工业应用信息化水平 2018 年排在全国第 9 位。人力资源方面，第二产业全员劳动生产率和就业人员平均受教育年限 2018 年均排在第 19 名，较 2017 年分别下降了 1 个和 4 个名次；工业城镇单位就业人员平均工资增速表现相对较好，排名第 15 位。

黑龙江在速度效益、结构调整、资源环境等方面发展相对滞后，2018 年全国排名分别为第 27 位、第 25 位和第 25 位。速度效益方面，工业增加值增速 2018 年排在全国第 27 名，较 2017 年下降一位；资产负债率 2018 年排名第 18 位，与上年持平；工业成本费用利润率和工业主营业务收入利润率 2018 年分别排在全国第 24 位、第 25 位，均较 2017 年提升 2 个位次。结构调整方面，高技术制造业主营业务收入占比、制造业 500 强企业占比、小型工业企业主营业务收入增速和工业制成品出口占比都处于下游水平，2018 年分别排在第 25 位、第 22 位、第 22 位和第 26 位。资源环境方面，单位工业增加值能耗、单位工业增加值用水量全国排名分别为第 21 位和第 19 位。

3. 原因分析

结构矛盾是制约黑龙江工业发展的主要因素。长期以来，计划经济的资源配置模式一直支配着黑龙江经济的运行和发展，一定程度上使黑龙江工业经济结构产生路径依赖。近年来，国家新一轮振兴东北老工业基地战略全面启动，但黑龙江省工业经济转型还面临着很多现实问题，主要有产业结构性矛盾、产权结构性矛盾和产品结构性矛盾。近年来，黑龙江省出台一系列措施，结构矛盾有所改观，但结构调整需要一个过程，无法一蹴而就。

（三）结论与展望

综合时序指数和截面指数看，黑龙江在两化融合、人力资源方面取得一定成效，但在速度效益、结构调整、资源环境等方面还需加快改进和提升。

黑龙江省未来应重点在以下几方面提升发展能力。一是大力优化营商环境，推动法治龙江和诚信龙江建设，吸引投资、聚集人才。二是深化供给侧结构性改革，进一步淘汰落后产能，挖掘资源要素配置潜力。三是加速科技创新，依托哈尔滨工业大学、哈尔滨工程大学等高校的创新优势，搭建产学研用平台，促进成果产业化。四是加速新动能培育步伐，促进两化融合，抓住新一代信息技术发展时机，加快推进智能制造，实现制造业高质量发展。另外，在上述过程中利用地理和文化优势，加深与俄罗斯等邻国企业、高校的合作。

九、上海

（一）总体情况

1. 宏观经济总体情况

2019年，全年实现上海市生产总值38155.32亿元，比2018年增长6.0%。其中，第一产业增加值为103.88亿元，下降5.0%；第二产业增加值为10299.16亿元，增长0.5%；第三产业增加值为27752.28亿元，增长8.2%。第三产业增加值占上海市生产总值的比重为72.7%，比上年提高1.8个百分点。

2. 工业经济运行情况

2019年，全年实现工业增加值9670.68亿元，比上年增长0.4%。全年完成工业总产值35487.05亿元，同比下降0.3%。其中，规模以上工业总产值为34427.17亿元，同比下降0.3%。在规模以上工业总产值中，国有控股企业总产值为13501.66亿元，同比增长1.3%。全年节能环保、新一代信息技术、生物、高端装备、新能源、新能源汽车、新材料等工业战略性新兴产业完成工业总产值11163.86亿元，比上年增长3.3%，占全市规模以上工业总产值比重达到32.4%。电子信息产品制造业等六个重点工业行业完成工业总产值23279.15亿元，比上年增长0.1%，占全市规模以上工业总产值的比重为67.6%。全年规模以上工业产品销售率为99.9%。全年规模以上工业企业实现利润总额2906.25亿元，比上年下降13.7%；实现税金总额2253.73亿元，比上年下降8.1%。规模以上工业企业亏损面为21.1%。

（二）指标分析

1. 时序指数（见图 6-10 和表 6-21）

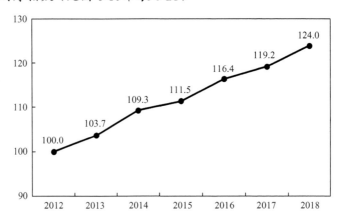

图 6-10　上海工业发展质量时序指数

资料来源：赛迪智库整理，2020 年 3 月。

表 6-21　2012—2018 年上海工业发展质量时序指数

	2012	2013	2014	2015	2016	2017	2018	2012—2018 年年均增速
速度效益	100.0	106.7	113.0	117.2	122.9	125.6	127.8	4.2%
结构调整	100.0	96.6	94.4	91.1	94.0	92.5	97.7	-0.4%
技术创新	100.0	108.2	115.0	115.0	125.8	123.9	126.4	4.0%
资源环境	100.0	99.7	116.8	118.6	120.8	132.2	139.5	5.7%
两化融合	100.0	106.0	109.6	115.7	114.4	117.9	126.0	3.9%
人力资源	100.0	103.1	110.8	116.8	122.5	131.3	138.0	5.5%
时序指数	100.0	103.7	109.3	111.5	116.4	119.2	124.0	3.7%

资料来源：赛迪智库整理，2020 年 3 月。

　　纵向来看，上海工业发展质量时序指数自 2012 年的 100.0 增长到 2018 年的 124.0，年均增速达到 3.7%，低于全国平均增速 1.5 个百分点。

　　从细分指标来看，上海在资源环境、人力资源和速度效益、技术创新等方面增长较快，年均增速分别达到 5.7%、5.5%、4.2% 和 4.0%。资源环境方面，其分项指标单位工业增加值用水量年均增长达到 6.3%，成为促进资源环境指标快速增长的主要原因。人力资源方面，其分项指标工业城镇单位就业人员平均工资年均增速达到 10.0%，成为促进人力资源指标快速增长的主要原因。速度效益方面，其分项指标工业成本费用利润率和工业主营业务收入利润率年均增长分别达到 5.8% 和 5.5%，成为促进速度效益指标快速增长的主要原因。技术创新方面，其分项指标工业企业 R&D 人员投入强度和工业企业 R&D 经费投入强度年均增长分别达到 6.6% 和 4.8%，成为促进技术创新指标快速增长的主要原因。

两化融合方面增速较缓，年均增速为 3.9%。其中工业应用信息化水平年均增速达到 5.2%；电子信息产业占比增长相对缓慢，年均增速为 2.6%。

结构调整方面则无进展，年均增速为 -0.4%。其中，仅小型工业企业主营业务收入占比实现了正增长，年均增速为 2.4%。

2. 截面指数（见表 6-22）

表 6-22 2012—2018 年上海工业发展质量截面指数排名

	2012	2013	2014	2015	2016	2017	2018	2012—2018 年均值排名
速度效益	24	21	13	7	2	3	6	8
结构调整	5	6	7	7	7	10	8	7
技术创新	3	2	2	4	2	5	6	4
资源环境	9	10	10	13	17	17	17	12
两化融合	2	1	2	1	3	3	3	2
人力资源	7	4	2	3	3	3	9	4
截面指数	3	3	2	2	2	2	5	2

资料来源：赛迪智库整理，2020 年 3 月。

横向对比来看，上海工业发展质量截面指数近年来在全国均属领先地位，7 年来均排名全国前 5 位，且平均排名为全国第 2 位。

从分项指标来看，上海在两化融合指标方面表现突出，7 年来均值排名位列全国第 2 位。其中，电子信息产业占比和工业应用信息化水平两个分项指标 7 年来均排名位列全国前 5 位。

上海在人力资源和技术创新方面表现同样强劲，7 年来全国均值排名都位列第 4 位。人力资源方面，就业人员平均受教育年限指标表现抢眼，7 年来均位列全国第 2 位。技术创新方面，工业企业新产品销售收入占比和工业企业 R&D 经费投入强度表现较为突出，7 年来排名均位列

全国前 3 位。

上海在资源环境方面表现一般，近 7 年均值排名为全国第 12 位。其中单位工业增加值用水量指标排名第 30 位，成为拖累资源环境方面排名的主要原因。

3. 原因分析

2012—2018 年期间，上海在全国工业发展质量排名体系中始终位列前茅，经济韧性强、回旋空间大，具有较强应对外部风险和抗击短期冲击的能力。主要原因在于上海在推动供给侧结构性改革、培植新的发展动能方面做了大量工作。特别是在持续推进自贸试验区制度创新、加快建设具有全球影响力的科技创新中心、多措并举减轻企业负担、加快推动产业转型升级、加快推进国资国企改革、推进城乡发展一体化等方面成效显著。

（三）结论与展望

综合时序指数和截面指数两方面的排名结果来看，上海整体表现优异，大部分指标位列全国前列。未来，上海市应以科技创新为引领，着力培育经济发展新动能，继续全力以赴加快科创中心建设，提升城市整体创新能力。在应对复杂多变的发展环境时，应化挑战为机遇，保持战略定力，通过深化改革、扩大开放、引领创新，推进工业高质量发展走在全国前列。

十、江苏

（一）总体情况

1. 宏观经济总体情况

2019 年，江苏省实现国内地区生产总值 99631.5 亿元，比上年增长 6.1%，规模继续位列全国第二位。从产业看，第三产业规模与增速居首，分别达到 51064.7 亿元和 6.6%；第二产业仍然占据国民经济重要地位，成为支撑经济增长的重要基石，规模与增速分别达到 44270.5 亿元和 5.9%；第一产业平稳增长，规模与增速分别达到 4296.3 亿元和 1.3%。至此，全省产业结构加速调整，三次产业比例优化为 4.3∶44.4∶51.3。从所有制性质来看，全省非公有制经济发展活力较好，实现增加值 74125.9 亿元，占全部

GDP 比重达 74.4%，同比提高 0.9 个百分点，其中民营经济占 GDP 比重达到 55.9%。从区域协调发展来看，扬子江城市群对全省经济增长的贡献率较为显著，达到 78.4%；沿海经济带的发展势头良好，对全省经济增长的贡献率达到 16.5%。

2. 工业经济运行情况

2019 年，全省工业经济平稳运行，全年规模以上工业增加值同比增长 6.2%，高出全国平均水平。其中轻工业增长较快，同比达到 6.4%，重工业增速同比达到 6.1%。从工业内部产业结构来看，先进制造业与新兴产业发展势头良好，全年增速分别达到 6.8% 和 6.0%，先进制造业的根基作用进一步牢固。先进制造业从分行业来看，电气机械、医药、专用设备等细分行业增速较快，分别达到 16.9%、19.0%、8.2%；此外，新型材料、新型交通运输设备和高端电子信息产品等产业也有较快发展。从高新技术产业来看，其占规模以上工业总产值比重同比提高了 0.7 个百分点，达到 44.4%；战略性新兴产业占规模以上工业总产值比重同比提高了 0.8 个百分点，达到 32.8%。

（二）指标分析

1. 时序指数（见图 6-11 和表 6-23）

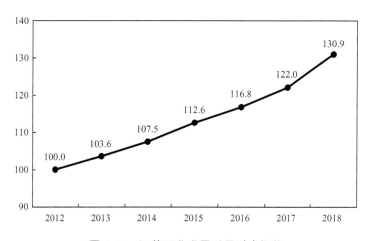

图 6-11　江苏工业发展质量时序指数

资料来源：赛迪智库整理，2020 年 3 月。

表 6-23　2012—2018 年江苏工业发展质量时序指数

	2012	2013	2014	2015	2016	2017	2018	2012—2018 年年均增速
速度效益	100.0	104.6	108.6	113.7	118.1	120.4	121.7	3.3%
结构调整	100.0	97.2	94.8	97.1	99.3	102.3	105.1	0.8%
技术创新	100.0	104.3	112.7	115.2	121.6	129.5	153.1	7.4%
资源环境	100.0	102.0	105.3	113.3	118.0	126.7	134.1	5.0%
两化融合	100.0	102.2	106.7	113.5	114.9	120.1	129.9	4.5%
人力资源	100.0	111.8	117.6	126.6	132.2	139.2	148.6	6.8%
时序指数	100.0	103.6	107.5	112.6	116.8	122.0	130.9	4.6%

资料来源：赛迪智库整理，2020 年 3 月。

从时间发展序列来看，近年来江苏工业发展质量时序指数增长速率一般，低于全国平均水平，数值从 2012 年的 100.0 增长到 2018 年的 130.9，年均增速为 4.6%，比全国平均增速 5.2%低了 0.6 个百分点。

从分项指标来看，江苏省在技术创新和人力资源这两项指标方面表现优异，年均增速分别为 7.4%和 6.8%，成为支撑全省工业发展质量不断提升的主要原因。技术创新方面，工业企业 R&D 经费投入强度、工业企业 R&D 人员投入强度和工业企业新产品销售收入占比这三项指标均实现了较快增长，年均增速分别达到 9.7%、7.8%和 6.8%，这表明企业层面的研发投入较高，并实现了以创新产品带动企业良性发展的正循环。人力资源方面，工业城镇单位就业人员平均工资增速和第二产业全员劳动生产率两项指标年均增速较快，分别达到 10.5%和 7.5%，这表明江苏省工业企业发展效益较好，并普惠到广大产业工人，而且企业生产效率也不断提升。

资源环境、两化融合以及速度效益这三项指标表现一般，年均增速分别为 5.0%、4.5%和 3.3%。资源环境方面，单位工业增加值能耗以及单位工业增加值用水量不断提升，年均增速分别为 6.9%和 3.0%，绿色发展压力犹存。两化融合方面，工业应用信息化水平表现尚可，年均增速为 5.6%，但电子信息产业占比较低，年均增速仅为 3.3%。速度效益方面，虽然江苏省工业总量较大，但工业增加值增速仍表现较好，该指标年均增速达到 7.9%；但资产负债率、工业成本费用利润率、工业主营业务收入利润率等指标表现较差。

从大类指标来看，结构调整指标年均增速仅为 0.8%，成为制约江苏省工业质量提升的最关键因素。深入分析其原因,高技术产品出口占比、小型工业企业主营业务收入占比两项指标均为负增长,高技术制造业主营业务收入占比指标年均增速也仅为 0.5%。

2. 截面指数(见表 6-24)

表 6-24　2012—2018 年江苏工业发展质量截面指数排名

	2012	2013	2014	2015	2016	2017	2018	2012—2018 年均值排名
速度效益	21	16	14	6	8	12	12	11
结构调整	1	1	1	1	2	1	2	1
技术创新	6	6	6	6	7	7	4	6
资源环境	12	12	14	15	15	15	16	14
两化融合	3	3	3	3	4	4	4	3
人力资源	11	3	20	7	12	16	18	9
截面指数	4	4	5	4	6	5	4	5

资料来源:赛迪智库整理,2020 年 3 月。

从全国各省市排名对比来看,江苏工业发展质量截面指数的排名始终较高,位于第一阵列,2018 年全国排名为第 4 位,近 7 年来平均排名为全国第 5 位。

从各细分指标排名来看,结构调整、两化融合这两项指标表现优异是支撑江苏省工业发展质量全国排名较高的主要原因,近 7 年全国排名的平均水平分别为第 1 位和第 3 位。分析其原因,结构调整方面,制造业 500 强企业占比与高技术制造业主营业务收入占比两个细分指标排名靠前,2018 年分列全国第 3 位和第 4 位,表明江苏省工业发展是由较多高科技制造业龙头企业所支撑;但小型工业企业主营业务收入占比指标排名一般,2018 年位列全国第 9 位,说明中小企业发展活力相对不足。两化融合方面,电子信息产业占比和工业应用信息化水平两项指标排名靠前,2018 年分列全国第 4 位和第 6 位,这与苏州、南京等地电子信息制造产业发展较快以及制造业智能化改造升级效果较好有关。

技术创新和人力资源两项指标表现尚可,近 7 年全国平均排名分别为第 6 位和第 9 位。技术创新方面,工业企业 R&D 经费投入强度以及工业企业 R&D 人员投入强度两项指标排名表现较好,2018 年分别排在全国第 2 位和

第 4 位。人力资源方面，就业人员平均受教育年限该项指标 2018 年排名全国第 5，这与江苏省教育资源相对丰富有关。但第二产业全员劳动生产率该项指标表现一般，仅位列全国第 13 位，而工业城镇单位就业人员平均工资增速该项指标表现较差，位列全国第 27 位。

速度效益和资源环节两项指标成为制约江苏省工业发展质量进一步提升的主要原因，两项指标近 7 年全国平均排名仅为第 11 位和第 14 位。速度效益方面，工业增加值增速表现较差，近 7 年全国平均排名第 16 位，这与江苏省工业增加值总量偏大有一定关系。此外，工业主营业务收入利润率及工业成本费用利润率两项指标排名也不尽理想。资源环境方面，单位工业增加值用水量指标 2018 年排名位列全国第 28 位，单位工业增加值能耗指标则为全国第 9 位，表明江苏全省工业发展的能耗水平整体仍然较高。

3．原因分析

整体来看，2012—2018 年江苏省工业发展质量整体排名位列全国第一方阵，这与江苏省工业经济总量近年来排名全国第 2、制造业龙头企业较多、产业层级较高有直接关系。

从工业发展的优势来看，江苏省由于工业经济总量较大，围绕新型电力（智能电网）装备、软件和信息服务、物联网、工程机械、高端纺织、纳米新材料等先进制造业领域，已打造形成在全国具有较高竞争力、影响力的产业集群，使得江苏省在结构调整、两化融合等方面的表现始终全国领先。此外，江苏省科技资源相对丰富，为工业领域创新奠定了较好基础。

但从工业发展的短板来看，江苏省虽然现有工业经济体量较大，但新兴增长点较少，在速度效益方面表现较为一般。此外，江苏省工业结构中，化工、钢铁等体量仍较大，对资源环境指标的表现造成了较大压力。

（三）结论与展望

从时序指数和截面指数两方面综合来看，江苏省工业发展质量表现较为优异，未来可在新兴产业培育、绿色发展水平提升等方面重点发力，进一步提升全省工业发展质量。

首先，应围绕新一代信息技术、新材料等领域，在巩固现有产业规模优势的基础之上，进一步挖掘新兴产业增长点，围绕新经济模式与新业态，培育若干新兴产业的制造业集群，为全省工业经济保持高质量增长提供强大基础。

其次，应充分利用 5G、工业互联网、物联网等技术平台，进一步提升两化融合水平，为制造业转型升级以及培育新兴增长点提供重要支撑。与此同时，应加大对传统产业的智能化、绿色化改造升级，降低能耗水平，真正实现工业经济的绿色高质量发展。

十一、浙江

（一）总体情况

1. 宏观经济总体情况

2019 年，浙江省全年实现地区生产总值 62352 亿元，同比增长 6.8%，继续位列全国第 4 位。从三次产业来看，第一产业实现增加值 2097 亿元，同比增长 2.0%。第二产业实现增加值 26567 亿元，同比增长 5.9%。第三产业实现增加值 33688 亿元，同比增长 7.8%，三次产业增加值结构进一步优化为 3.4：42.6：54.0。从人均 GDP 来看，2019 年达到 107624 元（按年平均汇率折算为 15601 美元），同比增长 5.0%，处于全国前列水平。

从经济发展质量来看，浙江省近年来通过加快培育新动能，以新产业、新业态、新模式为主要特征的"三新"经济在国民经济发展中的重要地位不断巩固，占 GDP 比重已达到 25.7%。尤其是数字经济发展迅猛，2019 年数字经济核心产业增加值达到 6229 亿元，同比增长 14.5%。从战略性新兴产业来看，新一代信息技术、新能源、新材料及生物医药等重点产业发展态势良好，产业增加值同比增长 18.4%、11.9%、8.8%和 11.6%。

2. 工业经济运行情况

2019 年，浙江省实现规模以上工业增加值 16157 亿元，同比增长 6.6%，增速有所下降。从不同所有制性质来看，私营企业增长较快，同比增速达到8.0%；港澳台商投资企业同比增长 6.1%；国有及国有控股企业同比增长4.7%；外商投资企业同比增长 2.1%。从工业不同行业来看，17 个传统制造业增加值增速一般，同比增速平均为 6.4%。而高技术产业、战略性新兴产业、高新技术、装备制造业增加值增速较快，同比增长分别达到 14.3%、9.8%、8.0%、7.8%。而一些重点产业的增速则实现迅猛发展，如人工智能产业同比增长 21.3%。从重点工业产品来看，以平板电脑、3D 打印设备、光纤、城市轨道车辆、太阳能电池、工业机器人等为代表的高科技、高附加值产品的产量快速增长，同比增长分别为 5920%、1830%、150%、69.0%、26.7%、8.7%。

（二）指标分析

1. 时序指数（见图 6-12 和表 6-25）

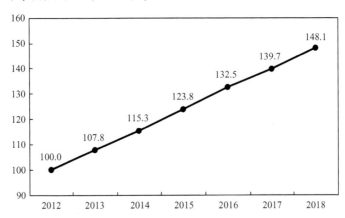

图 6-12 浙江工业发展质量时序指数

资料来源：赛迪智库整理，2020 年 3 月。

表 6-25 2012—2018 年浙江工业发展质量时序指数

	2012	2013	2014	2015	2016	2017	2018	2012—2018 年年均增速
速度效益	100.0	106.4	108.7	113.7	124.0	128.4	125.5	3.9%
结构调整	100.0	102.8	107.3	111.0	112.2	115.6	117.5	2.7%
技术创新	100.0	112.6	119.8	131.4	138.8	146.6	165.6	8.8%
资源环境	100.0	108.4	121.6	134.6	146.5	157.7	174.1	9.7%
两化融合	100.0	110.8	128.9	144.4	164.2	177.9	190.0	11.3%
人力资源	100.0	107.4	115.1	122.7	129.7	137.4	149.0	6.9%
时序指数	100.0	107.8	115.3	123.8	132.5	139.7	148.1	6.8%

资料来源：赛迪智库整理，2020 年 3 月。

从近年来发展情况来看，浙江省工业发展质量始终保持较快增长，近 7 年年均增速为 6.8%，高出全国平均增速 1.6 个百分点。

从分类指标来看，两化融合、资源环境这两方面的优异表现是支撑浙江工业发展质量不断提升的主要原因，两项指标的年均增速分别达到 11.3% 和 9.7%；但结构调整与速度效益两项指标表现较为落后，成为拖累工业发展质量提升的主要原因，上述两项指标年均增速仅为 2.7% 和 3.9%。

工业发展质量的优势方面，从两化融合指标来看，电子信息产业占比和工业应用信息化水平两项细分指标近年来的发展势头良好，近 7 年来的平均增速分别高达 12.1%和 10.4%，这也充分表明浙江省近年来是全国数字经济发展的主力军。从资源环境指标来看，单位工业增加值用水量该项指标表现较好，年均增速达到 12.8%。单位工业增加值能耗指标表现尚可，年均增速为 6.0%，表现绿色发展仍有较大提升空间。

　　工业发展质量的短板方面，从结构调整指标来看，除高技术制造业主营业务收入占比该项指标表现较好外，年均增速为 7.2%。而其余的高技术产品出口占比、制造业 500 强企业占比、小型工业企业主营业务收入占比这三项指标近年来增速都不尽理想，年均增速分别为 0.7%、0.6%和-0.1%。从速度效益指标来看，工业增加值增速指标近年来还保持了较快增长，年均增速为 6.9%，而工业成本费用利润率、工业主营业务收入利润率以及资产负债率三项细分指标的年均增速相对较低，分别为 3.2%、3.1%和 1.4%，这说明浙江工业企业发展的效益有待进一步提升。

　　2. 截面指数（见表 6-26）

表 6-26　2012—2018 年浙江工业发展质量截面指数排名

	2012	2013	2014	2015	2016	2017	2018	2012—2018 年均值排名
速度效益	30	28	23	18	11	10	14	22
结构调整	3	3	3	2	3	3	4	3
技术创新	5	3	3	1	1	1	2	2
资源环境	5	6	6	5	5	6	6	5
两化融合	14	14	6	7	5	5	5	5
人力资源	19	18	15	15	9	20	11	15
截面指数	7	7	6	6	3	4	3	6

　　资料来源：赛迪智库整理，2020 年 3 月。

　　从全国各省市的工业发展质量排名来看，浙江省始终处于全国前列，近 7 年全国平均排名为第 6 位，尤其是 2018 年排名为第 3 位，比 2017 年排名进步 1 位。

　　从分项指标来看，技术创新与结构调整两项指标近年来始终表现突出，成为支撑浙江省工业质量发展的重要因素，全国平均排名分别为第 2 位和第

3 位。与此同时，资源环境和两化融合两项指标表现也比较突出，近 7 年全国平均排名均为第 5 位。但人力资源和速度效益两项指标表明较为落后，近 7 年全国平均排名仅为第 15 位和第 22 位。

技术创新方面，工业企业 R&D 经费投入强度、工业企业 R&D 人员投入强度以及工业企业新产品销售收入占比这三项指标 2018 年排名均位列第 1 位。但工业企业单位 R&D 经费支出发明专利数指标 2018 年排名仅为第 12 位，说明企业专项成果增长较慢，有进一步提升空间。

结构调整方面，制造业 500 强企业占比以及小型工业企业主营业务收入增速这两项项指标始终处于全国领先地位，尤其是前者近 7 年来一直保持全国第 1 位的绝对领先地位，后者近两年均位列全国第 4 位。但是高技术制造业主营业务收入占比和高技术产品出口占比这两项指标则排名靠后，2018 年全国排名分别为第 14 位和第 25 位。

资源环境方面，单位工业增加值能耗和单位工业增加值用水量两项指标 2018 年排名分别位列全国第 6 位和第 8 位，表现平稳较好。两化融合方面，工业应用信息化水平和电子信息产业占比两项指标 2018 年排名分别位列全国第 2 位和第 7 位，前者表现突出是由于浙江省数字经济发展领先，对传统产业改造提升起到较好促进作用。

人力资源方面，就业人员平均受教育年限该项指标表现较为突出，2018 年全国排名第 4 位。但另外两项指标，工业城镇单位就业人员平均工资增速和第二产业全员劳动生产率表现较为落后，2018 年全国排名第 12 位和第 23 位，严重制约了人力资源指标的整体表现。

速度效益方面，资产负债率、工业增加值增速、工业主营业务收入利润率以及工业成本费用利润率这四项指标均位于全国中下游水平，2018 年全国排名分别位列第 10 位、第 12 位、第 17 位和第 17 位。

3. 原因分析

浙江省工业发展质量近年来在全国之所以可以保持领先地位，究其原因是在技术创新以及产业结构调整方面取得了长足进步，这与全省大力推进数字经济发展以及战略新兴产业培育密不可分。但与此同时，浙江省在工业发展方面也面临人力资源储备不足以及速度效益增速一般等困境。

从优势看，浙江省近年来数字经济发展态势良好，无论是规模体量还是技术引领始终位于全国前列，数字经济发展在推动全省工业结构升级、新兴产业培育等方面起到了重要作用。从浙江省数字经济核心产业增长值看，2014 年为 2854 亿元，短短 4 年时间增长到 2018 年的 5548 亿元，年均增速高达 18.1%。数字经济不仅促进了电子商务、金融科技、人工智能、云计算等新兴产业蓬勃发展，还带动了纺织服装、化纤等传统产业焕发生机。

从发展短板来看，浙江省由于工业经济体量在全国已处于较领先地位，很难实现持续性的较快增长，需要加大新兴产业增长点的培育工作。与此同时，企业利润近年来增长相对较慢。另外，浙江省工业领域的人均收入增长以及全员劳动生产率增长较慢，对全省工业发展质量的提升造成较大制约。

（三）结论与展望

浙江省近年来为促进工业高质量发展已出台相关一系列政策建议，力图促进新旧动能接续转换、不断激发实体经济活力。例如深入推进"亩均论英雄"改革、加快淘汰落后产能与处置"僵尸企业"、深入推进智能化技术改造等举措有效促进了工业经济发展。围绕国家数字经济示范省建设以及数字经济五年倍增计划，浙江省在工业互联网、物联网等领域发展势头迅猛，这将对全省工业经济高质量发展提供重要支撑。

十二、安徽

（一）总体情况

1. 宏观经济总体情况

2019 年，安徽省全年实现地区生产总值（GDP）37114 亿元，同比增长 7.5%，高于全国平均增速，继续保持稳中有进、进中向好的总态势。从三次产业来看，第一产业实现增加值 2915.7 亿元，同比增长 3.2%；第二产业实现增加值 15337.9 亿元，同比增长 8%；第三产业实现增加值 18860.4 亿元，同比增长 7.7%。从三次产业结构以及增速来看，第二产业对全省经济增长的支撑作用显著。从人均 GDP 水平来看，全省人均 GDP 达达 58496 元，仍处在全国中下游水平。

从全年投资情况来看，固定资产投资总规模同比增长 9.2%，高出全国平均水平 3.8 个百分点。从分行业投资增长来看，制造业投资增长较快，同比增长达到 10.1%，其中又以高技术制造业投资增长为主，同比增长达到 13.4%。

从投资类型来看，以政府为主导的技改投资同比增长 14.4%，民间投资同比增长 10.2%。

2. 工业经济运行情况

2019 年，安徽省全年实现规模以上工业增加值同比增长 7.3%，比 2017 年增速回落 2 个百分点，但仍高出全国平均增幅 1.6 个百分点，增速位列全国第 10 位。从不同经济类型来看，外商及港澳台商投资企业的增加值增速最快，同比增长 14.6%。国有企业随之其后，同比增长达到 8.9%。股份制企业增速较低，实现同比增长 6.6%。

从工业内部类型来看，传统制造业保持稳健增长，新兴产业则实现了快速增长。传统制造业增加值增速为 7.7%，而高技术产业增加值增速则高达 18.8%，高出规模以上工业增速 11.5 个百分点。与此同时，战略性新兴产业产值实现同比增长 14.9%，高出规模以上工业增速 8.2 个百分点。从工业新产品产量来看，一些重点产品实现了较快增长。其中，电子计算机产量同比增长 11.3%，太阳能电池同比增长 37.5%，集成电路同比增长 14.6%。

（二）指标分析

1. 时序指数（见图 6-13 和表 6-27）

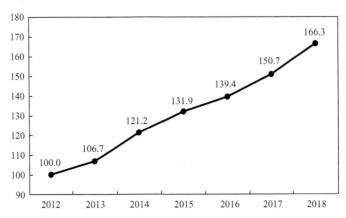

图 6-13　安徽工业发展质量时序指数

资料来源：赛迪智库整理，2020 年 3 月。

表 6-27　2012—2018 年安徽工业发展质量时序指数

	2012	2013	2014	2015	2016	2017	2018	2012—2018 年年均增速
速度效益	100.0	101.7	97.3	98.9	103.8	108.5	117.4	2.7%
结构调整	100.0	109.4	157.6	173.3	181.6	196.7	208.4	13.0%
技术创新	100.0	104.8	115.9	122.6	130.9	142.8	162.4	8.4%
资源环境	100.0	115.0	129.4	138.7	151.0	164.1	180.1	10.3%
两化融合	100.0	114.1	126.0	163.3	173.0	193.6	228.9	14.8%
人力资源	100.0	102.0	107.0	110.3	114.4	121.5	131.3	4.6%
时序指数	100.0	106.7	121.2	131.9	139.4	150.7	166.3	8.9%

资料来源：赛迪智库整理，2020 年 3 月。

从历年发展情况来看，近年来安徽工业发展质量增长态势较好，近 7 年来平均增速为 8.9%，高出全国平均水平 3.7 个百分点。

从各分项指标来看，安徽省在两化融合、结构调整和资源环境这三方面表现较为突出，近 7 年来平均增速分别为 14.8%、13.0% 和 10.3%，成为支撑全省工业经济发展质量不断提升的重要驱动力。但人力资源与速度效益两方面表现较落后，近 7 年来平均增速分别为 4.6% 和 2.7%，成为制约工业经济发展质量提升的重要短板。

两化融合方面，电子信息产业占比指标年均增速高达 20.5%，成为支撑两化融合指标不断快速提升的重要原因，这表明近年来安徽省在引入电子信息类重大项目方面成效显著。此外，工业应用信息化水平指标年均增速为 7.2%，表明工业领域智能化改造提升工作进展较好。

结构调整方面，高技术产品出口占比指标年均增速高达 28.2%，连同年均增速为 12.0% 的高技术制造业主营业务收入占比指标，成为支撑工业结构不断优化的重要动力。但制造业 500 强企业占比和小型工业企业主营业务收入占比两项指标增速较低，年均增速分别为 3.8% 和 2.3%。

资源环境方面，单位工业增加值用水量和单位工业增加值能耗两项指标均实现较快增长，年均增速分别为 11.1% 和 9.5%，表明工业发展的绿色节约化水平不断提升。

人力资源方面，第二产业全员劳动生产率和工业城镇单位就业人员平均工资增速两项指标表现一般，年均增速分别为 6.7% 和 6.0%。但就业人员平均受教育年限指标表现较差，年均增速仅为 0.7%。

速度效益方面，工业增加值增速指标年均增速为 9.5%，表现良好。但资产负债率、工业成本费用利润率及工业主营业务收入利润率三项指标表现较差，后两者甚至是负增长，年均增速分别为 0.6%、-0.7% 和 -0.8%。

2. 截面指数（见表 6-28）

表 6-28 2012—2018 年安徽工业发展质量截面指数排名

	2012	2013	2014	2015	2016	2017	2018	2012—2018 年均值排名
速度效益	16	9	17	17	21	19	15	17
结构调整	17	18	12	13	12	11	10	14
技术创新	7	7	7	7	6	6	3	7
资源环境	17	17	17	17	19	19	18	17
两化融合	11	11	19	6	8	7	6	9
人力资源	27	30	29	30	29	19	30	30
截面指数	12	13	14	10	12	10	8	12

资料来源：赛迪智库整理，2020 年 3 月。

从与全国各省市的对比情况来看，安徽工业经济发展质量始终处在全国中等偏上水平，2018 年排名为第 8 位，比 2017 年提升两个位次。从内部结构来看，安徽省在技术创新、两化融合这两个方面表现较好，2018 年排名分别为全国第 3 位和第 6 位，位列全国前列。但在资源环境与人力资源两个指标方面表现较落后，尤其是人力资源指标 2018 年仅位列全国第 30 位。

技术创新方面，安徽省该项指标全国排名近年来稳步提升，从 2012 年的第 7 位提升到 2018 年的第 3 位。分析原因，主要是工业企业单位 R&D 经费支出发明专利数指标表现优异，已连续多年位列全国第 1 位。此外，工业企业新产品销售收入占比和工业企业 R&D 人员投入强度两项指标也排名靠前，位列全国前 10 位。

两化融合方面，工业应用信息化水平指标表现优异，近年来始终位列全国前 3 位，表明安徽省工业智能化、信息化、网络化改造程度较好。电子信息产业占比指标则表现一般，近年来排名稳定在全国第 15 位左右。

资源环境方面，安徽省近年来表现一般，排名始终在全国中等偏下水平，

2018 年排名为第 18 位。分析其原因，主要是单位工业增加值用水量指标排名较靠后，2018 年排名全国第 29 位。单位工业增加值能耗指标 2018 年排名第 11 位，以上表明安徽省工业发展的综合能耗水平仍有待改善。

人力资源方面，工业城镇单位就业人员平均工资增速、就业人员平均受教育年限和第二产业全员劳动生产率三项指标均位列全国较靠后的位置，2018 年排名分别为第 25 位、第 27 位以及第 29 位。这表明，安徽省工业发展仍缺少大量高素质产业工人，相关产业工人的劳动效率、收入仍有待提升。

3. 原因分析

安徽省作为中部省份，近年来在发挥自身科教优势、大力推进创新驱动方面取得了显著成效，促进了工业发展质量的稳步提升。但与此同时，安徽省在发展工业经济时，仍面临人力资源短缺、资源环境压力较大等困境。

从优势来看，近年来安徽省大力推进高新技术产业发展，充分借助中国科学技术大学、中科院各研究所、合肥工业大学等高等级学府以及科研院所的创新领先优势，大力推进产学研用一体化发展，有力推动了人工智能、新型显示等高新技术产业发展，涌现出科大讯飞等一批国内高科技企业。此外，近年来安徽省大力推进两化融合发展，有效促进了传统产业的提质增效。

从劣势来看，安徽省虽然作为人口大省，但在工业发展方面，仍面临高素质产业工人紧缺以及高端人才外流等问题，一定程度上制约了工业经济结构进一步提升。此外，安徽省工业结构体系中，化学原料和化学制品制造业、有色金属冶炼和压延加工业、化学原料和化学制品制造业等传统产业仍占据较大体量，对工业经济绿色化发展的整体水平提升造成较大压力。

（三）结论与展望

为进一步提升安徽省工业经济发展质量，需从以下几方面做好相关工作。

一方面，应继续稳固传统制造业并进行智能化、绿色化改造提升。从数据来看，全省传统产业仍提供了工业增加值、税收以及就业岗位的 80% 左右，因此需进一步利用智能化、网络化、信息化技术手段方法，促进传统产业提质增效，并着力实现绿色化发展。

另一方面，应巩固安徽省在新兴产业领域的良好发展势头，围绕近年来打造的"芯屏器合"这一电子信息领域的重要基地，继续做大做强相关产业，深入实施"建芯固屏强终端"行动，并积极布局工业互联网、5G 等产业领域，营造全省数字经济发展的良好态势，为工业经济高质量发展赋能。

十三、福建

（一）总体情况

1. 宏观经济总体情况

2019 年，福建省实现地区生产总值（GDP）达到了 42395 亿元，比上年同期增长 7.6%。分产业来看，第一产业、第二产业和第三产业增加值分别为 2596.23 亿元、20581.74 亿元和 19217.03 亿元，分别增长 3.5%、8.3% 和 45.3%。三次产业增加值占比分别为 6.1%、48.6% 和 45.3%。

2019 年，福建省全社会固定资产投资同比增长 6.0%。分产业看，第一产业投资下降 1.3%，第二产业和第三产业投资分别增长 14.2% 和 2.8%。2019 年社会消费品零售总额为 15749.69 亿元，增长 10.0%。2019 年福建省城镇居民和农村居民家庭人均可支配收入分别为 45620 元和 19568 元，分别增长 8.3% 和 9.8%，扣除价格因素，分别实际增长 5.6% 和 6.9%。

2. 工业经济运行情况

2019 年，福建省全部工业增加值 16170.45 亿元，比上年增长 8.7%。规模以上工业增加值同比增长 8.8%；从细分行业看，在规模以上工业的 38 个行业大类中，有 12 个行业增速在两位数。福建省的三大主导产业增加值增长 9.8%；其中，机械装备产业、电子信息产业和石油化工产业增加值分别增长 5.7%、12.0% 和 13.5%。高技术产业增加值增长 11.7%。

（二）指标分析

1. 时序指数（见图 6-14 和表 6-29）

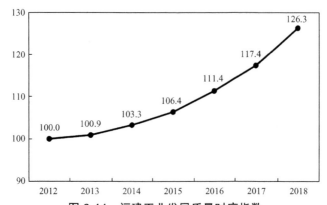

图 6-14　福建工业发展质量时序指数

资料来源：赛迪智库整理，2020 年 3 月。

表 6-29　2012—2018 年福建工业发展质量时序指数

	2012	2013	2014	2015	2016	2017	2018	2012—2018 年年均增速
速度效益	100.0	101.3	101.9	101.9	111.2	116.1	118.7	2.9%
结构调整	100.0	87.8	83.9	89.3	79.9	83.4	95.3	−0.8%
技术创新	100.0	103.1	105.6	101.1	107.1	110.2	119.2	3.0%
资源环境	100.0	109.7	120.4	131.8	146.1	160.5	176.2	9.9%
两化融合	100.0	101.8	104.3	112.8	120.8	128.3	134.8	5.1%
人力资源	100.0	108.2	116.0	121.2	128.6	136.6	148.3	6.8%
时序指数	100.0	100.9	103.3	106.4	111.4	117.4	126.3	4.0%

资料来源：赛迪智库整理，2020 年 3 月。

纵向来看，福建工业发展质量时序指数自 2012 年的 100.0 上涨至 2018 年的 126.3，年均增速为 4.0%，低于全国平均增速。

资源环境方面提升最快，年均增速分别达到了 9.9%。单位工业增加值用水量改善较大，年均增速达到 45.9%，促进了资源环境指数的增长；单位工业增加值能耗年均增速为 0.7%。

人力资源方面提升较快，年均增速分别达到了 6.8%。第二产业全员劳动生产率快速增长，年均增速达到 16.5%，促进了人力资源指数的增长；工业城镇单位就业人员平均工资增速也保持了较快增长，年均增速为 12%。

福建省技术创新和速度效益方面发展速度较差，年均增速分别达 3.0% 和 2.9%，均低于时序指数年均增速。技术创新方面，工业企业 R&D 经费投入强度和工业企业 R&D 人员投入强度增长速度分别为 1.0% 和 3.0%，是影响两化融合发展速度提升的主要因素。速度效益方面，工业成本费用利润率和工业主营业务收入利润率表现相对较差，年均增速分别为 7.4% 和 6.9%。

福建在结构调整方面表现最差，年均增速为 -0.8%。结构调整方面，小型工业企业主营业务收入占比大幅增长，增速为 40.8%；制造业 500 强企业占比年均增长缓慢，增长率仅为 1.6%，是导致福建省结构调整年均增速表现不佳的主要原因。

2. 截面指数（见表 6-30）

表 6-30　2012—2017 年福建工业发展质量截面指数排名

	2012	2013	2014	2015	2016	2017	2018	2012—2018 年均值排名
速度效益	8	6	5	10	9	8	5	7
结构调整	13	15	18	17	17	17	17	17
技术创新	11	11	11	12	13	13	14	12
资源环境	11	11	11	10	12	12	12	11
两化融合	6	7	8	8	6	6	7	6
人力资源	15	19	19	17	14	17	25	18
截面指数	9	10	11	12	11	12	14	11

资料来源：赛迪智库整理，2020 年 3 月。

横向来看，福建工业发展质量截面指数连续多年处于全国中上游水平，2018 年截面指数为 43.2，排在第 11 位。

两化融合方面，2018 年福建排在第 6 位，处于全国上游水平。其中工业应用信息化水平和电子信息产业占比均排在第 8 位，处于上游水平，是推动两化融合指数排名提升的主要因素。

速度效益方面，2018 年福建排在第 7 位，也处于全国上游水平。其中工业增加值增速和资产负债率表现较好，2018 年分别排在第 5 位和第 4 位。

技术创新和资源环境方面，福建省处于中等偏上的水平，分别排在全国第 12 位和第 11 位。技术创新方面，近年来一直表现稳定，其中，R&D 经费投入强度和 R&D 人员投入强度 2018 年分别排在第 14 位和第 12 位。资源环境方面，单位工业增加值能耗处于上游水平，2018 年排在第 7 位。

福建在人力资源和结构调整方面表现相对较差，分别排在全国第 18 位和第 17 位，处于全国的中等偏下的水平。人力资源方面，就业人员平均受教育年限和第二产业全员劳动生产率近年来变化不大，也排在全国的中下游水平。工业就业人员平均工资增速 2018 年排在全国第 26 位，处于下游水平。结构调整方面，制造业 500 强企业占比全国排在第 8 位，居于全国的上游水平。高技术制造业主营业务收入占比、小型工业企业主营业务收入占比和高技术产品出口占比这三个指标 2018 年在全国分别排在第 12 位、17 位和19 位，处于中游水平。

3. 原因分析

福建省近年来在两化融合方面表现较为突出，有力支撑其工业发展质量总体处于全国中等偏上水平。

两化融合方面，近年来福建省积极采取多项举措，确保全省两化融合工作落到实处。一是以定期组织召开《产业数字化发展峰会》为契机，每年确定新的研讨主题，全面总结和提炼福建省在两化融合方面深耕企业数字转型的成果和经验，推动信息化、网络化应用方面的创新，从而有效推动产业数字化高质量发展。二是深入贯彻落实《关于深化"互联网+先进制造业"发展工业互联网的实施意见》《关于加快全省工业数字经济创新发展的意见》文件精神，组织相关单位对福建省各地的两化融合发展情况、重点工业企业和核心工业园区开展广泛的调研，发现两化融合推进中存在的突出问题，总结各地、各企业、各园区在推进两化融合中的成功经验和典型做法，进行推广和应用。

（三）结论与展望

2012—2018 年期间，福建工业发展质量整体保持在全国中等偏上的水平，但在结构调整和人力资源等方面尚处于全国中等偏下水平，仍有可挖掘的潜力。

结构调整方面，一是推进实施"三高"企业培育工程，大力培育高新技术企业，力争短期内培育出更多的高附加值、高成长性行业龙头企业。二是培育和发展壮大新的主导产业，在新能源新材料、先进制造、数字产业、时尚消费、特色现代农业、体育等领域，着力打造更多的千亿级、万亿级产业集群。三是重点推进工业互联网"十百千万"工程，着力发展智能制造和服务型制造，促进现代服务业和先进制造业的深度融合。

人力资源方面，一是继续建设和完善科学实用的人才评价体系，突出人才使用的效用导向，重点以业绩和创新能力来考核人才，继续完善人才的薪酬分配制度，以项目合作、参股等创新方式引进各类高层次人才。二是继续实施高技能人才振兴计划、"八闽英才"培育工程等人才专项行动，逐渐加大对高层次人才的引进力度。三是针对引进的人才队伍，积极提供优质的服

务，增加高端医疗资源和优质教育资源的供给，提升服务水平，增加对外来人才的新引力。

十四、江西

（一）总体情况

1. 宏观经济总体情况

2019 年，江西省实现地区生产总值（GDP）达到 24757.5 亿元，比上年增长 8.0%。分产业来看，第一、二、三产业增加值分别为 2057.6 亿元、10939.8 亿元和 11760.1 亿元，分别增长 3.0%、8.0%和 9.0%。三次产业增加值占比分别为 8.3%、44.2%和 47.5%。人均 GDP 为 53164 元，比上年增长 7.4%。

2019 年，江西省全社会固定资产投资同比增长 9.2%。2019 年社会消费品零售总额为 8421.6 亿元，增长 11.3%。2019 年进出口总值 3511.9 亿元，比上年增长 11.1%；其中出口值为 2496.5 亿元，增长 12.3%。2019 年江西省城镇居民和农村居民家庭人均可支配收入分别为 36546 元和 15796 元，分别增长 8.1%和 9.2%。

2. 工业经济运行情况

2019 年，全省规模以上工业企业实现营业收入 34851.5 亿元，同比增长 6.6%；规模以上工业增加值增率为 8.5%。其中，计算机、通信和其他电子设备制造业实现营业收入 3393.8 亿元，增长率为 19.1%，电气机械和器材制造业实现营业收入 2790.5 亿元，增长率为 9.0%；非金属矿物制品业电气机械和器材制造业实现营业收入 2785.7 亿元，增长率为 11.0%。全省新产业发展不断加速。高新技术产业增加值增长率为 13.4%，比规模以上工业增速快了 4.9 个百分点，占规模以上工业增加值比重的 36.1%，较上年提高了 2.3 个百分点；装备制造业增加值增长率为 18.2%，较规模以上工业快了 9.7 个百分点，占规模以上工业增加值的比重为 27.7%，较上年提高了 1.4 个百分点；战略性新兴产业增加值增长率为 11.4%，占规模以上工业增加值的比重为 21.2%，较上年提高了 4.1 个百分点。

（二）指标分析

1. 时序指数（见图 6-15 和表 6-31）

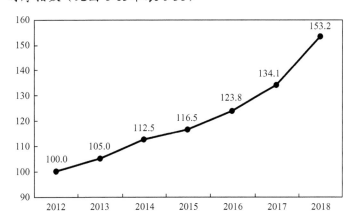

图 6-15 江西工业发展质量时序指数

资料来源：赛迪智库整理，2020 年 3 月。

表 6-31 2012—2018 年江西工业发展质量时序指数

	2012	2013	2014	2015	2016	2017	2018	2012—2018 年 年均增速
速度效益	100.0	103.3	108.6	109.1	116.1	119.6	120.8	3.2%
结构调整	100.0	101.9	102.9	110.3	110.2	114.6	121.9	3.4%
技术创新	100.0	109.5	113.0	114.2	131.8	162.2	221.3	14.2%
资源环境	100.0	108.4	117.0	125.6	136.7	148.5	163.7	8.6%
两化融合	100.0	100.7	130.0	132.9	135.1	137.6	156.2	7.7%
人力资源	100.0	107.3	113.7	119.9	125.4	132.4	144.5	6.3%
时序指数	100.0	105.0	112.5	116.5	123.8	134.1	153.2	7.4%

资料来源：赛迪智库整理，2020 年 3 月。

纵向对比来看，江西省工业发展质量时序指数自 2012 年的 100.0 上涨至 2018 年的 153.2，年均增速达到 7.4%，高出全国平均增速（5.2%）2.2 个百分点。

江西省在技术创新方面表现最好，主要是工业企业单位 R&D 经费支出发明专利数和工业企业新产品销售收入占比增长较快，增速分别达 21.3% 和 14.1%，工业企业 R&D 经费投入强度和工业企业 R&D 人员投入强度增长速

度分别为 0.8%和 92.9%。

江西省资源环境、两化融合和人力资源表现较好,年均增速分别达 8.6%、7.7%和 6.3%,增速均高于全国平均水平。其中,资源环境方面,单位工业增加值用水量增速为 66.1%,是提升江西资源环境增速提升的主要原因。两化融合方面,工业应用信息化水平的增速高达 63.0%,为江西两化融合年均增速提升做出了主要贡献。人力资源方面,工业城镇单位就业人员平均工资增速和第二产业全员劳动生产率表现良好,年均增速分别达 15.4%和12.35%。

江西省在速度效益和结构调整方面表现较差,两者年均增速分别为 3.2%和 3.4%,均低于全国平均水平。速度效益方面,工业成本费用利润率和工业主营业务收入利润率增速分别为 7.3%和 6.7%,是影响速度效益年均增速提升的主要原因。结构调整方面,制造业 500 强企业占比增速仅为 2.0%,导致结构调整增速降低的主要原因。

2. 截面指数(见表 6-32)

表 6-32 2012—2018 年江西工业发展质量截面指数排名

	2012	2013	2014	2015	2016	2017	2018	2012—2018 年均值排名
速度效益	13	8	3	3	3	6	7	5
结构调整	14	14	17	16	16	16	14	15
技术创新	28	27	27	28	27	23	17	27
资源环境	13	14	16	16	16	16	15	15
两化融合	18	21	5	12	15	18	17	16
人力资源	23	24	24	22	25	24	21	23
截面指数	21	20	16	16	16	17	17	16

资料来源:赛迪智库整理,2020 年 3 月。

横向对比来看,江西工业发展质量截面指数稳定在全国中游水平,2018年截面指数为 36.4,排在全国第 16 位。

速度效益是江西表现较为突出的方面,2018 年江西该指标全国排名第 5 位,处于领先水平。其中,工业增加值增速和资产负债率从 2012 年开始位次不断前移。工业成本费用利润率和工业主营业务收入利润率表现也相对不错,处于全国上游水平,2017 年全国排名分别处于第 12 位和第

11 位。

结构调整、资源环境和两化融合方面表现一般，2018 年排名处于中游水平，分别排在全国的第 15 位、第 15 位和第 17 位。结构调整方面，高技术制造业主营业务收入占比和小型工业企业主营业务收入占比表现不错，2018年全国排名分别排在第 8 位和第 6 位，处于上游水平。资源环境方面，单位工业增加值能耗表现相对较好，2018 年排名第 10 位；单位工业增加值用水量排名相对靠后，2018 年排在全国的 26 位，提升空间较大。两化融合方面，工业应用信息化水平和电子信息产业占比在全国均处于中游水平，2018 年在全国排名分别处于第 18 名和 11 名。

技术创新和人力资源方面江西表现较差，在全国处于下游水平。其中，技术创新方面，工业企业 R&D 经费投入强度和工业企业单位 R&D 经费支出发明专利数 2018 年表现均较差，在全国处于中下游水平。人力资源方面，第二产业全员劳动生产率和就业人员平均受教育年限等表现不太理想，均处于全国下游水平。

3. 原因分析

江西省工业经济规模和发展质量在全国均处于中等水平，但工业发展质量较以前有明显提升，主要是速度效益方面发展水平较高。

速度效益方面，一是狠抓项目投资工作，以亿元以上重大项目、省级大中型项目、省重点工程为工作重心，做好项目投资与管理工作，重点抓好"新钢优特钢带"、东乡 500 千伏输变电工程、赣江新区伊顿电气产品生产基地、神华九江电厂两台百万千瓦机组等重点项目。二是千方百计扩大消费，大力推进电子商务发展，创建全国电商示范百佳县。三是不断出台降成本优化环境的相关优惠政策，切实减轻企业负担，持续推进民营经济发展，出台支持民营经济健康发展"30 条"等措施。

（三）结论与展望

从时序指数的纵向对比来看，近年来年江西工业发展质量稳步上升，未来应从技术创新和人力资源等方面着重发力，显著提升工业发展质量。

技术创新方面，一是加强创新平台建设，特别是加强鄱阳湖国家自主创新示范区、中科院稀土研究院、南昌大学和南昌航空大学国际合作创新研究院等创新平台建设。二是发展壮大优势产业集群，实施重点产业集群转型升级计划，重点宜春赣西云计算中心、抚州区域性数据中心等建设，鼓励高技术企业、"专精特新"中小企业、专业化"小巨人"企业等发展壮大。三是发展数字经济，促进产业数字化转型，努力争创国家数字经济创新发展试验区。

人力资源方面，一是继续实施省"青年井冈学者"等人才计划，同时编制出台江西省人才需求目录。二是优化人才绩效评价体系，形成鼓励创新的发展氛围，开展科技人员职务科技成果所有权和长期使用权试点，增强对科技人才的正向激励。三是加强对高级技术工人和专业技术人才的培育，提高技术工人的社会地位。

十五、山东

（一）总体情况

1. 宏观经济总体情况

2019 年，山东省实现地区生产总值 71067.5 亿元，同比增长 5.5%。从三次产业看，第一产业、第二产业和第三产业增加值分别为 5116.4 亿元、28310.9 亿元、37640.2 亿元，分别增长 1.1%、2.6% 和 8.7%。三次产业增加值占比分别为 7.2%、39.8% 和 53.0%。人均 GDP 达到 70653 元，按年均汇率折算达到 10242 美元。

2019 年，山东省完成固定资产投资同比下降 8.4%。三次产业投资构成为 1.7∶30.1∶68.2，服务业投资比重比上年提高 9.4 个百分点。2019 年社会消费品零售总额达到 35770.6 亿元，增长 6.0%。2019 年货物进出口总额为 20420.9 亿元，同比增长 5.8%；其中，出口额为 11130.4 亿元，同比增长 5.3%；进口额为 9290.6 亿元，同比增长 6.4%。2019 年山东省城镇居民和农村居民家庭人均可支配收入分别为 42329 元和 17775 元，分别增长 7.0% 和 9.1%。

2. 工业经济运行情况

2019 年，山东省全部工业增加值达到了 22985.1 亿元，较上年增长率为 2.1%。规模以上工业增加值增长率为 1.2%。其中，装备制造业增长率为 1.4%，高技术产业增长率为 1.7%。规模以上工业主营业务收入的下降 0.1%，利润总额的增长率为 8.9%，主营业务收入利润率为 4.3%。

（二）指标分析

1. 时序指数（见图 6-16 和表 6-33）

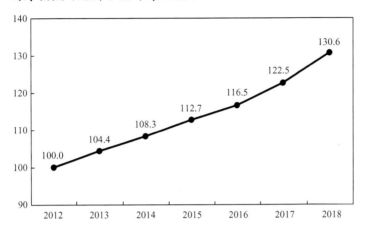

图 6-16　山东工业发展质量时序指数

资料来源：赛迪智库整理，2020 年 3 月。

表 6-33　2012—2018 年山东工业发展质量时序指数

	2012	2013	2014	2015	2016	2017	2018	2012—2018年年均增速
速度效益	100.0	100.7	100.7	101.3	102.9	104.1	100.2	0.0%
结构调整	100.0	101.0	107.5	112.9	110.9	110.4	98.9	−0.2%
技术创新	100.0	105.1	105.6	110.4	117.0	134.4	172.1	9.5%
资源环境	100.0	107.0	115.5	121.3	126.4	140.4	140.9	5.9%
两化融合	100.0	109.7	116.0	124.7	135.1	132.4	148.4	6.8%
人力资源	100.0	107.7	113.6	117.7	122.9	131.2	142.9	6.1%
时序指数	100.0	104.4	108.3	112.7	116.5	122.5	130.6	4.5%

资料来源：赛迪智库整理，2020 年 3 月。

纵向对比来看，山东工业发展质量时序指数由 2012 年的 100.0 上升至 2018 年的 130.6，年均增速为 4.5%，落后于全国平均水平。

山东省技术创新方面表现最好，年均增速高达 9.5%，显著高于全国平均水平。其中，小型工业企业主营业务收入占比和制造业 500 强企业占比增速较快，分别达到了 28.3% 和 16.4%，是提升山东省自主创新年均增速的主要原因。

山东省两化融合、资源环境和人力资源以及等方面增长较快，年均增速分别达到 6.8%、5.9% 和 6.1%。两化融合方面，工业应用信息化水平增速非常快，年均增速达到 82%，是促进全省两化融合水平提升的重要因素。资源环境方面，单位工业增加值用水量指标表现较好，增速为 10.5%。人力资源方面，第二产业全员劳动生产率指标增长较快，增速为 16.1%，工业城镇单位就业人员平均工资和就业人员平均受教育年限两项指标表现也不错，年均增速分别达 11.1% 和 10.2%。

　　山东省结构调整和速度效益两个方面表现较差。结构调整方面表现最差，年均增速为-0.2%，高技术制造业主营业务收入占比和高技术产品出口占比两项指标的年均增速分别为 7.2% 和 9.5，是拉低山东结构调整年均增速的主要因素。速度效益方面看，年均增速为零增长，工业增加值增速、资产负债率和工业主营业务收入利润率等均表现较差，年均增速分别为 5.4%、5.65 和 5.3），导致山东速度效益年均增速偏低。

　　2. 截面指数（见表 6-34）

表 6-34　2012—2018 年山东工业发展质量截面指数排名

	2012	2013	2014	2015	2016	2017	2018	2012—2018 年均值排名
速度效益	17	11	11	11	15	20	25	18
结构调整	4	7	6	4	4	5	6	4
技术创新	12	14	14	11	12	12	10	11
资源环境	3	3	3	3	3	3	3	3
两化融合	5	6	11	11	7	9	10	8
人力资源	20	17	21	21	19	11	27	19
截面指数	6	8	8	8	8	8	12	8

资料来源：赛迪智库整理，2020 年 3 月。

　　横向对比来看，山东的工业发展质量截面指数 2012 年以来大多数年份处于全国上游水平，2018 年截面指数为 46.8，全国排名第 8 位。

　　结构调整和资源环境是山东表现较为突出的方面，在全国排名为第 4 位和第 3 位，处于上等水平。结构调整方面，制造业 500 强企业占比指标全国排名遥遥领先，位列第 2 位。但小型工业企业主营业务收入增速、工业制成品出口占比和高技术制造业主营业务收入占比等指标则排名较靠后，分别为全国第 19 位、第 17 位和第 22 位。

资源环境方面，山东表现不错，全国排名第 3 位，处于领先水平，单位工业增加值用水量方面，全国排名位于第一方阵，排名第 3 位，而单位工业增加值能耗则排名 15 位，处于中游水平。

两化融合方面山东表现也较好，在全国排名为第 8 位，处于上等水平。其中，工业应用信息化水平排名较高，位列全国第 9 位。但电子信息产业占比全国排名中游，分别为全国第 13 位。

技术创新方面，在全国排名为第 11 位，处于中等偏上水平。工业企业 R&D 经费投入强度排名靠前，位列第 4 位。工业企业 R&D 人员投入强度、工业企业新产品销售收入占比、工业企业单位 R&D 经费支出发明专利数排名分别处于全国的第 11 位、第 13 位和第 16 位，处于中等水平。

速度效益和人力资源方面，山东省处于中等偏下水平，分别排名全国第 18 位和第 19 位。速度效益方面，工业增加值增速排名位居全国中等水平，位列全国第 19 位。资产负债率、工业成本费用利润率和工业主营业务收入利润率表现相对较差，分别排名全国的第 22 位、第 26 位和第 26 位，处于全国下游水平。

人力资源方面，就业人员平均受教育年限、第二产业全员劳动生产率排名均为第 18 位，均位列全国中游水平。工业城镇单位就业人员平均工资增速处于落后水平，排名第 28 位。

3. 原因分析

山东省经济规模在全国排名较为领先，特别是在结构调整步伐和资源环境方面表现较为突出。

结构调整方面，一是加快培育新动能，大力发展"四新"经济，重点抓好新旧动能转换优秀项目和省重大项目，同时，深入实施创新驱动发展战略。二是加速优化结构布局，推动"地炼"、钢铁、电解铝、焦化等高耗能行业转型升级，加快淘汰落后产能，加快建设推进先进钢铁基地、世界高端铝业基地、裕龙岛炼化一体化项目、山东重工商用车生产基地等建设，实现工业的高质量发展。三是大力发展现代服务业，优化产业结构，特别是重点发展生产性服务业，提升服务业增加值占比。

资源环境方面，一是主动加大对污染企业的治理，大力推进落后产能的淘汰进程，不断出台政策推进传统高污染高耗能企业的节能减排工作。二是在全省建立节能奖惩、排污强度排名挂钩奖励、主要污染物排放调节资金返

还等三项机制，由省财政厅执行和实施。三是大力推进实施节能减排低碳发展行动方案，同时，大力发展节能环保产业。

（三）结论与展望

综合来看，山东省工业发展质量在全国处于领先地位，但速度效益和人力资源等的发展空间还有待进一步拓展。

速度效益方面，一是抓好有效投资，以重大项目为抓手，重点抓好一汽华东（东营）智能网联汽车试验场、重汽智能网联重卡、山东国瓷 5G 关键材料、有研大尺寸硅材料、中船重工船用发动机等前沿引领项目，青岛 5G 高新视频实验园区、济南超算中心烟台万华全球研发中心等重大平台项目等。二是继续推进制造业降成本，进一步抓好小微企业所得税优惠、制造业企业固定资产加速折旧、阶段性降低"五险一金"费率等政策的贯彻落实，同时，以提升服务效能为目标，打造一流营商环境。三是充分挖掘消费市场潜力，完善促进消费的体制机制，重点培育养老消费、新经济消费、新能源产品等绿色消费细分市场。大力推进城乡地区，特别是农村消费的转型升级，从而有效拉动相关制造业产品的生产与投资。

人力资源方面，一是实施"人才兴鲁"行动，出台具有创新性的吸引人才的相关政策，增强山东省在人才引进和培育方面的竞争力。二是优化和完善人才激励政策，可以尝试通过合作经营和技术入股等方式，引进一批高层次人才和专家团队，并对于高端人才给予就医、出访、社保、子女教育等方面的优惠保障政策，实现人才引得进来、留得住。三是抓好院士港建设，对于相关人才出台特殊保障政策。

十六、河南

（一）总体情况

1. 宏观经济总体情况

2019 年，河南省地区生产总值为 54259.20 亿元亿元，比上年增长 7.0%。从三次产业结构来看，第一、二、三产业增加值分别为 4635.40 亿元、23605.79 亿元和 26018.01 元，与上年相比增长率分别为 2.3%、7.5% 和 7.4%。三次产业结构比例分别为 8.5%、43.5% 和 48.0%。

2019 年，全省固定资产投资（不含农户）增长 8.0%，高于全国平均水平 2.6 个百分点。其中，民间投资增长 6.7%，工业投资增长 9.7%，基础设施投资增长 16.1%。

2. **工业经济运行情况**

2019 年，全省规模以上工业增加值增长 7.8%，高于全国平均水平 2.1 个百分点。从经济类型看，国有控股企业增加值增长 4.7%，股份制企业增长 8.4%，外商及港澳台商投资企业增长 4.4%。从经济门类看，采矿业增加值增长 11.6%，制造业增长 7.5%，电力、热力、燃气及水生产和供应业增长 7.4%。装备制造业、电子信息产业增加值分别增长 17.4%、11.4%，分别高于规模以上工业 9.6、3.6 个百分点。

（二）指标分析

1. 时序指数（见图 6-17 和表 6-35）

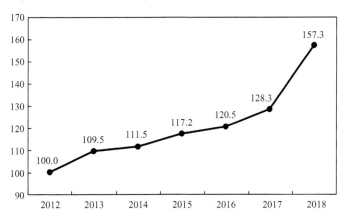

图 6-17　河南工业发展质量时序指数

资料来源：赛迪智库整理，2020 年 3 月。

表 6-35　2012—2018 年河南工业发展质量时序指数

	2012	2013	2014	2015	2016	2017	2018	2012—2018 年 年均增速
速度效益	100.0	102.9	104.0	102.4	103.8	107.0	105.7	0.9%
结构调整	100.0	112.8	104.0	118.5	123.1	133.9	143.3	6.2%
技术创新	100.0	117.6	117.1	115.5	116.8	129.2	210.4	13.2%
资源环境	100.0	107.9	130.4	142.5	157.1	168.8	184.5	10.7%
两化融合	100.0	114.4	116.2	130.3	127.2	132.3	196.7	11.9%

续表

	2012	2013	2014	2015	2016	2017	2018	2012-2018 年年均增速
人力资源	100.0	101.3	108.9	113.5	117.4	122.4	134.6	5.1%
时序指数	100.0	109.5	111.5	117.2	120.5	128.3	157.3	7.8%

资料来源：赛迪智库整理，2020 年 3 月。

纵向对比来看，河南工业发展质量时序指数自 2012 年的 100.0 上升至 2018 年的 157.3，年均增速达到 7.8%，高于全国 4.4% 的平均增速。

河南在技术创新、两化融合以及资源环境方面表现突出，年均增速为 13.2%、11.9% 和 10.7%，是河南工业发展质量时序指数增长的三大动力。其中，在技术创新方面，工业企业新产品销售收入占比和工业企业 R&D 经费投入强度增长幅度很大，年均增速分别达到 22.3% 和 15.6%；工业企业 R&D 人员投入强度和工业企业单位 R&D 经费支出发明专利数增长较慢，年均增速只有 7.2% 和 4.9%。在两化融合方面，电子信息产业占比发展迅速，年均增速达到 19.1%，是拉动两化融合指数增长的重要动力。在资源环境方面，单位工业增加值能耗和单位工业增加值用水量增速相对平稳，分别为 10.0% 和 11.5%。

河南在结构调整、人力资源和速度效益方面发展较为缓慢，年均增速分别为 6.2%、5.1% 和 0.9%，拉低了河南总体工业发展质量时序指数的增速。在结构调整方面，小型工业企业主营业务收入占比增长最慢，年均增速为 -4.5%，是导致结构调整总体指数增速较慢的最主要原因；但高科技制造业主营业务收入占比增长较快，年均增速达 12.7%。在人力资源方面，就业人员平均受教育年限增长较慢，年均增速仅为 1.1%，是导致总体人力资源指数增速缓慢的重要原因。在速度效益方面，除工业增加值增速增长较快外，资产负债率、工业成本费用利润率和工业主营业务收入利润率呈负增长。

2. 截面指数（见表 6-36）

表 6-36　2012—2018 年河南工业发展质量截面指数排名

	2012	2013	2014	2015	2016	2017	2018	2012—2018 年均值排名
速度效益	6	7	2	1	4	7	13	3
结构调整	9	9	9	8	8	8	9	9

续表

	2012	2013	2014	2015	2016	2017	2018	2012—2018年均值排名
技术创新	23	22	23	25	25	24	13	22
资源环境	15	16	13	12	11	11	11	13
两化融合	13	13	18	17	21	21	19	18
人力资源	29	29	23	23	27	27	13	29
截面指数	16	16	13	14	15	18	16	15

资料来源：赛迪智库整理，2020年3月。

横向对比来看，河南工业发展质量截面指数始终处于全国中等水平，2018年截面指数为38.9，全国排名为第16位。

河南在结构效益方面表现优异，位于全国上游水平，排名全国第9位，是拉动河南工业发展质量截面指数的重要动力。其中，高技术产品出口占比和制造业500强企业占比是推动河南结构效益排名靠前的重要贡献者，两者排名分别为第4位和第8位；小型工业企业主营业务收入占比排名仅为第19位，是结构效益指数的拖累因素。

河南在资源环境、速度效益、技术创新以及人力资源方面表现均衡，位于全国中游靠上水平，排名分别位第11位、第13位、第13位和第13位。在资源环境方面，单位工业增加值用水量近年来一直稳定排名全国第11位，单位工业增加值耗能发展较快，从2012年的第18位前进到2018年的第12位。在速度效益方面，各项指标排名均有所下滑，其中资产负债率指标下滑最为严重，2012—2017年均保持在第1位或者第2位的位置，2018年则骤降为第11位；其他指标包括工业增加值增速、工业成本费用利润率和工业主营业务收入利润率，近年来排名也都不同程度地出现下滑，分别从2015年的第8位、第7位和第7位下滑到2018年的第11位、第15位和第15位。在技术创新方面，工业企业单位R&D经费支出发明专利数一直徘徊在全国中游靠下水平附近，2018年排名为第28位，影响了河南技术创新的总体排名。在人力资源方面，工业城镇单位就业人员平均工资增速与上年相比，进步较快，由2017年的第22位上升到2018年的第4位。

河南在两化融合方面则表现相对一般，靠近全国下游水平，排名为全国第19位，低于河南工业发展质量截面指数的总体位次。其中，工业应用信息化水平全国排名第18位；电子信息产业占比全国排名第14位。

3. 原因分析

从截面指数排名看,河南位居全国第 16 位。近年来河南省在结构调整和资源环境等方面表现优秀,但在两化融合和技术创新方面,还需要进一步提升。

近年来,河南在结构调整方面取得了明显成效。瞄准高质量发展主攻方向,深化供给侧结构性改革,加快建设现代化经济体系,着力提升供给质量效率。推进供给结构改革,化解煤炭、钢铁等过剩产能,加快壮大新产业、发展新业态、培育新模式,新能源汽车、服务机器人、网络零售额等行业均快速增长。此外,河南还积极推进产业转型升级,促进经济良性循环。

在资源环境方面,河南省积极实施污染防治攻坚战三年行动计划,把大气污染防治作为重中之重抓住不放,实行科学治污、依法治污、全民治污,强化"六控"推进源头预防、调整"四个结构"加强综合治理、精准发力实施重点管控、完善制度建立长效机制,全面推行河长制、湖长制,开展河道采砂综合治理。

(三)结论与展望

综合来看,河南省在两化融合和技术创新方面,还有较大的发展提升空间。

在两化融合方面,需要认真贯彻《河南省 2019 年信息化推进工作实施方案》,进一步优化升级信息基础设施,加快信息技术研发创新,发展电子信息产业,培育新技术新业态,推进"两化"融合,创新信息惠民服务,强化信息安全保障,有效提升信息化发展应用水平。

在技术创新方面,认真贯彻河南省《技术创新示范企业认定管理办法(试行)》和《河南省技术创新示范企业认定工作实施方案(试行)》,加快实施创新驱动发展战略,强化企业创新主体地。一方面通过完善科技创新体系,发挥科技创新龙头企业的引领作用,另一方面通过加大政府财政投入,鼓励企业增加研发投入,优化创新环境。

十七、湖北

(一)总体情况

1. 宏观经济总体情况

2019 年,湖北省地区生产总值达到 45828.31 亿元,同比增长 7.5%。其中一、二、三产业增加值分别为 3809.09 亿元，19098.62 亿元和 22920.60 亿元；同比分别增长 3.2%、8.0%和 7.8%。第三产业占比提高，产业结构不断优化。全省三次产业增加值占 GDP 比重分别为 8.3%、41.7%和 50%。其中，第三产业占比比上年提高 0.3 个百分点。

2019 年，全省固定资产投资增长 10.6%。工业投资增长 8.1%，其中，制造业投资增长 10.0%。工业技改投资增长较快，增长 15.4%，高于投资增速 4.8 个百分点，占工业投资比重 43.7%，比上年提高 2.8 个百分点。民间投资增长加快，增长 11.6%，比上年加快 0.2 个百分点。基础设施投资保持较快增长，增长 14.7%，比上年提高 1.7 个百分点。

2. 工业经济运行情况

2019 年，湖北省工业经济增长平稳。全省规模以上工业增加值增长 7.8%，比上年加快 0.7 个百分点，高于全国平均水平 2.1 个百分点。41 个工业行业大类中，有 37 个实现增长，增长面达 90.2%。传统产业支撑有力，汽车、建材、化工三大行业对工业增长的贡献率达 24.5%，比上年提高 5.0 个百分点。高技术制造业贡献率进一步加大。高技术制造业增加值增长 14.4%，对工业增长的贡献率达 17%，比上年提高 1 个百分点。其中，计算机通信业、医药制造业增加值分别增长 19.0%、8.6%，高于规模以上工业 11.2 个、0.8 个百分点。

（二）指标分析

1. 时序指数

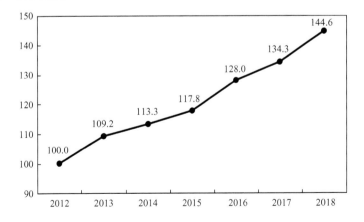

图 6-18　湖北工业发展质量时序指数

资料来源：赛迪智库整理，2020 年 3 月。

表 6-37　2012-2017 年湖北工业发展质量时序指数

	2012	2013	2014	2015	2016	2017	2018	2012—2018 年 年均增速
速度效益	100.0	104.7	103.0	104.7	109.9	113.6	121.9	3.4%
结构调整	100.0	106.6	114.2	122.6	129.1	126.6	120.1	3.1%
技术创新	100.0	103.3	104.0	107.5	119.2	132.3	156.2	7.7%
资源环境	100.0	123.6	136.2	144.5	157.1	171.7	185.0	10.8%
两化融合	100.0	123.5	128.7	128.5	155.9	161.6	178.9	10.2%
人力资源	100.0	106.4	112.5	118.6	124.6	132.0	142.4	6.1%
时序指数	100.0	109.2	113.3	117.8	128.0	134.3	144.6	6.3%

资料来源：赛迪智库整理，2020 年 3 月。

纵向对比来看，湖北工业发展质量时序指数自 2012 年的 100.0 上涨至 2018 年的 144.6，年均增速达 6.3%，高出全国平均水平 1.1 个百分点。

湖北在资源环境、两化融合以及技术创新方面表现较为突出，年均增速分别为 10.8%、10.2%和 7.7%，均高于湖北总体工业发展质量时序指数年均增速，是主要的拉动力量。其中，在资源环境方面，单位工业增加值用水量增长较快，年均增速达 14.8%。在两化融合方面，电子信息产业占比实现了快速发展，时序指数由 2012 年的 100.0 增长到 2018 年的 217.0，实现年均增速 13.8%。在技术创新方面，各项指标年均增速均高于湖北总体工业发展质量时序指数年均增速，工业企业新产品销售收入占比表现尤为突出，实现年均增速 10.6%，领先于其他三项指标。

湖北在人力资源、速度效益和结构调整方面发展较慢，年均增速分别为 6.1%、3.4%和 3.1%，拉低了湖北总体工业质量发展时序指数年均增速。其中，在人力资源方面，就业人员平均受教育年限增长缓慢，年均增速仅为 0.6%，显著低于其他两个指标。在速度效益方面，工业增加值增速发展较快，年均增速为 8.6%，高于其他指标 6-8 个百分点。在结构调整方面，制造业 500 强企业占比近年来逐年下滑，时序指数由 2014 年的 128.6 降到 2018 年的 64.3，拖累了结构调整总体指数的增速。

2. 截面指数

表 6-38 2012—2018 年湖北工业发展质量截面指数排名

	2012	2013	2014	2015	2016	2017	2018	2012—2018 年均值排名
速度效益	19	12	12	12	13	16	9	12
结构调整	15	13	13	14	11	12	12	12
技术创新	10	10	10	10	10	10	11	10
资源环境	19	21	21	21	21	21	20	21
两化融合	9	8	9	16	10	10	9	10
人力资源	16	16	7	14	11	15	14	11
截面指数	13	12	12	13	10	11	9	13

资料来源：赛迪智库整理，2020 年 3 月。

横向对比来看，2018 年湖北工业发展质量截面指数为 43.4，排名为全国第 9 位。

湖北在速度效益和两化融合方面发展较为均衡，2018 年均排名全国第 9 位，与湖北总体工业发展质量指数排名保持一致。其中，在速度效益方面，资产负债率表现尤为亮眼，2018 年全国排名第 3 位，领先于其他三项指标 11-13 个位次。在两化融合方面，工业应用信息化水平和电子信息产业占比分别排名全国第 7 位和第 12 位。

湖北在资源环境、人力资源、结构调整以及技术创新方面表现一般，位于全国中游水平。其中，在资源环境方面表现最差，2018 年全国排名第 20 位，单位工业增加值用水量指标成为主要的拖累因素。在人力资源方面，就业人员平均受教育年限是主要的拖累因素。在结构调整方面，虽然整体排名相对靠后，但资产负债率指标表现亮眼，2018 年全国排名第 3 位，是结构调整指数排名重要的贡献者。在技术创新方面，各项指标发展较为均衡，工业企业 R&D 人员投入强度和工业企业新产品销售收入占比均排名全国第 9 位，工业企业 R&D 经费投入强度和工业企业单位 R&D 经费支出发明专利数均排名全国第 11 位。

3. 原因分析

2018 年，湖北工业发展质量排名迈进全国前 10 行列，主要是在速度效益和两化融合方面得到持续提高。

在速度效益方面，湖北省坚持把发展的立足点转到提高质量和效益上来，出台高质量发展评价考核办法，促进经济平稳健康发展。一方面对接重大战略实施，推动重大项目落地，另一方面突出稳企业、稳产业，大力解决民营企业、中小微企业困难，谋划推进十大重点产业高质量发展。同时，积极深化供给侧结构性改革，推动经济转型升级，加快新旧动能接续转换。

在两化融合方面，湖北省以推进制造业与互联网融合发展为主线，以实施"万企上云"工程为突破口，加快建设湖北工业互联网平台，持续推进两化深度融合，不断培育新常态下经济发展的新优势、新动能，助力湖北省工业经济的高质量发展，取得显著成效。应继续贯彻《湖北省"万企上云"工程工作方案（2018—2020 年）》《湖北省云计算大数据发展"十三五"规划》等政策文件，大力发展"大数据、智能化"经济。

（三）结论与展望

综合来看，湖北省只有保持速度效益和两化融合方面的优势上，进一步改善技术创新、资源环境和人力资源等才能够保持并争取更强竞争力。

在技术创新方面，湖北应坚持发挥科技创新策源功能，有力激活蛰伏的发展潜能，加快把湖北科教优势转化为创新优势、发展胜势。支持武汉创建综合性国家科学中心、综合性国家产业创新中心，襄阳、宜昌创建区域创新中心。建立企业创新主体梯次培育工作机制，培育引进一批具有全国影响力的科技领军企业。

在资源环境方面，湖北应聚焦精准治污、科学治污、依法治污，深入推进长江经济带发展"双十"工程，打好蓝天、碧水、净土三大保卫战。坚决落实长江、汉江干流湖北段全面禁捕，持续推进沿江化工企业"关改搬转"、排污口排查整治、工业园区污水集中处理，抓好河道采砂管理、矿山生态修复。深化自然资源资产产权制度改革，健全生态保护补偿机制。支持长江新城打造绿色发展先行区。有效保护生态环境，促进经济可持续绿色发展。

在人力资源方面，实施楚才引领计划，培养更多高端人才和高技能人才，引进一批世界级科学家、企业家和投资家。赋予科研机构和人员更大自主权，全力为科研人员加油减负，最大限度降低各种表格、报销、"帽子"、"牌子"等对科研的干扰。同时加大基础研究、原始创新支持力度，切实有效的优化人才环境。

十八、湖南

（一）总体情况

1. 宏观经济总体情况

2019 年，湖南省地区生产总值 39752.12 亿元，比上年增长 7.6%。其中，第一产业实现增加值 3646.95 亿元，增长 3.2%，比全国平均水平高 0.1 个百分点；第二产业实现增加值 14946.98 亿元，增长 7.8%，比全国平均水平高 2.1 个百分点；第三产业实现增加值 21158.19 亿元，增长 8.1%，比全国平均水平高 1.2 个百分点。

2019 年，全省固定资产投资同比增长 10.1%。其中，工业投资同比增长 17.8%；全省工业技术改造投资增长 35.7%；全省高新技术产业投资增长 37.8%。全省工业内涵式发展持续发力，高新技术项目来势向好。

2. 工业经济运行情况

2019 年，湖南规模工业增加值同比增长 8.3%，比全国平均水平快 2.6 个百分点，同比加快 0.9 个百分点。从经济类型看，国有企业增长 6.2%，股份制企业增长 8.5%，外商及港澳台商投资企业增长 13.7%。从经济门类看，采矿业增加值同比增长 2.0%；制造业增长 8.5%；电力、热力、燃气及水生产和供应业增长 9.5%。

2019 年，全省规模工业 39 个大类行业中，80%以上行业实现增长。其中，计算机通信和其他电子设备制造业增加值同比增长 19.9%，汽车制造业增长 17.0%，通用设备制造业增长 15.5%，专用设备制造业增长 12.8%，电力热力生产和供应业增长 9.5%。

全省新动能加快成长，结构持续优化。2019 年，全省高加工度工业增加值增长 13.1%，高技术产业增长 16.3%，高于规模工业增速水平 8.0 个百分点。装备制造业增加值增长 14.1%，高于规模工业增速 5.8 个百分点，高于制造业增速 5.6 个百分点。六大高耗能行业增加值增长 5.4%，低于规模工业增速 2.9 个百分点，增加值占规模以上工业的比重下降 0.8 个百分点。

（二）指标分析

1. 时序指数（见图 6-19 和表 6-39）

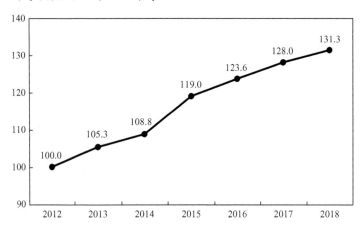

图 6-19　湖南工业发展质量时序指数

资料来源：赛迪智库整理，2020 年 3 月。

表 6-39　2012—2018 年湖南工业发展质量时序指数

	2012	2013	2014	2015	2016	2017	2018	2012—2018 年年均增速
速度效益	100.0	102.5	94.8	98.4	100.9	106.3	104.5	0.7%
结构调整	100.0	101.7	105.1	128.7	137.5	130.0	116.0	2.5%
技术创新	100.0	99.8	103.7	110.0	110.0	121.4	143.0	6.1%
资源环境	100.0	121.1	137.0	147.4	158.6	171.8	161.3	8.3%
两化融合	100.0	111.6	119.8	131.9	133.2	130.9	141.9	6.0%
人力资源	100.0	106.2	114.0	120.2	127.1	136.2	149.1	6.9%
时序指数	100.0	105.3	108.8	119.0	123.6	128.0	131.3	4.6%

资料来源：赛迪智库整理，2020 年 3 月。

纵向对比来看，湖南工业发展质量时序指数由 2012 年的 100.0 增长到 2018 年的 131.3，年均增速为 4.6%，低于全国平均水平 0.6 个百分点。

湖南在资源环境、人力资源、技术创新和两化融合方面发展较快，年均增速分别为 8.3%、6.9%、6.1% 和 6.0%，是湖南总体工业发展质量时序指数年均增速的重要贡献者。其中，在资源环境方面，单位工业增加值能耗和单位工业增加值用水量年均增速分别为 7.5% 和 9.1%。在人力资源方面，第二产业全员劳动生产率实现较快发展,年均增速达 10.3%,是人力资源指数发展的重要拉动因素,而就业人员平均受教育年限则成为拖累因素,年均增速仅为 0.3%。在技术创新方面,工业企业 R&D 经费投入强度和工业企业 R&D 人员投入强度,年均增速分别为 10.3%和 7.0%,成为技术创新指数发展的重要拉动因素。在两化融合方面,电子信息产业占比实现较快发展,年均增速为 7.9%,高于湖南总体工业发展质量时序指数年均增速。

湖南在速度效益和结构调整方面,发展较为缓慢,年均增速分别为 0.7%和 2.5%,影响了湖南总体工业发展质量指数的增速。其中,在速度效益方面,工业成本费用利润率和工业主业业务收入利润率是主要的拖累因素,年均增速均为负值,而工业增加值增速则表现亮眼,实现年均增速 8.1%,显著高于湖南总体工业发展质量指数年均增速。在结构调整方面,制造业 500 强企业占比和小型工业企业主要业务收入占比,年均增速均为 0,而高技术制造业主营业务收入占比则实现 6.6%的快速增长。

2. 截面指数(见表 6-40)

表 6-40 2012—2018 年湖南工业发展质量截面指数排名

	2012	2013	2014	2015	2016	2017	2018	2012—2018 年均值排名
速度效益	14	10	16	14	19	17	18	15
结构调整	12	11	14	12	13	15	16	13
技术创新	8	8	8	9	9	9	9	9
资源环境	18	15	15	14	13	14	19	16
两化融合	8	10	12	9	12	13	15	11
人力资源	10	20	8	16	21	22	16	16
截面指数	10	11	10	9	13	13	15	10

资料来源:赛迪智库整理,2020 年 3 月。

横向对比来看,湖南省工业发展质量截面指数 2018 年为 39.9,全国排名为第 15 位,近年来有所下滑。

湖南在技术创新方面,一直处于全国上游水平。2018 年全国排名第 9 位,与上年持平。其中,工业企业 R&D 经费投入强度和工业企业新产品销售收入占比表现较好,全国排名分别为第 6 位和第 7 位,是推动技术创新的主要因素。

与上年相比，湖南除在人力资源方面进步两个位次外，在其他指标方面均出现了下滑。尤其是在环境资源方面，下滑最为严重，由 2017 年的第 14 位下滑到 2018 年的第 19 位。在人力资源方面，工业城镇单位就业人员平均工资增速和第二产业全员劳动生产率均比上年位次靠前。在环境资源方面，单位工业增加值用水量排名一直比较靠后，徘徊在第 27 位左右。在速度效益方面，工业增加值增速和资产负债率排名较为靠前，分别为第 13 位和第 5 位，而工业成本费用利润率和工业主营业务收入利润率则排名较为靠后，2018 年均排名第 27 位。虽然湖南结构调整整体排名较为靠后，但其中的小型工业企业主营业务收入占比表现稳健，一直位于全国前 3 位，2018 年更是排名全国第 1 位。在两化融合方面，工业应用信息化水平近年来有所下滑，排名由 2015 年的第 4 位下滑到 2018 年的第 14 位，电子信息产业占比排名相对平稳，2018 年排名全国第 18 位。

3. 原因分析

湖南省工业发展质量近年来一直稳定在全国中游水平，2018 年全国排名第 15 位，其中，技术创新功不可没。

在技术创新方面，湖南省多措并举，持续推进创新发展。打造以"长株潭国家自主创新示范区"为核心的科技创新基地，推进"三区一极""三谷多园"建设，支持国家创新型城市试点、可持续发展议程创新示范区创建，加快科技创新型县（市）建设。积极创建国家生物种业技术创新中心，加快建设先进轨道交通装备制造业创新中心，建设岳麓山国家大学科技城。加强关键领域核心技术攻关。打造创新型领军企业，大力培育科技型中小企业。营造良好创新生态，深化科技奖励制度改革等一系列鼓励创新举措，取得实效。"网络计算的模式及基础理论研究"获国家自然科学奖一等奖，高性能计算、南方粮油作物协同创新中心获国家批复，国内首条、世界第二条 8 英寸 IGBT 专业芯片生产线投产，长沙超算中心投入使用等。

（三）结论与展望

综合来看，湖南省工业发展质量在全国处于中游水平，在保持技术创新优势的同时，需要补足短板，尤其是在速度效益和资源环境方面加大改善力度。

在速度效益方面，湖南省构筑新平台，实现新突破。以国务院批复洞庭湖生态经济区和"长株潭国家自主创新示范区"为标志，构筑"三大平台、四大板块"的发展格局。坚持新型工业化第一推动力。发掘做大产业新增长点，构筑多点支撑、多极发展的产业格局。大力发展先进装备制造、新材料、文化创意、生物医药、新能源、电子信息、节能环保等战略性新兴产业，重点扶持集成电路、新能源汽车、工业机器人、3D 打印、北斗应用、通用航空、两型住宅等产业。推动信息化和工业化融合发展，促进移动互联网、大数据、云计算、新一代信息技术与传统产业跨界融合，引导传统优势产业加快向中高端迈进。实施创新创业园区"135"工程，推动科研、生产、服务、销售全产业链集群发展。

在资源环境方面，应以推进生态文明为主题，以创新体制机制为动力，着力保障生态安全、水安全和国家粮食安全。大力发展沿江环湖产业，努力构建和谐入水新关系、现代产业新格局、统筹城乡新福地、合作发展新平台。

十九、广东

（一）总体情况

1. 宏观经济总体情况

2019 年，广东省实现地区生产总值 107671.1 亿元，比上年同期增长 6.2%。一、二、三产业增加值分别为 4351.3 亿元、43546.4 亿元和 59773.4 亿元，分别增长 2.6%、4.7% 和 7.5%，三次产业结构比例调整为 4.0：40.5：55.5。人均地区生产总值达 94172 元，民营经济增加值占地区生产总值比重为 54.6%，新经济增加值占地区生产总值比重为 25.3%。

2019 年，广东省全社会固定资产投资同比增长 11.1%。在固定资产投资中，第一产业投资同比下降 18.0%、第二产业投资同比增长 6.3%、第三产业投资同比增长 13.0%。其中工业投资同比增长 6.3%，占固定资产投资的比重为 23.7%。先进制造业、高技术制造业投资分别增长 1.7% 和 1.0%，占固定资产投资的比重分别为 10.4% 和 5.1%。2019 年，广东省实现货物进出口总额 71436.8 亿元，同比增速为-0.2%。对"一带一路"沿线地区进出口额 17144.2 亿元，增长 6.3%。实现社会消费品零售总额 42664.5 亿元，同比增长 8.0%。

2. 工业经济运行情况

2019 年，广东省规模以上工业实现增加值 33616.1 亿元，同比增长 4.7%。分经济类型看，民营企业实现工业增加值 17937.2 亿元，占全部规模以上工业的 53.4%。"三资"企业实现工业增加值 11749.3 亿元，占全部规模以上工

业的 35%。民营企业、国有及国有控股企业、外商及港澳台商投资企业工业增加值增速分别为 7.6%、4.6%、-0.1%。先进制造业实现增加值 18935.4 亿元，同比增长 5.1%，占规模以上工业增加值比重为 56.3%。其中，高端电子信息制造业、生物医药和高性能医疗器械业增长最快，增速分别达到 8.8% 和 7.2%。高技术制造业实现增加值 10746.6 亿元，同比增长 7.3%，占规模以上工业增加值比重为 32.0%。其中，航空、航天器及设备制造业和医疗仪器设备及仪器仪表制造业增长最快，增速分别达到 17.1% 和 16.0%。装备制造业增加值同比增长 5.6%，占规模以上工业增加值的比重为 46.0%。电气机械和器材制造业增长最快，增速达到 9.9%。4K 电视产量、5G 基站数量均居全国第一。2019 年，广东规模以上工业实现利润总额 8915.28 亿元，同比增长 5.6%。规模以上工业实现营业收入 146517.7 亿元，同比增长 3.0%。其中，电子、汽车、电力、电气四大主要行业主营业务收入同比增长 2.9%，占全省规模以上工业企业营业收入的 50.0%。在制造业主要行业中，电子、汽车和石化三个行业对全省工业影响较大。其中，电子制造业受中美贸易摩擦影响增速同比下降 2.0 个百分点，汽车行业受销售市场低迷影响增速同比下降 9.7 个百分点，石化行业受市场需求相对不足及重点企业检修影响增速同比下降 19.8 个百分点。

（二）指标分析

1. 时序指数（见图 6-20 和表 6-41）

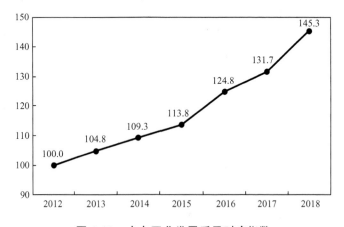

图 6-20　广东工业发展质量时序指数

资料来源：赛迪智库整理，2020 年 3 月。

表 6-41 2012—2018 年广东工业发展质量时序指数

	2012	2013	2014	2015	2016	2017	2018	2012—2018年 年均增速
速度效益	100.0	104.7	106.6	112.8	115.4	118.9	116.5	2.6%
结构调整	100.0	106.2	105.8	109.7	123.0	123.6	141.6	6.0%
技术创新	100.0	100.0	102.7	102.6	112.1	125.7	152.9	7.3%
资源环境	100.0	108.0	119.3	130.2	140.7	149.7	163.6	8.6%
两化融合	100.0	107.3	117.4	117.3	149.2	160.4	180.3	10.3%
人力资源	100.0	105.5	113.8	121.9	128.5	135.0	144.2	6.3%
时序指数	100.0	104.8	109.3	113.8	124.8	131.7	145.3	6.4%

资料来源：赛迪智库整理，2020 年 3 月。

纵向来看，广东省工业发展质量自 2012 年的 100.0 上涨至 2018 年的 145.3，年均增速为 6.4%，高于全国平均增速 1.2 个百分点。

广东在两化融合方面增长较快，年均增速为 10.3%。其中，工业应用信息化水平增速较高，年均增速达到 14.0%，是推动两化融合水平提高的主要动力。

广东在结构调整、技术创新、资源环境和人力资源方面均平稳增长，年均增速分别为 6.0%、7.3%、8.6%和 6.3%。结构调整方面，制造业 500 强企业占比年均增速相对较快，达到 13.6%；但高技术产品出口占比年均增速为 -1.1%，小型工业企业主营业务收入占比年均增速只有 0.3%，影响了结构调整的步伐。技术创新方面，工业企业新产品销售收入占比年均增速达到 10.0%，表现最好；但是工业企业 R&D 经费投入强度、工业企业单位 R&D 经费支出年均增速增长相对较慢。资源环境方面，单位工业增加值能耗年均增速为 6.2%，相对较高，单位工业增加值用水量年均增速达到 10.6%，影响了资源环境的改善。人力资源方面，工业城镇单位就业人员平均工资年均增速为 10.0%，是人力资源增长的主要动力。

广东在速度效益方面表现一般，年均增速为 2.6%。其中，工业增加值年均增速达到 7.0%，表现最好；但是资产负债率、工业成本费用利润率和工业主营业务收入利润率三项指标年均增速较低，分别为 0.6%、0.9%和 0.8%，影响了速度效益的提高。

2. 截面指数（见表 6-42）

表 6-42　2012—2018 年广东工业发展质量截面指数排名

	2012	2013	2014	2015	2016	2017	2018	2012—2018 年均值排名
速度效益	26	27	20	13	12	14	19	19
结构调整	2	2	2	3	1	2	1	2
技术创新	2	5	5	5	5	4	1	5
资源环境	4	4	4	4	4	4	5	4
两化融合	4	4	4	5	1	1	1	4
人力资源	8	21	6	9	8	18	19	10
截面指数	5	5	4	5	4	3	2	4

资料来源：赛迪智库整理，2020 年 3 月。

横向来看，广东省 2018 年工业发展质量截面指数为 59.9，排在全国第 2 位，处于全国上游水平。

2018 年，广东在结构调整、技术创新和两化融合方面表现出色，均处于全国首位。资源环境在全国也处于上游水平，全国排名第 5 位。结构调整方面，高技术制造业主营业务收入占比和制造业 500 强企业占比分别居全国第 1 位和第 4 位，表现最为优异。技术创新方面，各项指标均居全国上游，显示出强大的创新能力。资源环境方面，单位工业增加值能耗居全国上游，排名居全国第 2 位。两化融合方面，工业应用信息化水平和电子信息产业占比分别居全国第 1 位和第 2 位，显示出电子信息产业强省的实力。

2018 年，广东在速度效益和人力资源方面表现一般，处于全国中游，排名均居全国第 19 位。速度效益方面，工业增加值增速居全国第 17 位，工业成本费用利润率和工业主营业务收入利润率均居全国第 20 位。人力资源方面，就业人员平均受教育年限表现最好，排名全国第 6 位，但是第二产业全员劳动生产率排名第 20 位，处于全国中下游水平。工业城镇单位就业人员平均工资增速排名第 23 位，处于全国下游水平。

3. 原因分析

广东工业发展质量近年来稳步提高，从 2015 的全国第 5 位上升到 2018 年的全国第 2 位，处于全国领先水平，这主要得益于广东在技术创新、两化融合方面具有较强的优势，在结构调整方面取得显著成效。2019

年《粤港澳大湾区发展规划纲要》正式发布，为广东经济发展掀开了新篇章，为广东高质量发展提供了千载难逢的重大历史机遇。广东贯彻落实"推动高质量发展走在全国前列"的要求，召开全省推动制造业高质量发展大会，出台"制造业十九条"，实施"强核""立柱""强链""优化布局""品质""培土"六大工程，一是"强核"工程，以科技创新提升核心竞争力；二是"立柱"工程，打造广东制造的产业脊梁；三是"强链"工程推动产业链现代化；四是"优化布局"工程，推动广东制造立足"一核一带一区"构建高质量发展空间；五是"品质"工程，树立广东制造质量标杆；六是"培土"工程，以培育"广东技工"为重点塑造制造发展环境新优势。广东区域创新综合能力保持全国第一，2019 年全省研发经费支出 2800 亿元，占地区生产总值比重达 2.8%。有效发明专利量、PCT 国际专利申请量稳居全国首位。境外高端紧缺人才个人所得税优惠政策全面落实、深港科技创新合作区获批实施先行先试政策、省财政科研资金首次跨境港澳使用。广东启动了产业集群数字化转型升级计划，到 2022 年，实现培育 30 个产业集群工业互联数字化转型试点，帮助广东省制造业企业进行数字化升级。

（三）结论与展望

综合时序指数和截面指数来看，广东省工业发展质量长期走在全国前列，综合经济实力不断跃升，经济总量连续 31 年位居全国第一。当前，广东正在加快推动制造业转型升级，建设世界先进制造业集群，产业向全球价值链中高端迈进。未来，一是应充分发挥粤港澳大湾区和深圳先行示范区"双区驱动效应"，发挥深圳、广州两个中心城市的核心引擎，加快构建"一核一带一区"区域发展新格局。二是以智能制造与先进技术推动传统产业转型升级，加大稳链、补链、强链、控链力度，增强产业链关键环节和优质企业根植性，培育一批产业控制力强的核心企业。三是创新科技体制和人才发展机制，强化科技创新对产业发展的引领支撑，推进科技金融产业融合，优化科研资金政策、完善成果转化机制等。四是大力建设国家数字经济创新发展试验区，加快建设工业互联网平台，带动企业"上云上平台"。

二十、广西

（一）总体情况

1. 宏观经济总体情况

2019 年,广西壮族自治区地区生产总值为 21237.1 亿元,同比增长 6.0%。第一、二、三产业增加值分别为 3387.7 亿元、7077.4 亿元和 10772.0 亿元,增速分别为 5.6%、5.7%和 6.2%。三次产业结构进一步优化,三次产业占 GDP 比重分别为 16.0%、33.3%和 50.7%,对 GDP 增长贡献率分别为 15.2%、32.5%和 52.3%。全员劳动生产率达到 74497 元/人。2019 年,全区固定资产投资同比增长 9.5%。分产业看,第一、二、三产业投资增速分别为-17.9%、5.3%和 11.8%。工业投资比上年增长 11.1%,制造业投资增速为 9.2%,其中高技术制造业投资增速为 26.5%。

2019 年全区社会消费品零售总额比上年增长 7.0%。消费结构不断升级,智能家电和音响器材零售额比上年增长 49.0%,智能手机零售额增长 18.7%。进出口总值为 4694.7 亿元,同比增长 14.4%,增速高于全国平均水平 11.0 个百分点。其中,机电产品出口同比增长 35.3%,高新技术产品出口同比增长 24.2%。一般贸易进出口占进出口总值的比重为 35.3%,机电产品出口占出口额的比重为 50.1%。城镇居民人均可支配收入为 34745 元,实际同比增速 3.5%,农村居民人均可支配收入为 13676 元,实际同比增速 5.7%。

2. 工业经济运行情况

2019 年,全区规模以上工业增加值同比增长 4.5%。其中,轻工业增长 -1.5%,重工业增长 6.2%。电力热力燃气及水的生产和供应业增速最快同比增长 14.7%,其次是制造业同比增长 3.8%,采矿业增加值同比下降 11.4%。六大高耗能行业增加值占全区规模以上工业比重为 45.8%,高技术产业增加值占全区规模以上工业比重为 6.7%,非公有经济类型企业增加值占全区规模以上工业比重为 54.7%。细分行业看,十大重点行业中有七个行业增加值增幅高于全区平均水平,其中木材加工和木、竹、藤、棕、草制品业增速最快,增加值同比增长 25.5%,计算机、通信和其他电子设备制造业增速放缓,同比增长 5.8%,有色金属冶炼和压延加工业增长 19.7%,黑色金属冶炼和压延加工业增长 10.8%,非金属矿物制品业增长 7.3%。从产品看,传统产品中电解铝产量增幅较大,同比增长 31.1%,瓷质砖产量增长 30.9%。新产品中新能源汽车产量大幅增长，达到 83.6%。

（二）指标分析

1. 时序指数（见图 6-21 和表 6-43）

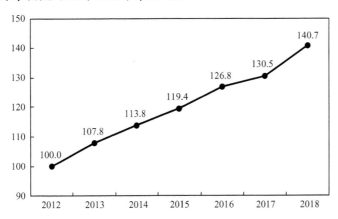

图 6-21　广西工业发展质量时序指数

资料来源：赛迪智库整理，2020 年 3 月。

表 6-43　2012—2017 年广西工业发展质量时序指数

	2012	2013	2014	2015	2016	2017	2018	2012—2018 年均增速
速度效益	100.0	99.5	101.3	108.4	111.3	118.1	111.6	1.9%
结构调整	100.0	113.2	119.9	127.3	134.8	136.0	143.1	6.2%
技术创新	100.0	110.1	107.3	96.5	105.4	99.1	115.3	2.4%
资源环境	100.0	99.9	110.0	120.0	135.1	148.5	148.9	6.9%
两化融合	100.0	116.2	137.7	154.0	160.8	167.3	212.5	13.4%
人力资源	100.0	109.0	117.1	128.0	135.7	142.5	153.1	7.4%
时序指数	100.0	107.8	113.8	119.4	126.8	130.5	140.7	5.9%

资料来源：赛迪智库整理，2020 年 3 月。

纵向来看，广西工业发展质量自 2012 年的 100.0 上涨至 2018 年的 140.7，年均增速为 5.9%，高于全国平均增速 0.7 个百分点。

广西在两化融合方面增长最快，年均增速为 13.4%。其中，电子信息产业占比增长较快，年均增速达到 19.4%，是带动两化融合水平不断提高的主

要动力。

广西在结构调整、资源环境、人力资源方面平稳增长，年均增速分别为 6.2%、6.9%和 7.4%。结构调整方面，高技术制造业主营业务收入占比增速较快增长，年均增速为 12.3%，是推动结构调整的主要因素，但小型工业企业主营业务收入占比年均增速仅有 0.3%。资源环境方面，单位工业增加值用水量增长较快，年均增速达到 9.4%，影响了资源环境的改善。人力资源方面，工业城镇单位就业人员平均工资年均增速和第二产业全员劳动生产率年均增速分别为 11.2%和 8.7%，促进人力资源水平的提高。

广西在速度效益和技术创新方面表现一般，年均增速分别为 1.9%和 2.4%。速度效益方面，工业增加值增长相对较快，年均增速为 7.9%，但是工业成本费用利润率和工业主营业务收入利润率两项指标表现不佳，年均增速分别为-0.9%和-1.2%，影响了速度效益水平的提高。技术创新方面，单位R&D 经费支出发明专利数增长较快，年均增速达到 8.9%，提升了技术创新水平，但是工业企业 R&D 经费投入强度和工业企业 R&D 人员投入强度两项指标表现不佳，年均增速分别为 0.0%和-0.8%，拉低了技术创新水平。

2. 截面指数（见表 6-44）

表 6-44　2012—2018 年广西工业发展质量截面指数排名

	2012	2013	2014	2015	2016	2017	2018	2012—2018 年均值排名
速度效益	20	23	18	16	16	18	24	21
结构调整	21	21	21	21	21	20	18	20
技术创新	21	19	24	26	26	28	25	26
资源环境	16	19	20	20	20	20	21	20
两化融合	15	12	7	10	14	12	12	12
人力资源	25	12	11	13	16	23	15	17
截面指数	24	21	17	17	21	22	22	20

资料来源：赛迪智库整理，2020 年 3 月。

横向来看，2018 年广西工业发展质量截面指数为 28.6，排在全国第 22位，处于全国下游水平。

广西在两化融合和人力资源方面表现最好，处于全国中游水平，2018年分别居全国第 12 位和第 15 位。两化融合方面，工业应用信息化水平和电子信息产业占比分别排名全国第 13 位和第 12 位。人力资源方面，第二产业全员劳动生产率处于全国中游水平，居全国第 15 位，就业人员平均受教育年限处于全国下游水平，排名全国第 24 位。

广西在速度效益、技术创新和资源环境方向处于全国下游水平，分别排名全国第 24 位、第 25 位和第 21 位。构成速度效益的四项指标有三项全国排名均为第 22 位。技术创新方面，工业企业 R&D 经费投入强度和工业企业 R&D 人员投入强度表现最为不好，均位居全国第 29 位。资源环境方面，单位工业增加值用水量居全国第 25 位。

3. 原因分析

广西工业发展质量表现较为稳定，由于缺乏有规模和实力的大企业，产业层次低，自主创新能力弱等原因，广西工业长期处于全国下游水平。为扭转这一局面，广西大力推动工业高质量发展，实施"工业强桂战略"，以工业供给侧结构性改革为主线，着力强龙头、补链条、聚集群，做大做强工业的规模和总量，着力抓创新、创品牌、拓市场，提升工业质量效益和竞争力。广西推动出台《关于推动工业高质量发展的决定》和《广西工业高质量发展行动计划（2018—2020 年）》，并确定了近三年全区工业高质量发展的基本路径就是要按照培植"工业树"、育护"产业林"的发展思路，着力强龙头、补链条、聚集群做大做强工业规模和实力。2019 年，广西实施"千企技改"工程，南宁博世科等 254 个技改项目建成投产，同时开工建设百色吉利百矿铝产业、玉林正威新材料、钦州恒逸化工、北海惠科电子等 47 个项目。2019 年广西工业互联网产业联盟成立，围绕网络、平台、安全三大核心体系，强化融合发展基础能力，提高制造业创新能力。先后出台了《广西深入推进"互联网+先进制造业"发展工业互联网实施方案》《广西推进工业互联网发展行动计划（2019—2020 年）》《广西企业上云行动计划（2019—2020 年）》《广西加快 5G 产业发展行动计划（2019—2021 年）》等一系列文件，有力推动了全区工业互联网加快建设。

（三）结论与展望

综合来看，广西工业发展质量在全国整体处于下游水平，始终未能实现向中游的突破，主要是速度效益、技术创新等方面还有较大提升空间。首先，做大做强主导产业。推动"央企入桂""民企入桂""湾企入桂"，打造绿色化工新材料、电子信息、机械制造、汽车、金属新材料、精品碳酸钙、高端家具家居材料等产业集群，同时深入实施传统产业"二次创业"。第二，要推动重大项目建设。加快防城港钢铁基地一期、柳州上汽新型发动机、北海信义玻璃产业园等项目竣工投产。第三，积极培育新经济新业态。加快建设南宁、桂林、北海、钦州等数字经济示范区，推动人工智能、物联网、大数据、区块链等技术创新和产业应用。第四，不断提升科技创新支撑产业能力。实施高新技术企业"再倍增"计划、"瞪羚企业"培育计划，推进南宁高新区国家"双创"示范基地、北海高新区创业孵化基地、中国-东盟科技城，以及一批众创空间和科技企业孵化器的建设。

二十一、海南

（一）总体情况

1. 宏观经济总体情况

2019 年，海南省地区生产总值达到 5308.9 亿元，同比增长 5.8%，首次突破 5000 亿元大关。分产业来看，第一、二、三产业增加值分别达到 1080.4 亿元、1099.0 亿元和 3129.5 亿元，分别比上年增长 2.5%、4.1%和 7.5%。全省第一、二、三次产业比例为 20.3：20.7：58.9。第三产业对经济增长的贡献率为 75.6%，是拉动经济增长的主要力量。房地产一业独大的局面逐渐转变，产业结构进一步优化。互联网、现代物流业、会展业、旅游业、现代金融服务、医疗健康等现代服务业发展较快，十二个重点产业发展势头良好，完成增加值 3339.3 亿元，对经济增长的贡献达到 67.4%。

固定资产投资方面，固定资产投资占 GDP 的比例持续下降，2019 年为 60.5%，较 2018 年降低 11.5 个百分点。房地产开发投资下降 22.1%，非房地产开发投资增长 2.9%。非房地产开发投资占比为 58.4%。民间投资占总投资比重为 50.8%。全省第一和三产业投资下降，降幅分别为 11.3%和 11.8%。第二产业投资增长 17.2%。

2019 年，全省实现社会消费品零售总额 1808.3 亿元，同比增长 5.1%。货物进出口总值为 905.9 亿元，同比增长 6.8%。城镇居民人均可支配收入为 36017 元，同比增长 8.0%。

2. 工业经济运行情况

2019 年，海南省规模以上工业实现增加值 537.78 亿元，同比增长 4.2%。其中，电力、热力生产和供应业增长最快，增速为 12.2%，其次为医药制造业增长 6.9%,化学原料和化学制品制造业增长 5.4%,石油加工业增长 4.2%。高技术制造业增加值同比增长 10.1%,占规模以上工业比重为 15.6%。2019 年,全省规模以上工业企业一次能源生产量为 382.0 万吨标准煤,同比增长 16.1%。主要石油制品产量大幅增长,规模以上工业原油加工量为 1137.4 万吨,同比增长 7.3%。清洁能源发电规模加快提升,规模以上工业清洁能源发电量为 119.9 亿千瓦时,同比增长 16.4%,占规模以上工业发电量的 37.6%。太阳能电池、人造板、铁矿石（原矿）等主要产品保持两位数以上增长。

（二）指标分析

1. 时序指数（见图 6-22 和表 6-45）

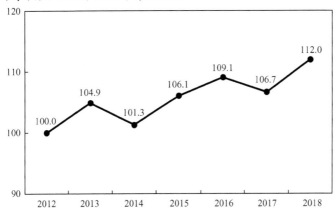

图 6-22　海南工业发展质量时序指数

资料来源：赛迪智库整理，2020 年 3 月。

表 6-45　2012—2018 年海南工业发展质量时序指数

	2012	2013	2014	2015	2016	2017	2018	2012—2018 年年均增速
速度效益	100.0	100.6	93.9	93.9	93.6	94.1	100.5	0.1%
结构调整	100.0	100.5	100.3	108.5	113.3	110.7	108.5	1.4%
技术创新	100.0	105.3	110.7	110.5	109.8	93.4	85.7	-2.5%
资源环境	100.0	104.0	111.8	128.2	132.8	135.1	144.9	6.4%
两化融合	100.0	120.2	80.1	82.8	90.1	94.2	120.7	3.2%
人力资源	100.0	105.1	111.4	119.5	125.6	129.3	140.1	5.8%
时序指数	100.0	104.9	101.3	106.1	109.1	106.7	112.0	1.9%

资料来源：赛迪智库整理，2020 年 3 月。

纵向对比来看，海南工业发展质量时序指数由 2012 年的 100.0 增长到 2018 年的 112.0，年均增速为 1.9%，低于全国平均增速 3.3 个百分点。

海南在资源环境和人力资源方面表现相对较好，年均增速分别为 6.4% 和 5.8%。资源环境方面，单位工业增加值能耗低于全国平均水平，年均增速仅有 1.6%。人力资源方面，工业城镇单位就业人员平均工资增长较快，年均增速达到 11.8%，提升了人力资源水平。

海南在速度效益、结构调整和两化融合方面低速增长。速度效益方面，工业增加值年均增速达到 5.3% 表现相对较好，但是工业成本费用利润率和工业主营业务收入利润率均出现负增长，年均增速分别为-3.2% 和-2.9%，是影响速度效益的主要因素。结构调整方面，除高技术制造业主营业务收入占比增速达到 3.7% 外，制造业 500 强企业占比、小型工业企业主营业务收入占比和高技术产品出口占比基本是零增长，阻碍了结构调整。两化融合方面，工业应用信息化水平和电子信息产业占比增长也比较缓慢。

海南在技术创新方面表现不佳，年均增速为-2.5%。工业企业 R&D 人员投入强度、工业企业单位 R&D 经费支出发明专利数和工业企业新产品销售收入占比增速均出现负增长，年均增速分别为-2.3%、-6.0 和-8.1%，是阻碍技术创新提高的主要原因。

2. 截面指数（见表 6-46）

表 6-46 2012-2018 年海南工业发展质量截面指数排名

	2012	2013	2014	2015	2016	2017	2018	2012—2018 年均值排名
速度效益	9	17	4	15	20	24	11	13
结构调整	26	26	26	27	27	24	23	26
技术创新	13	13	13	13	15	22	27	15
资源环境	23	27	27	27	27	27	28	27
两化融合	24	24	30	30	27	30	29	28
人力资源	12	9	9	6	18	28	6	13
截面指数	20	23	19	21	22	29	24	24

资料来源：赛迪智库整理，2020 年 3 月。

横向对比来看，海南 2018 年工业发展质量截面指数为 25.4，全国排名为第 24 位，处于全国下游水平。

海南在人力资源方面表现出色，2018 年全国排名第 6 位。其中，工业城镇单位就业人员平均工资增速居全国前列，排名全国第 3 位。海南在速度效益方面排名较前两年有明显提高，2018 年全国排名第 11 位，居全国中上游水平。其中，资产负债率居全国第 7 位，工业成本费用利润率居全国第 11 位。

海南在结构调整、技术创新、资源环境和两化融合方面表现不佳，处于全国均下游水平，2018 年分别排在全国第 23 位、第 27 位、第 28 位和第 29 位。结构调整方面，制造业 500 强企业占比全国排名最后。小型工业企业主营业务收入占比和高技术产品出口占比全国排名分别为 26 位和 28 位。技术创新方面，除工业企业单位 R&D 经费支出发明专利数处于全国中下游水平外，其余指标排名均处于全国下游。资源环境和两化融合方面，各指标也均处于全国下游。其中，工业应用信息化水平排在全国的第 30 位。

3. 原因分析

海南具有独特的气候、地理和区位优势，随着海南国际旅游岛、中国（海南）自由贸易试验区建设等一系列国家重大战略决策的实施，海南正在不断调整自身的发展定位。海南经济以服务业为主，工业发展水平相对较低，很多企业处在初级产品加工的层次上，缺乏具有核心竞争力的高端产品，资源优势未能充分转化为经济优势。另外，海南工业用地近年来价格上升过快，引进企业的成本越来越高，部分工业园区基础设施建设及生活配套设施不完善。海南积极进行产业结构调整，大力发展高新技术产业，重点打造北部和西部两大工业集聚片区，加快发展油气开发及加工产业、医药产业、低碳制造业等新型特色工业，推动行业骨干企业向园区集聚。依托海洋和热带农产品等优势资源，重点打造新能源汽车制造、绿色食品、海洋经济等特色产业。近年来，海南加快实施科技创新发展战略，2019 年全省有高新技术企业 381 家、院士工作站 58 家，规划建设南繁科技城、深海科技城、航天科技城。但是，海南科技创新发展基础薄弱，研发能力薄弱，社会创新能力偏低。

（三）结论与展望

综合来看，海南省工业发展质量在全国处于下游位置，在速度效益和人力资源方面有明显进步，但是在结构调整、技术创新、两化融合等方面还需进一步加强。一是大力发展高新技术产业。重点推动互联网信息产业发展，

发挥海南生态软件园、复兴城等产业园区平台载体作用，围绕"智慧海南"建设，打造千亿产业集群。"做特做强"海南生态软件园等重点园区，重点发展游戏出口、智能物联、区块链、数字贸易、金融科技等数字经济产业。围绕海南卫星星座项目的建设推动海南商业航天产业发展。二是加快相关信息基础设施建设。重点加快 5G 基站布局，加快国际海底光缆、通信出入口等项目建设，设立离岸数据试验区等。三是依托海南自由贸易试验区和中国特色自由贸易港建设，选择具有海南特色的领域进行重点突破，真正打造特色领域的科技创新高地。在南繁育种、深海科技、航天航空、医疗健康、清洁能源汽车等新兴领域，加快新技术、新产品的研发，同时依托结合洋浦经济开发区、美安科技新城、海南生态软件园的产业发展，聚集油气化工、电子信息产业，打造特色科研高地。

二十二、重庆

（一）总体情况

1. 宏观经济总体情况

2019 年，重庆地区实现生产总值 23605.77 亿元，同比增长 6.3%。其中，第一产业实现增加值 1551.42 亿元，增长 3.6%；第二产业实现增加值 9496.84 亿元，增长 6.4%；第三产业实现增加值 12557.51 亿元，增长 6.4%。2019 年，全市固定资产投资同比增长 5.7%，第一产业投资增长 21.9%，第二产业投资增长 8.9%，第三产业投资增长 4.3%。

2. 工业经济运行情况

2019 年，重庆市规模以上工业增加值同比增长 6.2%。分三大门类看，采矿业增长 2.6%，制造业增长 6.5%，电力、燃气及水生产和供应业增长 5.2%。

重庆新动能产业加快发展。2019 年，全市高技术产业增加值同比增长 12.6%，战略性新兴制造业增加值增长 11.6%，其中，新一代信息技术产业、生物产业、新材料产业、高端装备制造产业分别增长 16.0%、7.9%、10.3% 和 7.8%。部分规模以上工业产品产量实现较快增长，其中集成电路增长 523.6%，笔记本计算机增长 12.1%，液晶显示屏增长 36.4%。

（二）指标分析

1. 时序指数（见图 6-23 和表 6-47）

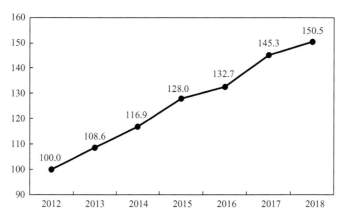

图 6-23　重庆工业发展质量时序指数

资料来源：赛迪智库整理，2020 年 3 月。

表 6-47　2012—2018 年重庆工业发展质量时序指数

	2012	2013	2014	2015	2016	2017	2018	2012—2018年年均增速
速度效益	100.0	111.5	123.8	129.3	136.1	143.0	132.8	4.8%
结构调整	100.0	113.8	115.7	117.6	129.6	142.7	150.0	7.0%
技术创新	100.0	97.0	106.8	122.1	114.1	137.3	153.5	7.4%
资源环境	100.0	108.0	125.3	146.8	170.8	184.7	189.0	11.2%
两化融合	100.0	115.6	117.1	140.5	130.4	139.0	148.0	6.8%
人力资源	100.0	107.3	115.8	125.5	132.9	141.8	150.8	7.1%
时序指数	100.0	108.6	116.9	128.0	132.7	145.3	150.5	7.1%

资料来源：赛迪智库整理，2020 年 3 月。

纵向看，重庆工业发展质量时序指数自 2012 年的 100.0 上涨至 2018 年的 150.5，年均增速为 7.1%，高于全国平均增速 1.9 个百分点。

重庆在速度效益方面表现亮眼，年均增速为 4.84%，其中，重庆工业增加值增速为 9.3%。资源环境方面提升迅速，年均增速高达 11.2%，一直保持较低能耗水平。结构调整方面，年均增速为 7.0%，位于全国前列。但是，重

庆在两化融合和技术创新方面表现较弱。两化融合方面，2018 年电子信息业占比仅为 14.6%；技术创新方面，2018 年工业企业 R&D 经费投入强度仅为 1.5%。

2. 截面指数（见表 6-48）

表 6-48　2012—2018 年重庆工业发展质量截面指数排名

	2012	2013	2014	2015	2016	2017	2018	2012—2018 年均值排名
速度效益	22	19	9	9	10	9	26	14
结构调整	10	5	5	5	5	4	3	5
技术创新	9	9	9	8	8	8	8	8
资源环境	8	8	8	9	8	8	9	9
两化融合	7	5	10	4	9	11	11	7
人力资源	21	13	14	12	17	25	29	20
截面指数	11	9	7	7	7	7	10	7

资料来源：赛迪智库整理，2020 年 3 月。

横向看，重庆工业发展质量截面指数已处于全国中上游水平，整体略微下降，2018 年截面指数为 41.9，排在全国第 10 位。

2018 年重庆在结构调整、技术创新和资源环境方面都表现较为突出，处于全国上游水平。结构调整位列全国第 3 位，高技术制造业主营业务收入占比、高技术产品出口占比均排名全国第 2 位，处于领先水平。技术创新位列全国第 8 位，其中，工业企业 R&D 经费投入强度表现突出，排名全国第 5 位。资源环境位列全国第 9 位，单位工业增加值能耗全国排名第 4 位，处于前列。

但是，重庆 2018 年人力资源等方面的问题较为突出，处于全国第 29 位，连续两年下滑共 13 位。其中，工业城镇单位就业人员平均工资增速、就业人员平均受教育年限分别位列 29 位和 21 位，2018 年重庆就业人员平均受教育年限仅为 10.1 年。

3. 原因分析

多年来，重庆在产业结构调整方面、技术创新方面和速度效益方面，表现较为突出。重庆以大数据智能化为引领推动产业转型升级，加快数字产业化、产业数字化，获批建设国家数字经济创新发展试验区，数字经济增加值增长 15%左右。壮大"芯屏器核网"全产业链，华为鲲鹏计算产业生态重庆中心、海康威视重庆基地二期等项目落地，紫光华智数字工厂、瑞声智能制造产业园等项目开工，联合微电子中心、英特尔 FPGA 中国创新中心、工业大数据制造业创新中心等项目投入运营，智能产业销售收入增长 14%。实施智能化改造项目 1280 个，建成数字化车间和智能工厂 140 个，工业技改投资占工业投资比重达到 39%。2019 年高技术制造业和战略性新兴产业增加值分别增长 12.6%、11.6%，规模以上软件和信息服务业营业收入增长45.2%。

（三）结论与展望

综合时序指数和截面指数来看，重庆在结构调整和技术创新等方面表现均较为突出，但是作为直辖市，重庆技术人才方面的提升空间较大。未来，提升重庆市人才水平应从以下几个方面努力：一是继续实施科教兴市和人才强市行动计划。营造创新生态环境，发展高新产业，培育创新企业，谋划大科学装置，集聚重点实验室，努力建设科学之城、创新高地。加快建设科技创新基地，大力推进中国自然人群资源库重庆中心等重大科技基础设施建设，创建集成电路特色工艺及封装测试国家制造业创新中心、国家生猪产业技术创新中心和国家新一代人工智能创新发展试验区。二是完善瞄准高端人才的"塔尖"政策和针对青年人才的"塔基"政策，大力实施重庆英才计划，办好重庆英才大会，唱响重庆英才品牌。强化人才激励，设立"重庆市杰出英才奖"，分类推进人才评价机制改革，落实以增加知识价值为导向的分配政策。优化人才服务，实施人才安居工程，完善全过程、专业化、多层次人才服务体系，让创新人才激情工作、快乐生活、张弛有道。

二十三、四川

（一）总体情况

1. 宏观经济总体情况

2019 年，四川省实现地区生产总值 46615.8 亿元，同比增长 7.5%，增速比全国平均水平高 1.4 个百分点。其中，第一产业增加值为 4807.2 亿元，增长 2.8%；第二产业增加值为 17365.3 亿元，增长 7.5%；第三产业增加值为24443.3 亿元，增长 8.5%。2019 年全社会固定资产投资同比增长 10.2%，其中，工业投资增长 7.6%，制造业高技术产业投资增长 21.3%。

2. 工业经济运行情况

2019 年，四川省规模以上工业增加值比上年增长 8.0%，比全国平均水平高 2.3 个百分点。分行业看，41 个行业大类中有 37 个行业增加值实现增长，石油和天然气开采业增加值比上年增长 14.8%，计算机、通信和其他电子设备制造业增长 12.1%，铁路、船舶、航空航天和其他运输设备制造业增长 11.9%，金属制品业增长 10.5%，化学原料和化学制品制造业增长 10.3%，医药制造业增长 9.8%，黑色金属冶炼和压延加工业增长 8.8%，酒、饮料和精制茶制造业增长 7.8%，非金属矿物制品业增长 7.7%，电力、热力生产和供应业增长 5.6%。

（二）指标分析

1. 时序指数（见图 6-24 和表 6-49）

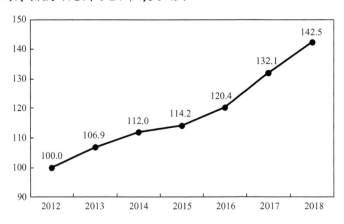

图 6-24 四川工业发展质量时序指数

资料来源：赛迪智库整理，2020 年 3 月。

表 6-49 2012—2018 年四川工业发展质量时序指数

	2012	2013	2014	2015	2016	2017	2018	2012—2018 年年均增速
速度效益	100.0	96.5	94.4	95.1	98.5	109.8	113.0	2.1%
结构调整	100.0	107.0	102.6	100.5	109.0	113.4	117.0	2.6%
技术创新	100.0	109.7	120.8	122.4	126.9	151.4	166.7	8.9%

续表

	2012	2013	2014	2015	2016	2017	2018	2012—2018 年年均增速
资源环境	100.0	110.1	136.0	143.5	153.6	172.6	203.7	12.6%
两化融合	100.0	115.2	119.7	125.4	132.2	137.0	145.7	6.5%
人力资源	100.0	110.2	117.8	122.6	128.7	134.6	146.2	6.5%
时序指数	100.0	106.9	112.0	114.2	120.4	132.1	142.5	6.1%

资料来源：赛迪智库整理，2020 年 3 月。

纵向来看，四川工业发展质量时序指数自 2012 的 100 上涨至 2018 的 142.5，年均增速为 6.1%，平均增速排名全国中游。

四川在资源环境方面提升较为迅速，年均增速为 12.6%，年平均增速排名全国第 5 位。在技术创新方面提升较快，年均增速为 8.6%，年平均增速排名全国第 8 位。其中，工业企业 R&D 人员投入强度年均增速达到 12.7%。但是，四川在两化融合和人力资源增速上表现较差，平均增速分别位于全国第 21 名、第 12 名。其中，两化融合方面，电子信息产业占比仅 9.7%；人力资源方面，2018 年就业人员平均受教育年限的年均增速仅为 0.2%，第二产业全员劳动生产率为 12.4%。

2. 截面指数

表 6-50 2012—2018 年四川工业发展质量截面指数排名

	2012	2013	2014	2015	2016	2017	2018	2012—2018 年均值排名
速度效益	11	15	21	19	22	13	10	16
结构调整	6	4	4	6	6	6	5	6
技术创新	18	18	16	17	19	14	15	17
资源环境	20	20	19	18	18	18	13	19
两化融合	17	16	16	13	13	14	13	14
人力资源	26	15	18	26	24	29	22	24
截面指数	15	14	15	15	14	14	13	14

资料来源：赛迪智库整理，2020 年 3 月。

横向来看，四川工业发展质量截面指数处于全国中等水平。2018 年截面指数为 41.1，排在全国第 13 位。

四川在结构调整方面表现相对较好，2018 年排在全国第 5 位，属于前列水平。其中，高技术产品出口占比和高技术制造业主营业务收入占比分别为第 3 位和第 6 位。速度效益方面属于中上游水平，2018 年排在全国第 10 位。

但是，四川在人力资源方面表现相对较差，2018 年全国排名为第 22 位。其中，第二产业全员劳动生产率、就业人员平均受教育年限分别为全国第 25 位、第 28 位。

3. 原因分析

2012—2018 年，四川在结构调整方面表现较好，处于全国上游水平。

四川省推动"5+1"现代产业发展，以大数据产业和数字经济为核心内容，制定并实施了《四川省"十三五"大数据产业发展指导意见》和《大数据产业培育工作方案》，着手编制《四川省数字经济发展规划》。同时，落实重点产业工作推进机制，抓好产业规划、产业链招商、要素保障等工作。聚焦 16 个重点领域和数字经济，优化产业结构和区域布局，着力强链、补链、延链，促进集群发展。配套发展研发、设计、检测、创意等生产性服务业。加强人工智能、工业互联网、物联网等新型基础设施建设，加快 5G 商用步伐，建设一批数字经济示范基地。创新产业引导基金运营管理，发挥聚集放大和投资引领功能。实施"百亿强企""千亿跨越"行动，打造一批大企业大集团。此外，全面提升工业产业发展水平，从 2018 年起，陆续组织召开两届世界工业互联网大会，深化融合创新应用，壮大区域产业生态，引导产业开放合作。

（三）结论与展望

综合时序指数和截面指数来看，四川在两化融合和人力资源方面尚有很大发展空间。

为提升四川两化融合和人力资源方面的发展水平，一是将工业化与信息化深度融合发展作为重中之重，将传统产业数字化转型作为推动制造业高质量发展的关键，并开展一系列工作。同时，以工业互联网改造升级作为手段，全面提升工业产业发展水平。二是深化人才发展体制机制改革。完善"产才融合"和人才激励机制。具体来讲，制定现代产业发展人才支持政策，加快建设一批前沿引领技术创新平台和院士（专家）产业园（工作站）、博士后科研流动（工作）站，制定"天府学者"特聘专家制度，出台进一步扩大高校和科研院所科研自主权的政策措施等，加快人才制度和政策创新。人才引进方面，加大高端人才引进力度，持续实施"天府万人计划"，统筹重点领域人才队伍建设。此外，加强对省校（院、企）战略合作的统筹推进，进一步深化省校（院、企）战略合作。

二十四、贵州

（一）总体情况

1. 宏观经济总体情况

2019 年，贵州省实现地区生产总值 16769.34 亿元，比上年增长 8.3%，增速高于全国（6.1%）2.2 个百分点，连续 9 年位居全国前列。其中，第一产业增加值为 2280.56 亿元，比上年增长 5.7%；第二产业增加值为 6058.45 亿元，增长 9.8%；第三产业增加值为 8430.33 亿元，增长 7.8%。人均地区生产总值达到 46433 元，比上年增加 5189 元。2019 年，全省固定资产投资比上年增长 1.0%。第一产业投资增长 2.8%；第二产业投资增长 32.2%，其中，工业投资增长 32.6%，制造业投资增长 19.3%；第三产业投资下降 3.8%。

2. 工业经济运行情况

2019 年，全省规模以上工业增加值比上年增长 9.6%，增速比全国高出 3.9 个百分点。从三大门类看，采矿业增加值同比增长 13.7%，比上年提高 6.8 个百分点；制造业增加值同比增长 8.5%，比上年回落 1.1 个百分点；电力、燃气和水的生产和供应业增加值同比增长 11.0%，比上年提高 2.3 个百分点。从行业看，全省在统计的 39 个大类行业中有 24 个行业增加值保持同比增长，增长面为 61.5%。重点监测的 19 个行业中有 12 个行业增加值同比实现增长，其中 8 个行业达到两位数增长。从运行特点看，2019 年全省煤、电、烟、酒四大传统支柱产业表现稳健，其中酒、煤和电力行业增长达到两位数。四大行业全年合计完成增加值同比增长 13.9%，比上年提高 2.3 个百分点，对规模以上工业贡献达到 85.0%，拉动工业增长 8.2 个百分点。

（二）指标分析

1. 时序指数（见图 6-25 和表 6-51）

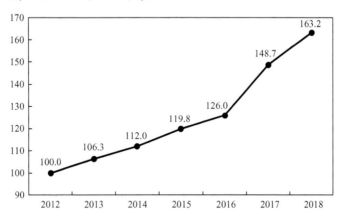

图 6-25　贵州工业发展质量时序指数

资料来源：赛迪智库整理，2020 年 3 月。

表 6-51　2012—2018 年贵州工业发展质量时序指数

	2012	2013	2014	2015	2016	2017	2018	2012—2018年年均增速
速度效益	100.0	93.7	90.5	94.5	98.8	107.5	116.5	2.6%
结构调整	100.0	99.5	111.3	121.9	109.8	139.2	140.1	5.8%
技术创新	100.0	99.6	96.1	89.9	93.8	114.2	139.3	5.7%
资源环境	100.0	149.7	163.2	189.9	207.6	234.8	258.1	17.1%
两化融合	100.0	114.6	137.2	166.8	197.0	259.2	283.4	19.0%
人力资源	100.0	108.1	112.7	111.3	120.7	124.9	137.8	5.5%
时序指数	100.0	106.3	112.0	119.8	126.0	148.7	163.2	8.5%

资料来源：赛迪智库整理，2020 年 3 月。

纵向来看，贵州工业发展质量时序指数自 2012 年的 100.0 上涨至 2018 年的 163.2，年均增速为 8.5%，位列全国第 2 位。

贵州在两化融合增长势头较猛，年均增速高达 19.0%，平均增速排名位列全国第 1 位。构成两化融合的各指标中，工业应用信息化水平、电子信息产业占比的年均增速分别高达 16.2% 和 21.4%。贵州资源环境指标的年均增速为 17.1%，平均增速排名位列全国第 1 位。

但是，贵州在人力资源方面表现不太理想，平均增速位列全国第 23 位。其中，就业人员平均受教育年限增速呈负值，为-0.1%。

2. 截面指数（见表 6-52）

表 6-52　2012—2018 年贵州工业发展质量截面指数排名

	2012	2013	2014	2015	2016	2017	2018	2012—2018 年均值排名
速度效益	5	4	8	5	7	4	2	2
结构调整	18	19	15	15	15	9	13	16
技术创新	16	15	17	20	21	18	16	19
资源环境	28	26	26	23	26	23	23	26
两化融合	30	30	27	20	20	16	14	22
人力资源	30	14	22	28	20	30	12	26
截面指数	23	18	20	19	17	16	11	17

资料来源：赛迪智库整理，2020 年 3 月。

横向来看，贵州 2018 年质量截面指数为 41.6，位于第 11 名，处于全国中游水平。

2018 年，贵州在速度效益方面表现突出，排在全国第 2 位。其中，工业增加值增速、工业成本费用利润率、工业主营业务收入利润率分别均排在全国第 3 位。贵州在资源环境和技术创新方面有较大提升空间，其中，资源环境方面，单位工业增加值能耗、单位工业增加值用水量分别排在全国第 20 位和第 23 位，造成资源环境的整体排名落后。技术创新方面，工业企业新产品销售收入占比、工业企业 R&D 经费投入强度和工业企业 R&D 人员投入强度位于全国第 23 位、第 20 位和第 20 位。

3. 原因分析

2012—2018 年，贵州在速度效益方面较好，排在全国第 2 位；两化融合方面，贵州提升速度较快，2018 年位于全国第 14 位，而在 2012 年排名全国第 30 位，增幅明显。

贵州省充分发挥传统产业优势和探索能源工业运行新机制,全省工业经济效益质量明显提升,库存、债务等经营风险有所降低。从经济效益看,利润、税金实现较快增长。2019 年,规模以上工业增加值增长 9.6%,增速位居全国前列;十大产业总产值超过 1.2 万亿元,数字经济增速连续 4 年位居全国第一,为高质量发展提供了强有力支撑。此外,贵州省政府持续扶持发展大数据产业,实施"万企融合"大行动,2280 户企业与大数据融合,核心应用"上云"企业超过 1.5 万家;智能手机、电子元件、集成电路产量分别增长 180%、25% 和 20% 以上,软件业务收入增长 18% 以上;大数据产业发展指数位居全国第 3。同时,实体经济不断发展壮大,基础材料、基础能源、优质烟酒、清洁高效电力产值均保持两位数增长;茅台集团营业收入突破千亿元,磷化集团、酒店集团成功组建;持续巩固能源工业运行新机制,煤电保障有力;吉利发动机、"国电投贵州务正道氧化铝"等项目建成投产;成功举办首届贵阳工业产品博览会,推动省内工业产品相互配套。

(三)结论与展望

综合时序指数和截面指数来看,贵州在人力资源和资源环境方面尚有较大提升空间。

未来应从如下几个方面努力:一是坚定不移强化科技和人才支撑。加大科技创新力度。持续加大科技创新投入,推动企业、高校、科研院所构建共性技术平台,加快建设贵州科学数据中心等创新平台。积极申建国家重点实验室、重大科技基础设施和国家技术创新中心。围绕重点产业,制定产业转型升级关键技术清单,实施植物萃取、食用菌、冷凉蔬菜、煤炭智能采掘、智能网联汽车等重大专项;加强人力资源开发。坚持求贤若渴广聚人才,以"高精尖缺"为导向,实施"百千万人才引进计划",用好贵州人才博览会等平台,重点引进高端领军人才、创新创业人才和开放型经济人才。二是坚持不懈地推动环境治理。坚持铁腕治污。从严从实推进中央生态环境保护督察及"回头看"和长江经济带生态环境突出问题整改,持续开展大气污染治理,强化城市环境空气质量日常监控和预测预报;加快生态保护修复。大力实施国家储备林建设和新一轮退耕还林,深入开展石漠化综合治理三年攻坚,完成营造林 420 万亩,治理石漠化 1000 平方公里、水土流失 2520 平方公里;推进绿色产业发展。坚持生态产业化、产业生态化，绿色经济占地区生产总值比重提高到 44%。实施绿色制造三年专项行动，推进企业循环生产、产业循环组合、园区循环改造，创建一批绿色园区、绿色工厂。

二十五、云南

（一）总体情况

1. 宏观经济总体情况

2019 年，云南省完成地区生产总值 23223.75 亿元，同比增长 8.1%，增速高于全国 2.0 个百分点。其中，第一、二、三产业分别完成增加值 3037.62 亿元、7961.58 亿元和 12224.55 亿元，同比分别增长 5.5%、8.6%和 8.3%。全省固定资产投资（不含农户）同比增长 8.5%，增速高于全国 3.1 个百分点；其中第一、二、三产业投资同比分别增长 25.5%、11.8%和 7%，投资继续发挥拉动经济增长的关键作用，重点领域支撑有力。全省实现社会消费品零售总额 7539.18 亿元，同比增长 10.4%，增速高于全国 2.4 个百分点；全国限额以上单位商品零售类中，通过公共网络实现的商品销售 42.6 亿元，同比增长 28.2%，消费市场平稳运行，消费模式不断升级。全省外贸进出口总额达 2323.7 亿元，较上年增长 17.9%，增幅位居全国第三。

2. 工业经济运行情况

2019 年，云南省规模以上工业增加值增速达到 8.1%，增速高于全国 2.4 个百分点，位居全国第 5 位。从主要行业看，39 个大类行业有 32 个行业保持增长，增长面为 82.1%。其中，计算机、通信和其他电子设备制造业同比增长 67%，黑色金属冶炼和压延加工业同比增长 18.1%，电力、热力生产和供应业同比增长 14.8%，拉动全省工业快速增长。云南省坚持"两型三化"产业发展方向，聚力八大产业，不断夯实产业基础能力，以创建特色产业示范基地为抓手，充分发挥新型工业化产业基地示范引领作用。新旧动能加速转换，产业结构进一步优化，高技术制造业增加值同比增长 31.1%，烟草占比下降到 24.7%，技改投资增长 51.6%。全省智能制造、服务型制造和绿色制造多点开花，全年先后实施 20 个智能制造试点示范项目。

（二）指标分析

1. 时序指数（见图 6-26 和表 6-53）

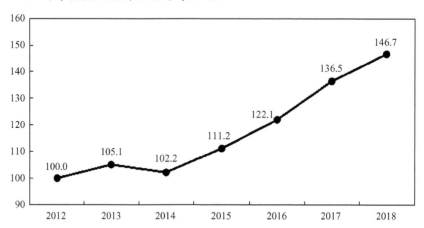

图 6-26　云南工业发展质量时序指数

资料来源：赛迪智库整理，2020 年 3 月。

表 6-53　2012—2018 年云南工业发展质量时序指数

	2012	2013	2014	2015	2016	2017	2018	2012—2018 年 年均增速
速度效益	100.0	100.1	92.0	91.5	82.6	113.8	121.5	3.3%
结构调整	100.0	109.6	95.5	104.2	119.3	124.7	128.8	4.3%
技术创新	100.0	96.3	105.4	125.6	141.8	156.0	171.2	9.4%
资源环境	100.0	118.8	128.8	145.5	160.7	163.8	190.1	11.3%
两化融合	100.0	105.1	89.6	94.4	130.6	145.2	147.0	6.6%
人力资源	100.0	109.6	114.8	122.0	127.2	135.8	147.5	6.7%
时序指数	100.0	105.1	102.2	111.2	122.1	136.5	146.7	6.6%

资料来源：赛迪智库整理，2020 年 3 月。

纵向看，云南工业发展质量自 2012 年的 100.0 上涨至 2018 年的 146.7，年均增速为增长 6.6%，高于全国平均增速 1.4 个百分点。

云南在技术创新、资源环境方面有较大提升，年均增速分别达到 9.4%
和 11.3%；在两化融合、人力资源方面保持平稳，年均增速分别为 6.6%和
6.7%。技术创新方面，工业企业 R&D 经费投入强度、工业企业 R&D 人员投
入强度年均增速分别达到 11.1%和 15.5%，均高于全国平均水平；但工业企
业单位 R&D 经费支出发明专利数呈现负增长，年均增速为 -4.3%。资源环境
方面，单位工业增加值能耗年均增速为 8.2%，单位工业增加值用水量年均增
速达到 14%。两化融合方面，工业应用信息化水平年均增速为 2.7%，电子信
息产业占比年均增速为 10%。人力资源方面，工业城镇单位就业人员平均工
资和第二产业全员劳动生产率年均增速分别为 9.2%和 9.0%。

云南在速度效益、结构调整方面缓慢增长，年均增速分别为 3.3%和
4.3%。速度效益方面，资产负债率、工业成本费用利润率、工业主营业务收
入利润率保持低速增长，年均增速分别为 0.7%、1.1%和 1.1%。结构调整方
面，高技术制造业主营业务收入占比、小型工业企业主营业务收入、高技术
产品出口占比年均增速分别为 11.7%、4.5%和 7.7%。

2. 截面指数（见表 6-54）

表 6-54　2012—2018 年云南工业发展质量截面指数排名

	2012	2013	2014	2015	2016	2017	2018	2012—2018 年均值排名
速度效益	18	22	25	23	25	11	4	23
结构调整	25	24	25	25	23	22	21	23
技术创新	24	25	25	19	18	19	21	21
资源环境	26	24	25	24	25	26	24	25
两化融合	26	27	29	29	29	28	28	29
人力资源	28	25	28	24	23	26	26	28
截面指数	27	27	28	25	26	23	21	26

资料来源：赛迪智库整理，2020 年 3 月。

横向来看，云南工业发展质量截面指数一直处于全国下游水平，2018
年截面指数排在全国第 21 位，较上年名次继续提升。

2018 年，云南在速度效益、结构调整方面有进一步提升，排在全国第 4 位和第 21 位。速度效益方面，工业增加值增速继续保持全国第一水平，工业成本费用利润率和工业主营业务收入利润率排名较上年继续前进，排全国第 6 位和第 8 位。结构调整方面，小型工业企业主营业务收入占比、高技术产品出口占比分别排在全国第 12 位和第 16 位。

2018 年，云南资源环境、技术创新、两化融合和人力资源指数排名均处于全国中游偏下位置，均排在第 20 位以后。资源环境方面，单位工业增加值能耗、单位工业增加值用水量分别排在全国第 22 位和第 17 位。技术创新方面保持平稳发展，工业企业 R&D 经费投入强度、工业企业单位 R&D 经费支出发明专利数分别排在第 21 位和第 23 位；工业企业 R&D 人员投入强度排在全国第 14 位，但工业企业新产品销售收入占比排在第 25 位。

3. 原因分析

2012-2018 年，云南省工业发展总体处于全国中下游水平，主要面临以下问题：一是新旧动能接续转换较慢。长期以来，云南省产业的发展主要建立在自然资源开发的比较优势上，产业核心竞争力较弱，传统产业对接市场需求自主升级改造的动力不足，经济发展新动能不能接续成长。二是产业数字化、智能化水平不高。新一代信息技术能够为产业数字化、智能化转型提供网络设施、平台和技术支撑，云南在两化深度融合方面、构建产业互联网服务平台方面还面临深度变革。三是技术创新体系不完善。以企业为主体的技术创新体系尚未完善，科技成果转化能力不强，高新技术企业带动作用没有发挥出来。

（三）结论与展望

综合时序指数和截面指数来看，云南工业发展质量仍处于全国中游偏下水平，虽然在技术创新、速度效益、结构调整、资源环境方面表现较好，但两化融合和人力资源方面仍需进一步提升。2020 年，云南需重点关注以下三方面工作，不断夯实产业基础：一是聚焦重点产业，补链、延链、强链。聚焦电力、烟草、文化旅游、现代农业、先进制造、电子信息、生物医药和大健康、现代服务业等支柱产业，加快推动产业向开放型、创新型、高端化、信息化和绿色化转型，提升产业链水平。二是创新招商引资引才工作机制和方式，打造数字化精准服务平台。开展"大招商招大商"行动，加强部门协作，推动上下联动，密切与全国行业协会合作，启动精准招商引资引才平台建设。三是大力培育绿色发展示范企业，释放绿色产业发展潜力。着力培育省级以上绿色工厂、绿色园区、绿色供应链管理示范企业，特别是培育全国能效"领跑者"企业，发掘特色产业潜力和优势。

二十六、陕西

（一）总体情况

1. 宏观经济总体情况

2019 年，陕西完成地区生产总值 25793.17 亿元，比上年增长 6%，增速低于全国 0.1 个百分点。其中，第一、二、三产业分别完成增加值 1990.93 亿元、11980.75 亿元和 11821.49 亿元，同比分别增长 4.4%、5.7%和 6.5%。全省固定资产投资（不含农户）比上年增长 2.5%，较前三季度加快 1.5 个百分点，其中，民间投资增长 6%。全省社会消费品零售总额为 9598.73 亿元，比上年增长 7.4%。其中，新兴消费模式带动明显，限额以上企业（单位）通过公共网络实现商品销售 535.57 亿元，比上年增长 19.6%，占限额以上消费品零售额的 10.8%，比上年提高 3.1 个百分点。全省外贸进出口承压前行，实现进出口总额 3515.75 亿元，较上年增长 0.09%，增速呈现低位增长。

2. 工业经济运行情况

2019 年，陕西省规模以上工业增加值比上年增长 5.2%，增速低于全国 0.5 个百分点。其中，高技术产业和装备制造业增加值分别增长 11.1%和 8.9%，分别高于规模以上工业 5.9 个和 3.7 个百分点。从主要行业看，规模以上能源工业增加值同比增长 5.9%，其中，煤炭开采和洗选业增长 8%，石油及天然气开采业增长 3.7%；非能源工业增加值增长 4.7%，其中，计算机、通信和其他电子设备制造业增长 18%，仪表仪器制造业增长 8.6%，电气机械和器材制造业增长 6.2%。从产品产量看，原煤产量同比增长 1.7%，天然原油增长 0.7%，天然气增长 6.5%，钢材增长 30.9%，变压器增长 30.3%，太阳能电池增长 22.1%，工业机器人增长 21.6%，发电量增长 14.1%，原油加工量下降 1.2%，汽车下降 12%。

（二）指标分析

1. 时序指数（见图 6-27 和表 6-55）

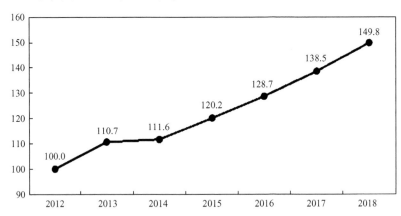

图 6-27　陕西工业发展质量时序指数

资料来源：赛迪智库整理，2020 年 3 月。

表 6-55　2012—2018 年陕西工业发展质量时序指数

	2012	2013	2014	2015	2016	2017	2018	2012—2018 年年均增速
速度效益	100.0	99.8	93.5	85.9	89.1	102.7	109.5	1.5%
结构调整	100.0	112.7	119.4	133.2	144.9	157.2	162.1	8.4%
技术创新	100.0	114.3	114.5	110.4	114.0	122.3	133.0	4.9%
资源环境	100.0	105.9	113.4	116.9	124.6	130.5	140.3	5.8%
两化融合	100.0	128.2	122.6	139.5	162.4	168.7	190.5	11.3%
人力资源	100.0	109.0	115.5	155.1	162.9	171.4	191.3	11.4%
时序指数	100.0	110.7	111.6	120.2	128.7	138.5	149.8	7.0%

资料来源：赛迪智库整理，2020 年 3 月。

纵向来看，陕西工业发展质量自 2012 年的 100.0 上涨至 2018 年的 149.8，年均增速为增长 7.0%，高于全国平均增速 1.8 个百分点。

陕西在结构调整、两化融合和人力资源方面增长较快，年均增速分别为 8.4%、11.3% 和 11.4%。结构调整方面，高技术制造业主营业务收入占比、小型工业企业主营业务收入和高技术产品出口占比年均增速分别达到 8.1%、8.1% 和 17.3%，其中高技术产品出口占比有较大提升。两化融合方面，工业应用信息化水平和电子信息产业占比年均增速分别为 4.8% 和 16.4%,两化融合水平不断提高。人力资源方面,工业城镇单位就业人员平均工资增速和第二产业全员劳动生产率年均增速分别达到 9% 和 20.3%。

陕西在速度效益、技术创新、资源环境方面缓慢提升,年均增速分别为 1.5%、4.9% 和 5.8%。速度效益方面,资产负债率年均增速为 0.9%,工业成本费用利润率和工业主营业务收入利润率两项指标年均增速下降幅度继续收窄,分别为 -3.4% 和 -2.9%。技术创新方面,工业企业新产品销售收入占比表现较好,年均增速为 8.7%,略高于全国平均水平。

2. 截面指数(见表 6-56)

表 6-56　2012—2018 年陕西工业发展质量截面指数排名

	2012	2013	2014	2015	2016	2017	2018	2012—2018 年均值排名
速度效益	1	1	1	8	5	2	1	1
结构调整	19	16	11	10	9	7	7	11
技术创新	15	12	12	14	14	16	20	13
资源环境	7	7	7	8	7	7	7	6
两化融合	21	18	20	21	18	22	21	20
人力资源	17	8	17	5	4	9	4	6
截面指数	8	9	9	11	9	9	7	9

资料来源:赛迪智库整理,2020 年 3 月。

横向来看,陕西工业发展质量截面指数处于全国上游水平,2018 年截面指数排在全国第 7 位,较上年有较大进步。

2018 年,陕西在速度效益方面总体表现最好,排在全国第 1 位。其中,工业成本费用利润率和工业主营业务收入利润率均居全国第 1 位;工业增加值增速排在全国第 3 位;资产负债率排在全国第 9 位。

2018 年,陕西在结构调整、资源环境和人力资源方面表现较好,均处于全国上游水平。结构调整方面,高技术产品出口占比表现最好,居全国第 1 位;高技术制造业主营业务收入占比、小型工业企业主营业务收入占比均排在全国第 11 位;但制造业 500 强企业占比排在全国第 20 位,提升空间较大。资源环境方面,单位工业增加值能耗、单位工业增

加值用水量分别排在全国第 17 位和第 5 位。人力资源方面，第二产业全员劳动生产率处于全国领先水平，保持全国第 2 位；工业城镇单位就业人员平均工资增速排名第 10 位，较上年有进一步提高。

2018 年，陕西在技术创新和两化融合方面仍处于全国中下游位置。技术创新方面，工业企业 R&D 经费投入强度和 R&D 人员投入强度表现中等，均排在全国第 16 位；单位 R&D 经费支出的发明专利数排在第 19 位，工业企业新产品销售收入占比排在全国第 21 位。两化融合方面，电子信息产业占比表现相对较好，全国排名第 10 位，工业应用信息化水平均处于全国下游水平，需要大力推动信息技术在工业领域的应用。

3. 原因分析

2012—2018 年，陕西省工业发展总体处于全国上游水平，经济社会发展取得很大成绩，但同时面临以下突出问题：一是产业结构仍然不优。由于能源工业、原材料制造业占据很大比重，装备制造业占比较低，战略性新兴产业、先进制造业体量偏小，引领高质量发展的新动能不足，导致在发展速度效益方面的进一步提升难度加大，工业稳增长的压力增大。二是创新发展技术支撑不足。企业在基础研发投入、购买和使用各类科技资源方面规模仍然较小，技术创新能力有待进一步提高，重大科技成果转化应用供给不足。三是体制机制不够完善。科技创新供需之间存在"藩篱"，一定程度上阻碍了创新活动发展，科技创新及成果转化的市场化精准服务缺乏。

（三）结论与展望

综合时序指数和截面指数来看，陕西工业发展质量仍保持在全国上游水平，虽然在速度效益、结构调整、两化融合和人力资源方面增长较快，但在技术创新、资源环境方面仍有待进一步发展。2020 年，陕西需着力推进以下三方面任务：一是完善稳投资制度，实施稳投资计划。调整优化土地、能耗等政策，强化要素保障，引导资金投向先进制造、民生建设、基础设施短板等领域。加强 5G 网络基础设施建设。二是坚持创新驱动发展，推动产业提质增效。应用新技术手段改造提升传统产业。依托工业互联网拓展"智能+"，加大核心基础零部件元器件、先进基础工艺、关键基础材料、产业技术基础等领域攻关力度，培育壮大高端装备制造业，加快新兴产业快速发展。依托园区狠抓强链、补链、扩链，积极培育规模优势明显、产业链整合能力强的龙头企业。三是推动形成优势互补高质量发展的区域经济布局。大力发展陕南绿色循环主导产业，支持区域品牌开拓中高端市场。抓好省级示范县域工业集中区及产业集群建设，结合资源禀赋和区位优势，"一县一策"支持各县打造特色优势产业。

二十七、甘肃

（一）总体情况

1. 宏观经济总体情况

2019 年，甘肃实现地区生产总值 8718.3 亿元，比上年增长 6.2%，高于全国平均增速 0.1 个百分点。其中，第一、二、三产业分别完成增加值 1050.5 亿元、2862.4 亿元和 4805.4 亿元，同比分别增长 5.8%、4.7% 和 7.2%。全年全省固定资产投资比上年增长 6.6%（去年为下降 3.9%）。其中，第一产业投资同比下降 9.7%；第二、三产业投资分别增长 23.8% 和 4.3%，其中，工业投资增长 24.4%，基础设施投资增长 2.4%。全省社会消费品零售总额为 3700.3 亿元，同比增长 7.7%；在限额以上单位商品零售额中，粮油、食品类零售额比上年增长 17.4%，汽车类增长 1.6%，石油制品类下降 0.1%；限额以上"批零住餐饮"企业通过公共网络实现零售额增长 40.3%。全年进出口总额为 379.9 亿元，同比下降 3.9%；其中，对"一带一路"沿线国家进出口总额为 200.9 亿元，同比增长 2.8%，占全省进出口总额的 52.9%。

2. 工业经济运行情况

2019 年，甘肃省规模以上工业增加值比上年增长 5.2%，增速低于全国 0.5 个百分点。分轻重工业看，轻工业增长 1.9%，重工业增长 5.7%；分门类看，采矿业增长 7.9%，制造业增长 3.9%，电力、热力、燃气及水生产和供应业增长 6.5%。从项目投资看，全年制造业项目投资同比增长 24.8%、电力、热力、燃气及水生产和供应项目投资增长 27.3%。全年规模以上工业企业利润为 251.8 亿元，同比下降 10.8%，年末规模以上工业企业资产负债率为 62.7%，营业收入利润率为 2.75%。

（二）指标分析

1. 时序指数（见图 6-28 和表 6-57）

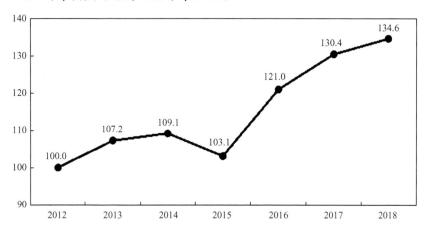

图 6-28　甘肃工业发展质量时序指数

数据来源：赛迪智库整理，2020 年 3 月。

表 6-57　2012—2017 年甘肃工业发展质量时序指数

	2012	2013	2014	2015	2016	2017	2018	2012—2018年年均增速
速度效益	100.0	99.2	89.9	39.9	69.6	97.4	101.0	0.2%
结构调整	100.0	106.1	110.1	118.8	146.8	146.3	139.4	5.7%
技术创新	100.0	104.2	111.2	107.0	110.5	102.1	96.2	−0.7%
资源环境	100.0	119.8	132.2	150.4	168.7	185.2	222.6	14.3%
两化融合	100.0	119.3	117.0	135.1	153.4	174.0	180.4	10.3%
人力资源	100.0	107.0	112.9	116.6	121.5	126.3	135.4	5.2%
时序指数	100.0	107.2	109.1	103.1	121.0	130.4	134.6	5.1%

数据来源：赛迪智库整理，2020 年 3 月。

纵向来看，甘肃工业发展质量时序指数自 2012 年的 100.0 上涨至 2018 年的 134.6，年均增速为 5.1%，略低于全国平均增速。

甘肃在资源环境、两化融合方面增长较快，年均增速分别达到 14.3%和 10.3%。资源环境方面，单位工业增加值能耗和单位工业增加值用水量年均增速分别为 12.5%和 15.9%；两化融合方面，电子信息产业占比年均增速达到 14.7%，但工业应用信息化水平年均增速仅为 4.9%，仍有较大提升空间。

甘肃在结构调整、人力资源方面低速增长，年均增速分别为 5.7%和 5.2%。结构调整方面，高技术制造业主营业务收入占比、高技术产品出口占比年均增速分别达到 8.6%和 12.8%，是推动产业结构调整的关键因素。人力资源方面，工业城镇单位就业人员平均工资增速、第二产业全员劳动生产率年均增速分别为 8.4%和 5.6%，但仍低于全国平均水平。

甘肃在速度效益、技术创新方面表现不佳，年均增速分别为增长 0.2%和下降 0.7%。速度效益方面，工业增加值年均增速在 6.0%，资产负债率、工业成本费用利润率、工业主营业务收入利润率均为负增长，年均降幅分别为-0.7%、-3.2%和-3.0%；技术创新方面，工业企业 R&D 人员投入强度年均增速为-1.9%，特别是工业企业新产品销售收入占比年均增速为-14.0%，表现欠佳。

2. 截面指数（见表 6-58）

表 6-58　2012—2018 年甘肃工业发展质量截面指数排名

	2012	2013	2014	2015	2016	2017	2018	2012—2018 年均值排名
速度效益	27	29	29	29	28	30	30	29
结构调整	29	29	30	30	30	30	30	30
技术创新	20	23	21	22	23	27	29	24
资源环境	30	29	29	29	29	28	27	29
两化融合	28	29	28	26	26	29	30	30
人力资源	22	26	25	27	28	21	28	27
截面指数	30	30	29	30	30	30	30	30

数据来源：赛迪智库整理，2020 年 3 月。

横向来看，甘肃工业发展质量截面指数多年来都处于全国下游，2018 年截面指数继续排在全国第 30 位。

2018 年，甘肃速度效益、结构调整、两化融合指数均排在全国第 30 位。速度效益方面，资产负债率、工业成本费用利润率和工业主营业务收入利润率仍排在全国下游。结构调整方面，高技术制造业主营业务收入占比和小型工业企业主营业务收入占比均处于全国下游水平，只有制造业 500 强企业占比和高技术产品出口占比排在全国中游偏下位置。两化融合方面，工业应用信息化水平和电子信息产业占比分别排在全国第 28 和 27 位。

2018 年，甘肃技术创新指数排在全国第 29 位，较上年有所落后；人力资源指数排在全国第 28 位，较上年有较大幅度落后。技术创新方面，工业企业 R&D 人员投入强度、工业企业 R&D 经费投入强度、工业企业单位 R&D 经费支出发明专利数和工业企业新产品销售收入占比排名分别为第 24、25、27 和 30 位，有较大的提升空间。人力资源方面，工业城镇单位就业人员平均工资增速表现较好，排名全国第 14 位，但较上年有所回落；第二产业全员劳动生产率和就业人员平均受教育年限则分别排名第 28 和 26 位。

2018 年，甘肃资源环境指数排在全国第 27 位，较上年有小幅前进。其中，单位工业增加值能耗、单位工业增加值用水量排名分别为第 25 和 21 位。

3. 原因分析

2012—2018 年，甘肃工业发展总体处于全国下游水平，主要面临以下发展问题：一是产业结构偏重。几十年来，甘肃形成了以能源和原材料产业为主的工业结构体系，石油化工、有色冶金、机械电子等成为集中度最高的行业，面临更为严峻的转型升级和生态环境保护任务。二是技术创新与产业融合水平较低。传统支柱产业在应用新一代信息技术改造提升方面还缺乏高度，没有提高到国家战略层面去改进、更新换代，企业的规划、生产、科研和科研院所没有形成长期稳定的合作机制。

（三）结论与展望

综合时序指数和截面指数来看，甘肃工业发展质量仍处于全国下游水平，尽管在资源环境、两化融合方面表现尚可，但结构调整、人力资源、速度效益和技术创新方面仍需加快发展。2020 年，甘肃需重点从以下三个方面，不断夯实工业高质量发展的基础：一是努力构建更具竞争力的产业格局。大力提升产业基础能力和产业链水平，聚焦石油化工、装备制造、有色冶炼、煤炭建材、生物医药等重点领域，加大设备更新和技改投入，推广应用智能数控设备、传感识别技术等，打造更具竞争力的优势产业。二是全力促进创新发展。加快建设国家级自创区，打造产业技术研究院等研发机构；推进丝绸之路"科技走廊"建设，促进产业技术创新与"一带一路"沿线融合互动；实施更加有效的人才政策，推进政策创新的突破，把更多人力物力财力投向核心技术研发，聚集精锐力量集中攻关。三是大力发展生态产业。坚持能源清洁化、电力绿色化方向，积极推进生态产业发展基金投放，推进"水火油气风光核"丝绸之路现代能源综合示范基地建设；实施产业绿色行动计划，建设绿色生态产业园。

二十八、青海

（一）总体情况

1. 宏观经济总体情况

2019 年，青海实现地区生产总值 2965.95 亿元，比上年增长 6.3%。第一、第二和第三产业增加值分别为 301.90 亿元、1159.75 亿元和 1504.30 亿元，分别增长 4.6%、6.3%和 6.5%。

2019 年，全省固定资产投资比上年增长 5.0%。按产业分，第一产业投资下降 3.6%，第二产业投资增长 21.5%，第三产业投资下降 1.9%。工业投资增长 23.5%，其中制造业投资增长 2.6%。全年全省社会消费品零售总额为 880.75 亿元，同比增速为 5.4%。2019 年进出口总额为 37.25 亿元，比上年下降 22.7%。其中，出口额为 20.20 亿元，下降 35.1%；进口额为 17.04 亿元，下降 0.1%。

2. 工业经济运行情况

2019 年，青海省全部工业增加值 817.49 亿元，比上年增长 6.9%。规模以上工业增加值比上年增长 7.0%，其中，制造业增加值增长 8.8%。从工业新兴优势产业看，规模以上工业中，新能源产业增加值比上年增长 8.9%，新材料产业增加值增长 30.8%，有色金属产业增加值增长 4.1%，盐湖化工产业增加值增长 3.9%，生物产业增加值增长 9.3%，煤化工产业增加值增长 11.4%，装备制造业增加值增长 26.5%。高技术制造业增加值增长 32.2%。

（二）指标分析

1. 时序指数（见图 6-29 和表 6-59）

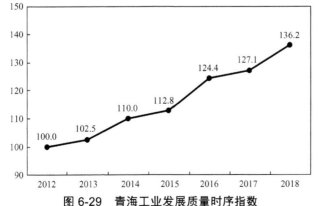

图 6-29　青海工业发展质量时序指数

数据来源：赛迪智库整理，2020 年 3 月。

表 6-59　2012—2018 年青海工业发展质量时序指数

	2012	2013	2014	2015	2016	2017	2018	2012—2018 年年均增速
速度效益	100.0	91.4	79.4	72.4	77.7	88.0	79.7	-3.7%
结构调整	100.0	103.6	115.8	140.9	140.1	95.6	107.2	1.2%
技术创新	100.0	103.6	112.5	109.3	145.2	160.1	181.8	10.5%
资源环境	100.0	99.8	116.3	111.2	127.8	139.8	152.3	7.3%
两化融合	100.0	112.9	139.3	140.2	144.8	175.3	182.5	10.5%
人力资源	100.0	110.3	118.5	121.4	128.8	138.2	152.7	7.3%
时序指数	100.0	102.5	110.0	112.8	124.4	127.1	136.2	5.3%

数据来源：赛迪智库整理，2020 年 3 月。

纵向来看，青海工业发展质量时序指数从 2012 年的 100.0 上涨至 2018 年的 136.2，年均增速为 5.3%，高出全国平均增速 0.1 个百分点。

青海在技术创新和两化融合方面表现突出，技术创新指数年均增速为 10.5，高于全国平均水平 2.9 个百分点，工业企业单位 R&D 经费支出发明专利数指标和工业企业新产品销售收入占比高速增长，年均增速分别为 27.4% 和 18.9%，大大超过全国 4.5% 和 8.4% 的水平。两化融合指数年均增速 10.5%，高于全国平均水平 3.9 个百分点。电子信息产业占比呈现高速增长，年均增速为 13%，大大高于超过全国 7.4% 的水平。

青海在人力资源和资源环境方面整体表现好于全国平均水平。人力资源方面，工业城镇单位就业人员平均工资和第二产业全员劳动生产率两项指标发展相对均衡，年均增速分别为 9.7% 和 10.3%，高于平均增速 0.4 和 2.4 个百分点，就业人员平均受教育年限增速为 0.5%，低于全国平均增速 0.4 个百分点。资源环境方面，单位工业增加值能耗和单位工业增加值用水量年均增速分别为 5.7% 和 8.7%，均高于全国平均增速。

青海在速度效益和结构调整方面表现不理想。速度效益方面，除工业增加值增速为 8.5% 高于全国 6.3% 的平均水平之外，其余三项指标均呈现负增长，其中工业成本费用利润率和工业主营业务收入利润率下降幅度分别为 17.9% 和 17.2%。结构调整方面，尽管高技术制造业主营业务收入占比和高技术产品出口占比增速方面表现良好，但是制造业 500 强企业占比下降显著，年均增速为 -6.5%，使得结构调整方面的平均增速被大大拉低。

2．截面指数（见表 6-60）

表 6-60　2012—2018 年青海工业发展质量截面指数排名

	2012	2013	2014	2015	2016	2017	2018	2012—2018 年均值排名
速度效益	10	14	26	26	26	26	29	26
结构调整	27	27	27	26	26	27	27	27
技术创新	29	30	30	30	29	29	24	29
资源环境	22	25	22	26	22	22	22	22
两化融合	29	28	26	28	30	24	24	27
人力资源	5	11	12	25	15	14	17	12
截面指数	26	28	27	28	28	28	29	28

数据来源：赛迪智库整理，2020 年 3 月。

横向来看，青海工业发展质量截面指数多年来都处于全国落后位置，2018 年截面指数为 18.4，排在全国第 29 位，比上一年下降一位。

青海在人力资源和资源环境两方面表现尚可，分别排名第 17 和第 22 位。人力资源方面，工业城镇单位就业人员平均工资增速在全国排名第 18 位，第二产业全员劳动生产率排名第 9 位，就业人员平均受教育年限表现不佳，排在全国第 25 位。资源环境方面，单位工业增加值用水量排名全国第 9 位，但单位工业增加值能耗仅排名全国第 27 位。

青海在结构调整、技术创新和两化融合方面都处于全国落后水平。结构调整方面，所有指标均处于全国下游水平，相对表现最好的高技术产业占比和小型工业企业主营业务收入占比均排名第 23 位。技术创新方面，工业企业单位 R&D 经费支出发明专利数排名全国第 3 位，表现较好，但其他各项指标都处于全国最后三位。资产负债率、工业成本费用利润率、工业主营业务收入利润率都处于全国下游水平，分别排名第 29、30、30 位。两化融合方面，工业应用信息化水平和电子信息产业占比均比较落后，排在第 23 位和第 25 位。

青海在速度效益方面表现较差，处于第 29 位，比上一年下降了 3 个位次。除了工业增加值增速排名全国第 7 位，其他各项指标都处于全国最后两位。

3. 原因分析

2012—2018 年，青海工业人力资源方面总体表现较好；技术创新方面表现较差，2012—2017 一直处于最后两名，2018 年排名有所提高；结构调整和速度效益方面表现有所下滑，资源环境和两化融合方面有所提高，但仍需改进。

人力资源方面，青海近年来高度重视"人才引培"，先后出台了《关于实施高技能人才培养工程的意见》《青海省关于深化人才发展体制机制改革的实施意见》《青海省会计领军人才选拔培养实施方案》等政策，营造了良好的人才发展环境和保障机制。同时，青海大力推进国有企业混合所有制改革，企业活力和效益提升明显，全员劳动生产率显著增加。

（三）结论与展望

综合时序指数和截面指数来看，青海工业发展质量仍处于全国下游水平。未来，可以从以下几方面推动工业高质量发展：一是在新冠肺炎疫情的特殊背景下，有序推动企业复工复产，优化要素保障，加大财税金融扶持力度，重点支持受疫情影响较大的中小微企业，切实减轻企业负担，将疫情对工业发展的影响降到最低。二是推动供给侧结构性改革，促进工业提质增效。改造提升盐湖化工、有色冶金、能源化工、特色轻工等传统产业，培育壮大新能源、新材料、信息技术、生物医药等新兴产业，全力推进 60 万吨煤制烯烃、2 万吨电池级碳酸锂、动力及储能电池隔膜、变形镁合金、钛合金、碳纤维、高纯氧化镁等新材料项目，支持企业增品种、提品质、强配套，延伸产业链、培育创新链、完善供应链、提升价值链，推动产业向中高端攀升。三是坚持创新驱动和人才战略，充分发挥企业创新主体作用，继续实施"双百"工程、科技型高新技术企业"双倍增"和"科技小巨人"企业培育计划，努力在重点领域和关键环节实现新突破。坚持引才育才用才并举，实施好青海学者、昆仑英才、博士服务团等人才项目，营造良好的人才发展环境。

二十九、宁夏

（一）总体情况

1. 宏观经济总体情况

2019 年，宁夏实现地区生产总值 3748.48 亿元，同比增长 6.5%。其中，第一产业增加值为 279.93 亿元，增长 3.2%；第二产业增加值为 1584.72 亿元，增长 6.7%；第三产业增加值为 1883.83 亿元，增长 6.8%。

2019 年，宁夏全区全社会固定资产投资同比下降 10.3%，降幅比上年收窄 8.6 个百分点。制造业投资增长 10.8%，制造业投资占全区工业投资的比重由上年的 53.6% 提高到 61.8%；工业技术改造投资增长 17.2%；六大高耗能工业投资占全区工业投资的比重由上年的 66.1% 下降到 63.4%。

2．工业经济运行情况

2019 年，宁夏实现规模以上工业同比增长 7.6%。其中，制造业增长 9.9%，从重点行业看，化工行业增加值增长 17.8%，机械增长 17.4%，电力增长 6.1%，冶金增长 4.7%，建材增长 4.0%，有色增长 0.9%，其他行业增长 12.8%。

（二）指标分析

1．时序指数（见图 6-30 和表 6-61）

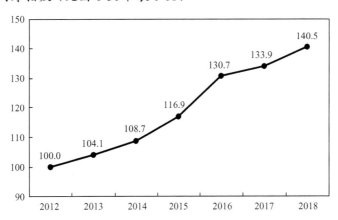

图 6-30　宁夏工业发展质量时序指数

数据来源：赛迪智库整理，2020 年 3 月。

表 6-61　2012—2018 年宁夏工业发展质量时序指数

	2012	2013	2014	2015	2016	2017	2018	2012—2018 年年均增速
速度效益	100.0	113.1	92.9	84.2	104.7	103.5	113.0	2.1%
结构调整	100.0	100.1	126.3	132.6	146.6	139.0	123.9	3.6%
技术创新	100.0	105.7	108.9	122.6	123.0	139.7	161.9	8.4%
资源环境	100.0	105.1	112.1	125.2	136.4	136.7	148.5	6.8%

续表

	2012	2013	2014	2015	2016	2017	2018	2012—2018 年年均增速
两化融合	100.0	91.3	111.3	143.3	175.2	184.6	189.9	11.3%
人力资源	100.0	103.0	104.8	112.1	119.9	123.9	131.2	4.6%
时序指数	100.0	104.1	108.7	116.9	130.7	133.9	140.5	5.8%

数据来源：赛迪智库整理，2020 年 3 月。

纵向来看，宁夏工业发展质量时序指数自 2012 年的 100.0 上涨至 2018 年的 140.5，年均增速为 5.8%，高于全国平均增速 0.6 个百分点。

宁夏在速度效益、技术创新、资源环境和两化融合方面表现较好。两化融合方面，电子信息产业占比增速为 19.7%，高出全国平均水平 13.4 个百分点。速度效益方面，工业增加值增速为 8.6%，高于全国平均水平 1.7 个百分点；工业成本费用利润率和工业主营业务收入利润率均出现负增长。技术创新方面，工业企业单位 R&D 经费支出发明专利数出现负增长，其余三项指标均高于全国平均增速。资源环境方面，单位工业增加值用水量指标增速为 10.8%，高于全国平均增速。两化融合方面，电子信息产业占比增速 16.2%，高出全国平均增速 8.8 个百分点。

宁夏在结构调整和人力资源方面表现一般，增速均低于全国平均水平。尽管高技术制造业主营业务收入占比、小型工业企业主营业务收入占比、高技术产品出口占比三项指标增速均高于全国平均水平，但制造业 500 企业强占比出现负增长，大大拉低了结构调整整体增速；人力资源方面，工业城镇单位就业人员平均工资增速和第二产业全员劳动生产率指标均低于全国水平，增速分别为 6.9% 和 4.9%。

2. 截面指数（见表 6-62）

表 6-62　2012—2018 年宁夏工业发展质量截面指数排名

	2012	2013	2014	2015	2016	2017	2018	2012—2018 年均值排名
速度效益	28	26	28	27	24	28	28	27
结构调整	28	28	28	28	28	25	24	28
技术创新	17	17	18	16	17	17	19	18

	2012	2013	2014	2015	2016	2017	2018	2012—2018 年均值排名
资源环境	29	30	30	30	30	29	29	30
两化融合	23	22	25	25	23	23	23	23
人力资源	13	22	16	18	7	13	10	14
截面指数	29	26	26	27	25	27	25	27

数据来源：赛迪智库整理，2020 年 3 月。

横向来看，宁夏工业发展质量截面指数多年来都处于全国落后位置，2018 年截面指数为 23.8，排在全国第 25 位，比上年降低 2 个位次。

2018 年宁夏技术创新和人力资源处于全国中游水平，分别排在第 19 和 10 位。技术创新方面，工业企业单位 R&D 经费支出发明专利数表现突出，排在全国第 10 位。人力资源方面，第二产业全员劳动生产率排在全国第 7 位，表现较好。

宁夏在速度效益、结构调整、两化融合方面均处于全国下游水平。速度效益方面，工业增加值增速排名第 8 位；资产负债率、工业成本费用利润率和工业主营业务收入利润率均排名 28 位，表现较差。结构调整方面，小型工业企业主营业务收入排名全国 15 位，表现尚可；但是高技术制造业主营业务收入占比、制造业 500 强企业占比和工业制成品出口占比排名都比较落后，分别为 26、27、27 位，与上一年持平或有所下降。两化融合方面，工业应用信息化水平和电子信息产业占比分别排名第 22 位和 24 位，表现一般。

宁夏在资源环境方面表现较差，排名全国第 29 位，主要是由于单位工业增加值能耗表现较差，已连续多年排名全国第 30 位。

3. 原因分析

2012—2018 年，宁夏在人力资源方面表现较好，近两年提升明显。技术创新和两化融合表现较稳定，维持在中下游水平。结构调整排名近几年有所提升，但是仍然和速度效益、资源环境一起长期处于全国落后位置。

人力资源方面，2018 年，宁夏供给侧结构性改革取得实效，企业成本不断降低，效益不断增强，全员劳动生产率达到 34.8 万元/人，比 2000 年和 2012 年分别提高 31.8 万元/人和 8.9 万元/人。技术创新方面，宁夏深入落实创新驱动 30 条，国家级高新技术企业增加到 150 家。出台开发区创新发展 22 条，将全区 33 个工业园区整合优化为 22 个，银川经济技术开发区跻身国家级开发区百强，"宁东基地"位列全国化工园区第 8 位。

（三）结论与展望

综合时序指数和截面指数来看，宁夏工业发展质量长期在全国处于下游水平。未来，应在以下几个方面做好工作，实现工业稳定发展。一是在新冠肺炎疫情的特殊背景下，有序推动保障企业复工复产，保障企业生产要素，尤其是对受到疫情影响较大的企业，进行针对性扶持，减轻企业经营负担，降低疫情影响，保持宁夏工业发展稳定发展。二是持续推动结构改革，加快制造业高质量发展，落实重点技改项目，开展企业对标工作，促进煤电、冶金等传统产业转型升级。三是完善创新服务体系，健全企业为主体的产学研一体化机制。深化科技管理体制改革，完善科研项目和经费管理，赋予科研机构和人员更大自主权，加强知识产权创造、保护和运用。

三十、新疆

（一）总体情况

1. 宏观经济总体情况

2019 年，新疆实现地区生产总值 13597.11 亿元，同比增长 6.2%。第一、二、三产业增加值分别为 1781.75 亿元、4795.50 亿元和 7019.86 亿元；同比增速分别为 13.1%、35.3%和 51.6%。从贡献程度来看，第一产业对经济增长的贡献率为 13.1%，第二产业为 35.3%，第三产业为 51.6%。

2019 年，新疆固定资产投资同比增长 2.5%，其中，第一产业投资比上年增长 2.2%；第二产业投资增长 6.9%；第三产业投资与上年持平。全年社会消费品零售总额为 3361.6 亿元，比上年增长 5.5%。全年货物进出口总额 237.09 亿元，比上年增长 18.5%。其中，出口 180.44 亿元，增长 9.9%；进口 56.65 亿元，增长 57.9%。

2. 工业经济运行情况

2019 年，全年新疆工业企业完成增加值 3861.66 亿元，比上年增长 4.5%。其中，规模以上工业增加值增长 4.7%。分工业门类看，采矿业增长 8.0%，制造业增长 1.2%，电力、热力、燃气及水的生产和供应业增长 10.7%。分轻重工业看，轻工业增长 1.1%，重工业增长 5.1%。

（二）指标分析

1. 时序指数（见图 6-31 和表 6-63）

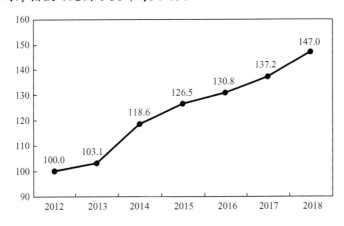

图 6-31 新疆工业发展质量时序指数

数据来源：赛迪智库整理，2020 年 3 月。

表 6-63 2012—2018 年新疆工业发展质量时序指数

	2012	2013	2014	2015	2016	2017	2018	2012—2018 年年均增速
速度效益	100.0	92.2	85.8	71.0	74.5	89.0	92.8	-1.2%
结构调整	100.0	111.6	135.5	152.2	167.4	187.9	211.6	13.3%
技术创新	100.0	108.2	122.2	133.8	132.6	121.2	130.7	4.6%
资源环境	100.0	102.5	105.3	117.6	122.1	117.8	122.9	3.5%
两化融合	100.0	102.4	169.9	199.6	198.2	203.7	209.0	13.1%
人力资源	100.0	102.8	109.0	115.2	118.1	124.3	132.0	4.7%
时序指数	100.0	103.1	118.6	126.5	130.8	137.2	147.0	6.6%

数据来源：赛迪智库整理，2020 年 3 月。

纵向来看，新疆工业发展质量时序指数自 2012 年的 100.0 上升至 2018 年的 147.0，年均增速为 6.6%，高于全国平均增速 1.4 个百分点。

新疆在结构调整、资源环境和两化融合方面表现相对较好，年均增速分别为 10.9%、2.4% 和 14.9%。结构调整方面，除了制造业 500 强企业占比低于全国水平，其余三项指标均高于全国水平，高技术制造业主营业务收入占比、小型工业企业主营业务收入增速和工业制成品出口占比增速分别为

15.6%、13.2% 和 7.4%。资源环境方面，表现最好的是工业污染治理投资强度，增速为 8.3，高出全国平均增速 8 个百分点。两化融合方面，电子信息占比增速达到 21.6%，超过全国平均水平 15.2 个百分点。

新疆在速度效益、技术创新和人力资源方面表现不佳。速度效益方面呈现负增长，仅有工业增加值增速为正增长，增速为 7.5%，略高于全国水平；资产负债率、工业成本费用利润率和工业主营业务收入利润率三项指标都有所下降，增速分别为-2.1%、-9.8% 和-8.9%。技术创新方面，仅有工业企业单位 R&D 经费支出发明专利数表现较好，其余三项指标均大大低于全国平均水平。人力资源方面，工业城镇单位就业人员平均工资增速和第二产业全员劳动生产率表现不佳，增速分别为 6.6% 和 4.9%，低于全国平均水平。

2. 截面指数（见表 6-64）

表 6-64　2012—2018 年新疆工业发展质量截面指数排名

	2012	2013	2014	2015	2016	2017	2018	2012—2018 年均值排名
速度效益	2	2	7	24	23	15	16	10
结构调整	30	30	29	29	29	28	28	29
技术创新	30	29	29	27	30	30	30	30
资源环境	27	28	28	28	28	30	30	28
两化融合	27	26	21	23	25	25	27	25
人力资源	4	10	13	11	22	7	8	8
截面指数	22	25	25	26	27	26	28	25

数据来源：赛迪智库整理，2020 年 3 月。

横向来看，新疆工业发展质量截面指数多年来都处于全国偏下水平，2018 年截面指数为 22，排在全国第 28 位，比 2012 年低了 6 个位次。

新疆在结构调整、技术创新、资源环境和两化融合方面表现不理想，处于全国下游水平。结构调整方面，四项指标均处于中下游水平，表现较差。技术创新方面，工业企业单位 R&D 经费支出发明专利数排名第 9 位，较 2012 年前进了 15 位，其他三项指标均处于下游水平，未来需要大力提升。资源环境方面，单位工业增加值用水量排在第 16 位，单位工业增加值能耗连续多年排名第 29 位，急需大力提升。两化融合方面，工业应用信息化水平和电子信息产业占比均排在第 26 位，表现不佳。

新疆在速度效益和人力资源方面表现较好。速度效益方面，工业增加值增速和资产负债率排在全国下游，而工业成本费用利润率和工业主营业务收入利润率均排名第 5 位，因而拉高了速度效应排名。人力资源方面，第二产业全员劳动生产率和就业人员平均受教育年限均排名第 8 位，表现较好，工业城镇单位就业人员平均工资增速排名第 20 位，比上一年降低了 14 位。

3．原因分析

2018 年，新疆速度效益和人力资源方面维持了不错的水平，但是面临结构调整速度较慢、技术创新能力不强等问题，同时，资源环境和两化融合水平需要进一步提高。

速度效益方面，新疆政府积极实施新一轮传统产业重大技术改造工程，加快石油石化、硅基、先进装备制造等产业发展，积极培育发展新材料、新能源、生物医药、信息技术等战略性新兴产业，大力发展纺织服装、电子产品组装、鞋帽等劳动密集型产业，同时积极化解产能过剩，大力发展循环经济，工业取得了良好发展。

人力资源方面，新疆先后出台了《百名青年博士引进计划实施办法》《关于加快自治区人才管理改革试验区建设的指导意见》《自治区贯彻落实〈关于分类推进人才评价机制改革的指导意见〉实施方案》等若干吸引和鼓励人才的政策，高度重视人才发展。另外，新疆大力促进职业教育改革发展，加强"双师型"教师队伍建设，深化产教融合校企合作，探索建立产教融合示范区，不断推动高等教育内涵式发展，积极构建与区域产业发展相匹配的学科专业体系，着力提高人才培养质量。

（三）结论与展望

综合时序指数和截面指数来看，新疆工业发展质量处于全国末尾水平，未来，新疆应重视以下几个方面，争取实现高质量发展：一是有序推动企业复工复产，保障企业生产要素，加大中小微企业财政金融支持力度，减轻企业经营负担，保持工业发展总体稳定，将疫情对工业经济发展的影响降到最低。二是加快结构调整，推动传统产业转型升级和新兴产业快速发展。重点推动煤炭、煤电、煤化工和有色金属转型升级，推动输变电、工程机械、汽车等装备制造业健康发展，加大招商引资，推动新材料、生物

制药、电子信息等新兴产业快速发展。三是坚持创新驱动发展，进一步发挥"丝绸之路经济带创新驱动发展试验区"和"乌昌石国家自主创新示范区"的示范作用，开展科技创新试点，推动科技创新和工业发展深度融合。四是进一步提高资源环境水平，加快推进企业技术改造和设备升级，减少企业单位工业增加值能耗和用水量。

专　题　篇

第七章

工业高质量发展专题研究

党的十九大指出，"我国经济已由高速增长阶段向高质量发展阶段转变"。高质量发展要求的不仅是经济层面的"量"的增长，更多要求"质"的提升，即我们国家已由单一目标追求向多元目标实现转变。从工业经济发展层面看，这种多元目标不仅是指工业规模上的提升，还包括工业发展质量、工业发展安全、工业行业之间协同性等诸多方面。此次新冠疫情同样暴露出了我国工业行业发展过程中供需平衡的脆弱性，显然不符合我国工业高质量发展的要求。实际上，推动工业高质量发展是一个多元目标实现、工业经济发展均衡发展的过程。

第一节　警惕我国制造业增加值占 GDP 比重"过早、过快"下降成为趋势

近年来，受金融、房地产行业"暴利"增长、制造业成本快速上升、部分制造业向外转移等因素影响，我国制造业增加值占 GDP 比重呈现过早过快下降特征。当前，我国经济正处于向高质量发展转变的关键时期，制造业增加值占 GDP 比重（以下简称"制造业比重"）过早过快下降，影响宏观经济平稳运行，甚至会对我国长远发展带来较大的负面影响。经济高质量发展背景下的制造业比重应在什么区间才合理？这问题值得深入思考。

一、近年我国制造业比重下降态势与现阶段经济发展阶段不相符

近十多年来，我国制造业比重变化情况可划分为三个阶段：第一阶段是

从 2006 年最高点 32.5% 降至 2011 年的 32.1%，五年下降 0.4 个百分点，呈缓慢下降态势（图 7-1）；第二阶段是从 2011 年的 32.1% 降至 2016 年的最低点 29%，五年下降 3.1 个百分点，呈快速下降态势，比上一阶段加快下降 2.7 个百分点；第三阶段是从 2017 年至今比重略有提高，2018 年为 29.4%，较 2016 年最低点提高 0.4 个百分点，下降态势有所缓和，但下降压力犹存。目前，我国经济发展整体上仍处于工业化中后期，制造业大而不强仍很突出，制造业比重过早和过快下降，与经济发展阶段并不相符。

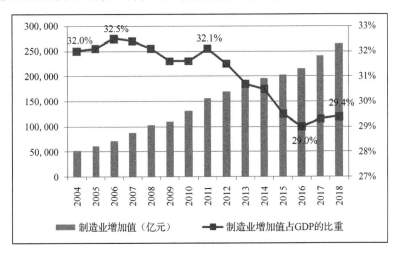

图 7-1　2004—2018 年我国制造业增加值及占 GDP 的比重变化情况

数据来源：WIND，赛迪智库整理，2020 年 3 月。

二、与美英日德等国相比，我国制造业比重下降"过快、过早"

鉴于各国经济发展和发展战略阶段不同，制造业比重差异较大（见图 7-2）。20 世纪 80 年代以来，受里根-撒切尔新自由主义经济思想影响，美英两国金融自由化更加显著，金融业的发展大大加快了产业外移，产业空心化问题严重，制造业比重下降明显，目前稳定在 10%～15% 之间。德、日两国重视制造业，金融泡沫化不如英、美，深层次原因之一是德、日本身是追赶型经济体（相对二战后其他西方国家而言），在经济发展战略上历来把制造业置于重要位置，由此制造业占比下降较慢，目前保持在 20% 以上。韩国作为新兴市场国家，制造业比重呈现"稳中有变"的态势，2017 年比重为 27.6%，属制造业比重较高的国家。巴西、印度等国家处在工业化进程爬坡

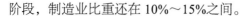

阶段，制造业比重还在 10%～15% 之间。

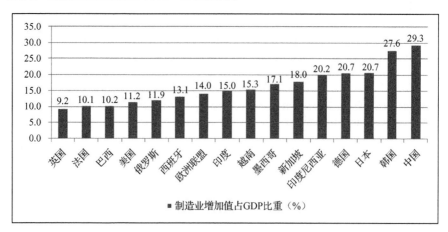

图 7-2　2017 年主要各国制造业比重情况

数据来源：世界银行、WIND，赛迪智库整理，2019 年 3 月。

我国制造业比重下降"过快"特征明显。美国制造业比重整体呈下行态势（图 7-3），从 1953 年最高点 27.6% 到 1980 年完成工业化的 19.5%，27 年下降了 8.1 个百分点，年均下降 0.3 个百分点，年均下降率为 1.3%[①]。韩国制造业比重则经历了"先升后降"的过程，在 2010 年达到高峰 28.5%，后呈下降态势，2016 年为 26.8%，6 年下降 1.7 个百分点，年均下降 0.28 个百分点，年均下降率为 1.0%。德国在 1991—1996 年 5 年间呈明显下降后，基本维持在 20% 左右，平稳运行。日本从 1994 年到 2002 年缓慢下行，比重从 22.9% 下降到 20.9%，9 年下降 2.6 个百分点，年均下降 0.28 个百分点，年均下降率为 1.3%。

从美、英、德、日等国家制造业比重演变历程来看，均经历下降的过程，多数耗时数十年甚至半个世纪以上的时间。与之相比，我国制造业比重呈明显快速下降态势，尤其是在 2011—2016 年间，近 5 年下降 3.2 个百分点，年均下降 0.64 个百分点，年均下降率为 2.0%，下降速度明显过快，不符合一般国家产业发展规律，值得高度注意。

---

① 假设年均下降率为 x，根据公式 $27.6\% \times (1-x)^{27} = 19.5\%$，推导得出 $x=1.3\%$，下文年均下降率以此类推计算得出。

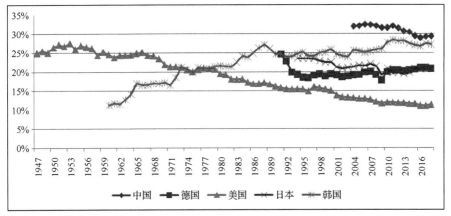

图 7-3　1947—2018 年中德美日韩等国制造业比重情况
数据来源：WIND，赛迪智库整理，2019 年 3 月。

我国制造业比重还具有"过早"下降的特征。美国在 1953 年，人均 GDP 达到 1.7 万美元时（以 2012 年不变价计算），制造业比重达到历史最高点，为 27.6%。之后随着人均 GDP 的提高，美国制造业比重整体呈下降的态势（见图 7-4），两者关系呈明显负相关。有研究表明，日本、德国是在 1970 年人均 GDP 分别达到 1.7 万、2.0 万美元时，制造业比重处于历史最高点[①]（以 2010 年不变价计算，1970 年日本、德国人均 GDP 分别为 1.9 万、2.0 万美元）（杨伟明，2018 年）。从数据可以看出，日本、德国随着人均 GDP 的提高，制造业比重降幅较小，基本维持在 20% 左右波动。韩国则在人均 GDP2.3 万美元（以 2010 年不变价计算）时，制造业比重达到最高点 28.5%，后随着收入增长呈下降态势。

可见，美德日韩等国家均是在人均 GDP 达到较高水平时，制造业比重才开始下降，而我国 2006 年人均 GDP3069 美元（以 2010 年不变价计算），比重达到 32.5% 就已开始下降，并在 2011 年人均 GDP4972 美元（以 2010 年不变价计算），比重达 32.1% 时快速下降，"过早"地出现了制造业比重下降的现象。目前我国人均 GDP 只有 9000 多美元，尚未进入高收入国家，但已

---

① 来自杨伟明在中国工业经济学会 2018 年会上关于"高度重视制造业比重过快下滑问题"的发言。以 2010 年不变价计算，1970 年日本、德国人均 GDP 分别为 1.9 万、2.0 万美元。

"提前"进入制造业比重过快下降阶段。

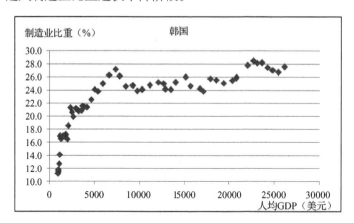

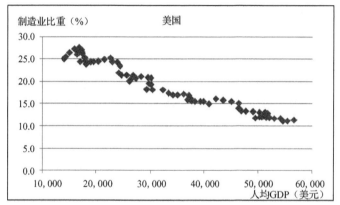

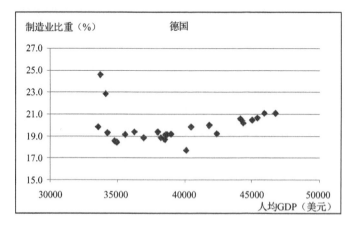

图 7-4 中美德日韩等国人均 GDP 与制造业比重变化情况

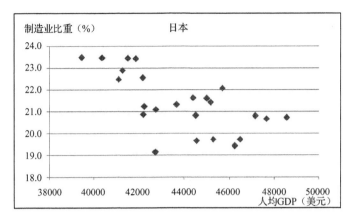

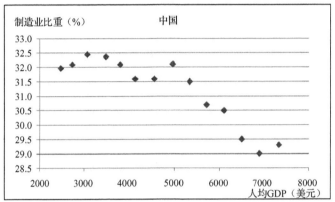

图 7-4　中美德日韩等国人均 GDP 与制造业比重变化情况（续）
数据来源：世界银行、WIND，赛迪智库整理，2019 年 3 月。

三、我国经济高质量发展背景下的制造业比重应保持合理区间

从产业演进规律看，制造业比重变动反映的是消费需求升级，推动产业升级，以及产业结构不断高级化的过程，制造业比重"先升后降"的特征是符合经济发展规律的。因此，制造业比重下降是必然趋势，但"过快、过早"下降则应引起高度重视，制造业比重过低，可能导致产业空心化，对产业安全构成威胁，致使创新失去土壤，制约创新发展，甚至会落入"中等收入陷阱"。当前我国处于向经济高质量发展转变的关键时期，制造业比重仍是一个考量经济发展的重要指标，制造业比重应处于在一个合理区间。

考量制造业比重是否处于合理区间，涉及的影响因子较多，但从国际经

验看，工业化后期制造业比重是否合理，可重点观测以下两个条件：

条件 1：从美日德等国发展历程看，美日德分别在人均 GDP 为 1.7（以 2012 年不变价计算）、1.9、2.0 万美元（以 2010 年不变价计算）时，制造业比重才开始出现下降（如前文分析）。我国与日德同属追赶型经济体，按照日本相对较低收入水平，人均 GDP 达到 1.9 万美元（以 2010 年不变价计算），制造业比重出现下降或是比较合理的。我国人均 GDP 增速 2018 年为 6.1%，2010 年以来除 2017 年小幅增长外整体呈下降态势（见图 7-5），以移动平均法估算未来 20 年平均增速为 4.5%。假设以人均 GDP 增速为 4.5% 增长进行初步测算，2017 年以 7329 美元（以 2010 年不变价计算），需要 x 年达到 1.9 万美元，按照公式 $0.7*(1+4.5\%)x=1.9$，推导计算得出 $x\approx23$ 年。即我国制造业比重开始下降或在 2040 年左右，人均 GDP 达到 1.9 万美元（以 2010 年不变价计算）左右时，制造业比重出现下降或较为合理。

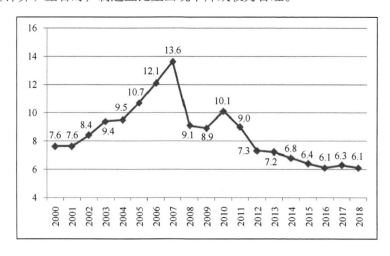

图 7-5　2000 年以来我国人均 GDP 同比增速变化情况（%）
数据来源：赛迪智库整理，2020 年 3 月。

条件 2：从美日德等国制造业比重下降速度看，下降速度较快的阶段还保持在 1.3% 左右（如前文分析），而我国制造业比重在 2011—2016 年间，年均下降率高达 2.0%，制造业比重下降过快。结合我国制造业的战略地位和作用，制造业比重年均下降率最快或在 1.3% 以下，随着我国经济逐步进入工业化后期、后工业化阶段，制造业比重下降速度会有所放缓，在完成工业化阶段后比重将维持在一定水平波动，制造业比重下降才是合理的。当条件 1 满足后，制造业比重下降速度也应控制在一定范围内，国民经济发展才能确保稳定、安全。

　　综上，制造业增加值占 GDP 比重下降是经济发展的一般规律，也必然会经历"先升后降"的过程。即便如此，美英日德等发达国家在已完成工业化的基础上，仍纷纷提出再工业化战略，意图继续维持制造业高端领域的竞争优势，"制造业比重"甚至出现波动性反弹的态势。当前，随着我国工业化进程的不断推进，不仅要推动制造业高质量发展，还要密切关注制造业比重波动调整的特征与趋势，把控好下降的时间和速度，才能使制造业比重处于合理区间。

第二节　我国工业经济面临三大结构性隐忧①

　　2019 年 1—4 月，我国工业经济总体保持平稳运行态势，为宏观经济稳中有进奠定坚实基础。但不容忽视的是，我国工业经济在行业、区域等层面还存在显著的结构性问题，如不妥善解决，会削弱工业经济持续健康发展的根基。因此，深入分析这些结构性问题并对未来形势进行研判，对推动工业高质量发展至关重要。

一、我国工业经济面临三大结构性隐忧

（一）新兴产业及部分重点行业的引领性明显减弱

　　工业增加值：2019 年 1—4 月，我国规模以上（以下简称"规上"）工业增加值同比增长 6.2%，增速较上年同期回落 0.7 个百分点，增速在今年一季度超预期回升后又现回落。从行业看，有两个问题需要关注：一是以高技术制造业、战略性新兴产业等为代表的新兴产业发展进入平台期，增加值增速明显放缓，且对规上工业的引领性明显减弱。2019 年 1—4 月，我国高技术制造业增加值同比增长 8.7%，增速较上年同期回落 3.1 个百分点；相对规上工业增速的领先幅度从上年同期的 4.9 个百分点收窄至 2.5 个百分点。一季度，工业战略性新兴产业、装备制造业增加值分别同比增长 6.7%和 7.3%，

　　① 本节撰写时间为 2019 年 5 月，主要是基于 2019 年前四个月的数据，从行业、区域、商品三个维度来分析当时工业经济存在的结构性问题，并对 2019 年上半年工业经济走势做了预判。

较上年同期分别回落 2.9 个和 1.5 个百分点；相对规上工业的领先幅度分别从上年同期的 2.8 个和 2.0 个百分点收窄至 0.2 个和 0.8 个百分点。二是部分重点行业受需求减弱和技术换代等影响，增加值增速明显回落。例如，汽车制造业、计算机通信和其他电子设备制造业增加值增速长期以来都遥遥领先于规上工业，但汽车制造业从去年下半年开始增速明显放缓，2019 年 1—4 月汽车制造业增加值同比下降 0.3%，较上年同期回落 8.4 个百分点，严重拖累工业增速回升；计算机通信和其他电子设备制造业同比增长 9%，较上年同期回落 3.6 个百分点，相对规上工业的领先幅度也大幅收窄。

工业投资：2019 年 1—4 月，我国规上工业投资同比增长 3.1%，增速较上年同期加快 0.4 个百分点，但较上年全年回落 3.4 个百分点，较今年一季度回落 1.3 个百分点，工业投资还面临较大下行压力。一是制造业投资增速冲高后大幅回落。2018 年我国制造业投资 "低开高走"，增速从一季度的 3.8% 冲高至全年的 9.5%，创 2015 年下半年以来的新高，成为工业投资重要的稳定器。2019 年 1—4 月，受企业效益下滑影响企业投资预期等因素影响，制造业民间投资增速大幅回落至 1.8%，制造业投资增速回落至 2.5%，明显拖累工业投资增速。二是部分重点行业投资增速放缓甚至出现下降。2019 年 1—4 月，计算机通信和其他电子设备制造业投资结束之前持续多年的两位数增长，增速较上年同期大幅回落 7.5 个百分点至 6.7%；电气机械和器材制造业、汽车制造业投资出现负增长，分别下降 6.5% 和 1.4%，增速较上年同期回落 14.3 个、7.9 个百分点；农副食品加工业、铁路船舶航空航天和其他运输设备制造业投资继续延续去年以来的下降趋势。

企业利润：2019 年 1—4 月，我国规上工业企业利润总额结束了持续两年的高速增长，同比下降 3.4%，利润下滑趋势明显。其中，制造业企业利润下滑更加显著。数据显示：2017—2018 年，工业企业利润改善主要靠采矿业带动，制造业企业利润改善程度一直低于规上工业企业平均水平；2019 年 1—4 月，制造业企业利润总额同比下降 4.7%，利润降幅更大。特别是，部分重点制造行业利润增速明显回落甚至出现负增长。2019 年 1—4 月，占制造业利润比重最高的前五大行业利润增速普遍回落或降幅扩大，如汽车制造业利润总额下降 25.9%，降幅较上年同期扩大 25.3 个百分点，整体延续去年以来的下滑趋势；化学原料及化学制品制造业利润总额下降 16%，结束了持续三年的两位数增长；计算机通信和其他电子设备制造业下降 15.3%，继续延续去年以来的下滑趋势；非金属矿物制品业和医药制造业利润总额仍保持增长，但增速较上年同期分别回落 32.6 个和 6.7 个百分点。

企业出口：2019 年 1—4 月，我国规上工业企业出口交货值同比增长 5.6%，增速较上年同期回落 0.8 个百分点。其中，占工业出口交货值 40% 以上的计算机通信和其他电子设备制造业出口交货值仅增长 4.9%，增速较上年同期回落 2.6 个百分点；占比排在前列的化学原料及化学制品制造业、汽车制造业同比分别增长 2.6% 和 2%，增速较上年同期分别回落 13 个和 5.7 个百分点。重点行业出口交货值增速大幅回落，严重拖累规上工业的出口增速。

（二）部分工业大省对全国的引领性和支撑性减弱

从工业增加值看，广东、江苏、山东、浙江作为我国最发达的四个工业大省，工业增加值占全国比重超过 40%，规上工业增加值增速在 2016—2017 年都是引领全国平均水平的；但是 2018 年下半年，除浙江外的其他三个工业大省增速明显放缓，增速持续低于全国平均水平。2019 年 1—4 月，四个工业大省中只有浙江工业增速比全国高 0.7 个百分点；广东和江苏均同比增长 5.1%，比全国低 1.1 个百分点；山东仅同比增长 1.3%，比全国低 4.9 个百分点。从企业利润看：广东、江苏、山东、浙江四省工业企业利润占全国比重有所下降，2019 年 1—4 月占比为 37.9%，较上年同期下降 0.7 个百分点。山东工业企业利润大幅下降，降幅为 12.7%；江苏和广东工业企业利润降幅也超过全国平均水平，分别下降 4.8%、3.7%，浙江利润增也小幅下降 0.4%，这四个省对全国利润下滑的贡献率超过 60%。

（三）部分重点商品消费增长乏力

2018 年，我国社会消费品零售总额结束了之前持续十多年的两位数增长，增速回落至 9%；2019 年 1—4 月，增速继续回落至 8%，放缓态势明显。其中，汽车类商品消费占社会消费品零售总额 10% 以上，自 2018 年 5 月以来消费额持续下降，最高单月降幅达到 10%，2018 年全年下降 2.4%，是影响当年社会消费品零售总额增速回落的重要因素。2019 年 1—4 月，汽车类商品消费继续下降，降幅达 3.1%，拖累消费增长继续放缓。此外，与汽车消费密切相关的石油及制品类商品消费也仅增长 3.1%，增速较上年同期回落 7.1 个百分点；与房地产销售密切相关的家具类商品、家用电器和音像器材类商品等消费增长也持续放缓。

二、2019 年上半年我国工业经济走势判断

（一）工业投资增速有望触底企稳

一是政策效应累积显现，企业效益增速或将小幅反弹，企业投资意愿将有所回升。2019 年 1—4 月，工业企业利润总额同比下降 3.4%，降幅较 2019 年 1—2 月收窄 10.6 个百分点，与一季度基本持平，企业效益有望结束持续下降趋势。今年基建投资力度加大，对相关工业品价格将带来阶段性拉升作用，叠加 4 月份开始新一轮的减税降费政策，企业盈利能力或有小幅反弹，企业投资意愿将会有所提升。二是拟建项目数量增势较好，为投资提供坚实项目储备。2018 年我国已办理手续的拟建项目同比增长 15.5%，投资项目的审批节奏明显加快，为 2019 年投资企稳奠定坚实的项目储备基础。另外，基建投资增速的反弹力度将较一季度更大，房地产补库存也将使投资有所反弹，成为稳投资的主要动力。但制造业产能利用率明显下降，企业投资意愿回升程度有限。2019 年一季度，我国工业和制造业产能利用率分别为 75.9% 和 76.3%，较上年同期分别下降 0.6 个和 0.7 个百分点，处于相对较低水平，表明产能过剩依然突出。其中通用和专用设备、汽车、医药等制造业产能利用率均较上年同期有所下降，不利于投资结构优化和质量提升。总体看，2019 年上半年我国工业投资增速有望触底企稳。

（二）消费增速将缓中趋稳

一是居民收入增速稳中有升，将支撑消费平稳增长。2019 年一季度，居民人均可支配收入同比名义增长 8.7%，实际增长 6.8%，自去年一季度以来保持稳中有升态势，将为消费增长提供有力支撑。二是减税和促进消费政策效应逐步显现。2019 年，我国个人所得税专项抵扣和起征点提升，将增加居民可支配收入，提升消费能力；同时，我国调整 700 多种商品进口关税，将进一步激发居民消费潜力；此外，相关部委正在研究制定居民增收三年行动方案，制定出台促进汽车、家电等商品消费的措施，并加快完善促进消费的体制机制，优化消费环境，这些政策举措将逐步刺激消费增长。但就业情况作为消费的先行指标，表现不乐观。截至 4 月底，我国城镇调查失业率保持在去年以来的高点，达到 5%；4 月份，PMI 从业人员指数为 47.2%，处于三年来最低点；城镇新增累计就业人数连续三个月下降，一季度下降 1.8%；三

个先行指标均表明就业岗位明显下降，预示整体居民收入增长将趋缓，一定程度可能会影响居民消费增长。总体来看，伴随推动汽车、家电、消费电子产品更新消费等促消费政策推出，2019 年上半年消费增速将保持缓中趋稳运行态势。

（三）出口增速可能继续放缓

一是全球经济增速放缓，外需难有明显提振。2019 年 4 月份，IMF 最新发布的《2019 全球经济展望报告》将 2019 年全球经济增速预期由 3.7%下调至 3.3%，并预计全球七成的经济体增速将会下降。同期，WTO 将 2019 年全球贸易增长预期由 3.7%下调至 2.6%。从主要国家先行指标看，4 月份，美国制造业 PMI 虽保持在荣枯线以上，但自去年下半年的高点以来总体呈持续回落态势；欧元区、日本制造业 PMI 均处于 50%的荣枯线以下。二是全球货币政策正转向宽松，将一定程度缓解经济下行压力。美联储释放出暂停加息和缩减资产负债表的明确信号；欧洲央行推迟加息预期，并可能进行新一轮定向长期再融资操作；英国央行提出一年仅升息一次的预期；日本提出年内不会改变宽松政策立场；另外，新兴经济体释放 2009 年以来最"鸽"派声音，如印度、埃及等国意外降息，摩根大通将对十个新兴经济体货币政策预期调整为偏宽松。三是与"一带一路"沿线国家贸易将成我国进出口贸易新增长点。1-4 月，我国对"一带一路"沿线国家进出口（以人民币计）增长 9.1%，高于我国进出口总额增速 4.8 个百分点；占我国进出口总额的 28.7%，比重较上年全年提升 1.3 个百分点。四是中美贸易谈判还面临很大不确定性。美国自 5 月 10 日起对 2000 亿美元中国输美商品加征的关税从 10%上调至 25%，我国对美出口将继续下降，进而拖累我国整体出口增长。总体来看，伴随全球经济下行压力逐步缓解，"一带一路"建设效应显现，2019 年上半年我国出口增速可能继续放缓。

（四）工业经济仍将稳定运行在合理区间

从供给侧看，各地都在积极落实中央经济工作会议部署，推动产业融合、促进结构优化、加强技术创新，不断提升制造业发展质量。从需求侧看，工业投资增速有望触底企稳、消费增速将缓中趋稳、出口增速可能继续放缓。同时，减税降费等政策加速落地，也将进一步激发市场活力，提振市场信心。综合看，我国工业经济仍将稳定运行在合理区间。2019 年上半年，我国规模以上工业增加值将增长 6% 左右。

第三节　理性看待制造业不良贷款率高①

近一段时间，国内舆情出现"制造业不良贷款率全国平均水平达 9%"的说法，追溯信息来源，是某全国政协委员在 2019 年 6 月一座谈会上发言时提到"一些省市制造业不良贷款率达到 9% 到 10% 左右"，后被媒体夸大表述。那么，我国制造业不良贷款率到底是什么水平？在国内经济下行压力加大的背景下，我们应该如何看待制造业不良贷款率走高？这都值得深入研究。

一、我国制造业不良贷款率较高且有逐年提高趋势

长期以来，我国制造业不良贷款率（以下简称"不良率"）高于商业银行整体水平。2019 年上半年，我国商业银行整体不良率为 1.81%，较年初小幅回落 0.02 个百分点，但仍处于近十年来较高水平。历史数据显示②：2011 年以来，我国制造业不良率高出商业银行整体不良率的水平呈现明显的扩大趋势，差距从 2011 年的 0.58 个百分点逐年扩大到 2017 年的 2.46 个百分点（见图 7-6）。可以看出，制造业不良率较高一直都客观存在，但是由于受国内外有效需求下降、行业竞争激烈、融资能力下降等因素影响，最近几年制造业企业资金链紧张加剧，偿还能力下降，制造业不良率快速提高，远高于商业银行整体不良率。

从分行业对比看，制造业不良率处于同期相对高位水平。2017 年，我国制造业不良率达 4.2%，在各行业中位列第三高，远高于商业银行整体不良率 1.74%。而同期房地产业不良率为 1.1%，个人贷款不良率仅为 0.7%，金融业不良率为 0.3%，均远低于制造业信贷风险水平，这一定程度加剧了信贷资源的"脱实向虚"倾向（见图 7-7）。

---

① 本节完成时间为 2019 年 8 月份，针对当时社会各界关于制造业不良贷款率的讨论而写。

② 限于数据来源，当时没有 2018 年及今年上半年的分行业不良贷款率数据。

图 7-6　我国制造业不良贷款率与商业银行整体不良贷款率对比

数据来源：中国银保监会、Wind 数据库，赛迪智库整理，2020 年 3 月。

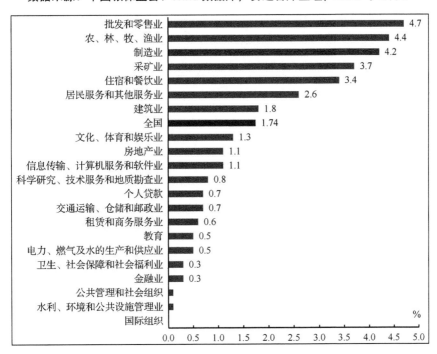

图 7-7　我国商业银行分行业不良贷款率情况（2017 年）

数据来源：Wind 数据，赛迪智库整理，2020 年 3 月。

　　从金融机构看，我国上市商业银行制造业不良率普遍较高。2019 年上半年，我国多数上市商业银行的制造业不良率都高于商业银行整体不良率，其中至少有 8 家上市银行的制造业不良率超过 5%；从变动情况看，至少有 5

家上市银行的制造业不良率较年初有所增加，其中民生银行和华夏银行的制造业不良率增幅都在 0.4 个百分点左右（见表 7-1）。

表 7-1 主要上市商业银行制造业不良贷款率及其变动

机构	制造业不良贷款率（%）				制造业不良贷款率变动（个百分点）[①]			
	2016	2017	2018	2019 上半年	2016	2017	2018	2019 上半年
中信银行	3.76	5.20	7.34	7.50	1.27	1.44	2.14	0.16
建设银行	5.92	6.36	7.27	7.20	0.03	0.44	0.91	−0.07
招商银行	6.38	6.55	6.64	6.57	1.79	0.17	0.09	−0.07
浦发银行	4.87	6.54	6.27	6.37	0.88	1.67	−0.27	0.10
平安银行	3.10	3.81	6.75	6.16	0.97	0.71	2.94	−0.59
工商银行	4.29	4.80	5.76	5.82	0.86	0.51	0.96	0.06
光大银行	4.38	4.61	6.06	5.63	1.43	0.23	1.45	−0.43
中国银行	4.29	4.83	5.41	5.24	1.12	0.54	0.58	−0.17
农业银行	6.29	5.70	6.02	4.97	0.84	−0.59	0.32	−1.05
华夏银行	3.55	3.89	4.56	4.92	0.45	0.34	0.67	0.36
民生银行	3.18	3.70	4.04	4.46	−0.58	0.52	0.34	0.42
兴业银行	3.59	3.55	3.79	3.49	0.64	−0.04	0.24	−0.30
邮储银行	2.13	2.23	2.40	2.10	−0.03	0.10	0.17	−0.30

数据来源：上市银行年报、半年报，赛迪智库整理，2020 年 3 月。

通过上述的分析可以看出，近年来我国制造业不良率确实有继续走高趋势，考虑到此前部分城商行、农商行信贷风控管理长期弱化，不排除个别省市的个别银行制造业不良率达到 9% 左右，但制造业整体不良率应该还在可控水平。

二、制造业不良贷款率高主要有三大原因

原因一：制造业发展环境不佳，内外部挑战导致制造业企业经营受到一定冲击，推高制造业不良贷款率。国际方面，国际经贸形势依然存在诸多不

---

① 年度数据是相对上年的变动，半年度数据是相对年初的变动。

确定性,2018 年 3 月以来,美国单方面挑起中美经贸摩擦,并采取提高关税税率、打击龙头企业、限制投资并购、重构贸易规则等多种手段,遏制我国制造业迈向中高端。国内方面,我国制造业企业正处于转型升级过程中,企业利润承压明显。2013—2015 年制造业主营业务收入利润率处在 5% 水平低位徘徊,影响企业信贷偿付能力,造成同期制造业不良率激增。2016 年后制造业利润状况有所好转,2018 年制造业主营业务收入利润率提升至 7%,但从主要上市银行的年报来看,各商业银行对制造业的信贷投放多延续此前缩减态势。2019 年我国制造业企业收入增速持续放缓、利润持续下降、收入利润率持续走低,可能会进一步推高制造业不良率。

原因二:不良率指标对信贷风控判断调整具有一定滞后性,商业银行对制造业企业信贷支持力度下降,推高制造业不良率。不良率是不良贷款余额与贷款余额之比。根据银保监会发布数据,制造业不良率从 2012 年开始进入上升通道,制造业不良贷款余额增速在 2014 年、2015 年达到 41.2%、41.6%,此后迅速回调,2016 年、2017 年增速降为 16.7%、9.2%(见图 7-8),制造业不良贷款余额对不良率的拉动效应显著下降。同时,2012 年制造业不良率开始提高后,商业银行对制造业信贷投放做出快速反应,2013 年信贷投放增速从 2012 年的 17.2% 大幅度降至 8.5%,此后增速持续下调,2017 年制造业贷款余额增速仅为 0.08%。银行抑制对制造业企业信贷投放导致新增贷款对不良率的稀释作用弱化,从而推高制造业不良率。以民生银行为例,2018 年该行制造业不良贷款余额下降 0.4%,但制造业不良率反而从上年度的 3.7% 提高至 4%,主要是该行当年制造业贷款余额下降 8.8% 所致。

原因三:制造业企业融资生态欠优,导致高企的不良率难以在短时间内得到快速缓解。如"僵尸企业"出清工作推进不畅,占用大量金融资源,并形成银行呆坏账,由于银行在不良贷款处置核销中通常保持审慎态度,相关企业不良贷款会在较长时期内推高不良率。如应收账款拖欠问题加剧企业运营压力。2017 年以来民营企业应收票据及应收账款呈加速上升态势,且增速明显高于其他类型企业。调研发现,部分大企业特别是国有企业出于经营业绩考虑,在付款方式、验收程序、财务工具等方面设置诸多不公平条款,挤占或占用民企、中小企业账款,严重影响企业资金周转能力。如短贷长用问题,银行基于风险控制、资金回笼等考量,偏好于向企业提供一年期及以内的流动资金贷款,迫使企业通过短贷长用的形式解决中长期资金需求,增加"过桥贷款"等相关流程的财务成本,加剧企业融资难融资贵矛盾。

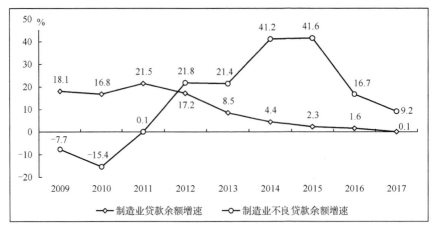

图 7-8　我国制造业贷款余额与不良贷款余额增速对比情况

数据来源：中国银保监会、Wind 数据库，赛迪智库整理，2020 年 3 月。

三、思考与建议

当前，我国制造业正处于转型升级的爬坡过坎阶段，更加需要银行等金融机构加大支持力度。金融部门应立足长远，突出大局意识，更加清醒地认识制造业在就业和收入分配中的基础性作用，以及制造业在国民经济中的战略性地位，更加密切关注制造业信贷风险对商业银行整体风险的潜在传导作用。

首先，要警惕商业银行对制造业贷款收缩。建议商业银行优化风险控制机制，适当提高对制造业企业信贷风控指标的容忍度①。从国际比较看，2017年我国商业银行整体不良率 1.74%，而全球平均水平为 3.5%，并且自 2008年以来我国银行不良率持续低于全球平均水平。2018 年我国全国性上市商业银行不良率在 1.4%～1.9%，根据英国《银行家》杂志发布的"2019 年全球银行 1000 强"数据显示，榜单前 50 强银行的不良率在 0.2%～5%，其中高盛集团、法国兴业银行、渣打银行等国际知名银行的不良率分别为 4.46%、3.6% 和 2.23%。鉴于我国商业银行整体不良率持续低于全球平均水平，也低于许多国际知名银行，并且满足银保监会对该指标的监管要求，因此建议优化银行风控机制，在整体风险可控的基础上，继续加大对制造业的信贷支持

---

① 原银监会在 2006 年发布了《商业银行风险监管核心指标（试行）》，对商业银行风险监管的核心指标提出了明确的上限（下限）要求，其中要求商业银行不良贷款率小于等于 5%，但并没有对不同行业的不良贷款率做出规定。

力度。特别是要通过金融创新等方式加大对节能环保等新兴产业领域和传统产业技术改造的支持力度，助推制造业新旧动能有序转换。

其次，要警惕大型制造业企业信贷违约/应收账款违约。大型制造业企业对当地经济发展、就业和社会稳定等有着举足轻重的促进作用，一旦违约，将产生严重的连锁效应。建议商业银行密切关注这类大型制造业企业的信贷偿还能力及其违约风险，一旦有苗头性情况，及时采取干预措施。建议各级国资管理部门督促和指导国有企业将应付账款控制及清欠工作完成情况纳入企业绩效考核体系，细化应付账款的金额和时间进度等经营考核指标，并与企业负责人薪酬挂钩，强化问责约束。建议制定清理大企业拖欠中小企业账款的规范性政策文件，加快相关立法工作，对拖欠行为、支付责任、处罚措施等做出明确规定，强化依法依约付款的法律保障。建议加快"僵尸企业"出清进度，强化政府在员工就业培训及再就业、创业引导工作，做好社会保障兜底工作。

此外，还要优化制造业融资环境。建议商业银行拓展抵质押品范围，优化设备、无形资产、应收账款等作为抵质押物的折扣率，加强设备、无形资产等抵质押物交易市场建设，强化资产评估业务能力，增强制造业企业融资能力。建议加强涉企信用信息统筹，强化金融资源配置的信息支撑。加强社会信用体系建设，建立与企业经营机制配套的信用管理体系。发挥政府在企业信用体系建设中的主导作用，强化部门合作机制，充分利用大数据等新一代信息技术，建立涉企信息大数据平台，整合工信、发改、财政、统计、商务、税务、海关等相关职能部门的行业信息、涉企信息，建立工业企业信用数据库，引导企业主积累个人及企业的信用信息、经营数据、佐证材料，多方合力缓解信贷业务中的银企信息不对称问题。

第四节 我国工业企业收入成本率上升原因分析及相关建议[①]

2019 年前三季度，我国规上工业企业利润总额同比下降 2.1%，而前两年利润都保持两位数增长；营业收入利润率为 5.91%，同比降低 0.41 个百分点。可以看出，今年以来工业企业的盈利能力较上年同期有所减弱。仔细分

[①] 本节完成时间为 2019 年 10 月，当时工业企业收入成本率上升问题比较突出。

析企业效益相关指标，发现工业企业每百元营业收入中的成本（收入成本率）结束了前两年的下降趋势，同比增加比较明显，这将直接影响企业的盈利能力，进而影响企业对未来的投资预期。

一、2019 年以来我国工业企业收入成本率上升明显

自 2015 年中央经济工作会议提出供给侧结构性改革以来，减税降费力度不断加大，工业企业收入成本率已连续三年保持下行，降成本成效显著。然而，2019 年受国际大宗商品价格大幅上涨以及中美经贸摩擦导致的国际贸易成本增加等多重因素影响，工业企业收入成本率有所增加。前三季度，工业企业每百元营业收入中的成本为 84.34 元，同比增加 0.24 元。从三大门类看，采矿业收入成本率最低，但同比增加最多；电力、热力、燃气及水生产和供应业收入成本率最高，但同比有所下降；制造业收入成本率及处于两者中间，但成本率和成本率增幅都高于规上工业（见图 7-9）。

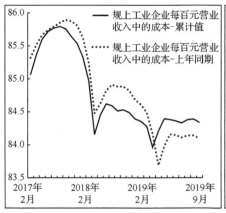
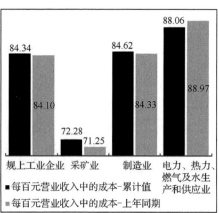

图 7-9　工业企业每百元营业收入中的成本（2019 年前三季度）

数据来源：国家统计局，赛迪智库整理，2020 年 3 月。

从经济类型看，国有控股工业企业收入成本率增加明显，私营工业企业收入成本率小幅下降。前三季度，国有控股工业企业每百元营业收入中的成本为 81.71 元，同比增加 0.81 元，成本低于规上工业但成本增幅高于规上工业；外商及港澳台商投资工业企业每百元营业收入中的成本为 84.19 元，同比增加 0.16 元，成本及成本增幅都略低于规上工业；私营工业企业每百元营业收入中的成本为 86.82 元，同比下降 0.21 元，成本小幅下降但仍高于规上工业。这与国有控股工业企业主要布局在原材料行业，而私营工业企业主要

布局在消费品行业密切相关。

从行业看，石化化工、钢铁、有色等原材料行业收入成本率同比变化相对突出。2019 前三季度，41 个工业大类行业中，每百元营业收入中的成本同比增加超过 0.5 元的有 12 个行业，其中增加超过 1 元的有 7 个行业，主要集中在石化化工、钢铁等原材料行业的加工制造环节，以及煤炭开采和洗选业、有色金属矿采选业等采矿业；同比减少超过 0.5 元的有 16 个行业，其中减少超过 1 元的有 8 个行业，主要集中在钢铁、建材等原材料行业的采选环节，以及烟草、家具等消费品工业（见图 7-10）。

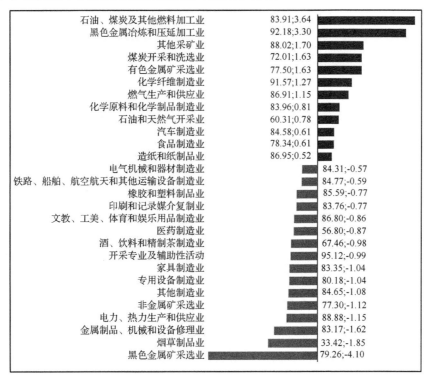

图 7-10　部分行业每百元营业收入中的成本及其变化（2019 年前三季度）

数据来源：国家统计局，赛迪智库整理，2020 年 3 月。

二、工业企业收入成本率增加的主要影响因素

（一）从指标内涵看，工业企业收入成本率增加意味着成本增长相对快于收入增长

2019 年以来，我国工业企业营业收入增速持续走低，前三季度仅同比增

长 4.5%，增速同比回落 5.1 个百分点；而营业成本同比增长 4.8%，增速同比回落 4.4 个百分点。可以看出，营业成本增速高于营业收入增速，营业成本增速回落幅度小于营业收入回落幅度，由此引起收入成本率的增加。营业收入增速大幅放缓主要是由于国内外市场需求减弱、工业生产者出厂价格持续低位运行，而营业成本快速增长主要是由于原材料成本大幅上涨。

以成本增加比较突出的两个行业为例（见图 7-11），前三季度，石油、煤炭及其他燃料加工业的营业收入和营业成本都较前两年有明显下降，但营业成本增速降至 7.7%，而营业收入增速降至 3%，成本增速与收入增速之间的差距较上年同期明显扩大，使得收入成本率同比增加 3.64 个百分点，增幅居主要行业之首。黑色金属冶炼和压延加工业的收入增速在 2017—2018 年是持续高于成本增速的，这两年的收入成本率同比是下降的，但 2019 年以来成本上涨快于收入增长，前三季度，营业收入增长 8.5%，营业成本增长 12.5%，收入成本率同比增加 3.3 个百分点。

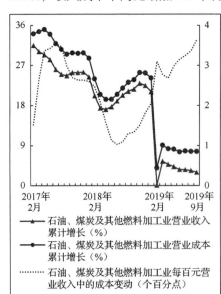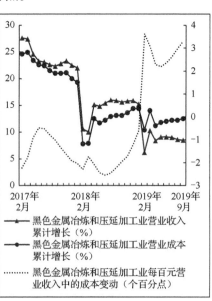

图 7-11　部分行业收入和成本增速对比及成本率变动

数据来源：国家统计局，赛迪智库整理，2020 年 3 月。

（二）国际市场大宗商品价格上涨导致我国进口价格随之上涨

世界银行数据显示（见图 7-12（a）），2019 年以来，国际市场铁矿石价格持续攀升，2019 年 7 月已突破 120 美元/千公吨，是 2014 年 3 月以来的最高水平，价格较上年同期几乎翻一番。这主要受年初巴西淡水河谷尾矿坝坍塌事件等导致铁矿石供应紧张、而国际市场需求又屡创新高等多重因素综合影响。虽然 2019 年 8 月和 9 月国际市场铁矿石价格有所回落，但仍处于高位。由于国际铁矿石价格大幅抬升，我国进口铁矿石价格也创近五年来新高。中国钢铁工业协会数据显示（见图 7-12（b）），我国进口铁矿石价格指数在 2019 年 7 月份达到 429.32（1994 年 4 月该指数为 100），较上年同期增长 74%；2019 年 8 月和 9 月价格指数较 7 月高点有所回落，但仍同比增长 28% 以上。此外，国际原油价格也较上年底有所上涨，我国原油进口平均价格也处于相对高位。

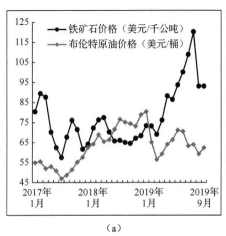

（a）

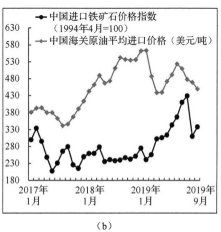

（b）

图 7-12　铁矿石和原油国际市场价格以及我国进口价格（指数）

数据来源：世界银行、中国海关总署、中国钢铁工业协会，赛迪智库整理，2020 年 3 月。

　　钢铁等行业的加工制造企业原材料类购进价格大幅上涨而工业品出厂价格涨幅较小甚至出现下降，导致收入成本率居高不下。今年以来，我国工业生产者购进价格指数（PPIRM）和工业生产者出厂价格指数（PPI）整体都处于低位，但内部分化非常突出。从购进端看，价格上涨相对突出的是建筑材料及非金属矿类、黑色金属材料类，分别较上年同期增长 4.7% 和 3%。从出厂端看，黑色金属矿采选业与黑色金属冶炼和压延加工业价格走势之间的剪刀差不断扩大，直接推高黑色金属冶炼和压延加工业的收入成本率。前三季度，黑色金属矿采选业 PPI 累计增长 13.2%，黑色金属冶炼和压延加工业 PPI 累计下降 1.4%，两者之间的剪刀差高达 14.6 个百分点，较年初扩大 7.5 个百分点；黑色金属冶炼和压延加工业每百元营业收入中的成本高达 92.18 元，较上年同期增加 3.30 元（见图 7-13）。

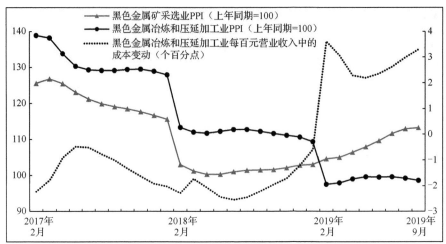

图 7-13　钢铁行业工业品出厂价格指数及收入成本率变动

数据来源：国家统计局，赛迪智库整理，2020 年 3 月。

三、降低工业企业收入成本率的思考和建议

工业企业收入成本率的增加将直接削弱企业盈利能力，进而影响企业未来投资信心，因此应高度关注今年以来工业企业收入成本率增加的苗头。

对政府而言，既要做好服务，也要加强监测预警。深化要素市场化配置改革，提高资源要素利用效率。推动构建能够全面、真实地反映资源稀缺程度、市场供求关系和环境损害的要素价格形成机制，对于能够通过市场形成价格的，都要放开价格管制；对暂不具备放开条件的要素、商品和服务，应建立符合市场供求关系的价格动态调整机制。借助大数据手段，加强监测预警。加强与国家统计局等部门合作，组织开展成本调查研究，深入调查企业的成本以及成本结构，找出导致企业收入成本率居高不下的关键环节，有的放矢降低企业成本压力，提高企业盈利能力。

对企业而言，降低收入成本率，可以从控制成本和增加收入两方面入手。控制成本，最重要的是要提升成本管理水平。积极探索实行全员成本管控，落实成本管理责任，形成企业内部纵横严密的成本责任机构，加强财务、生产、营销、创新、节能、环保、人才培训、社保等各环节的管理支出。增加收入，首要的是要提升产品和服务质量。要持续推广先进管理模式，做好品牌定位和品牌设计，提升品牌影响力和企业核心竞争力。同时，增加技术创新投入，结合企业实际，积极运用新技术、新业态来改造提升业务，增强创

新能力，提高生产效率。此外，考虑到近期工业企业收入成本率增加受中美经贸摩擦带来的不确定性不稳定性因素影响较大，建议企业要做好中美经贸摩擦长期化的准备，密切关注上游原材料价格波动，在国际大宗商品买卖过程中积极利用金融手段降低价格风险。

第五节　推动工业高质量发展的政策分析及启示

一、各地推动工业高质量发展的政策比较

从发展目标看，中西部、东北地区把"规模提升"作为工业高质量发展的重要考量指标，东部地区更加注高质量发展体系建设。多数省区市在总量规模、产业结构、创新能力、质量效益、智能化、绿色制造等方面提出了具体发展目标。由于我国区域经济发展不平衡，东部、中部、西部、东北地区所处工业经济发展阶段不同，高质量发展目标也有所差异。中西部、东北地区把"规模提升"作为工业高质量发展的重要考量指标，如湖北、山西、江西、黑龙江、重庆等地将工业经济总量规模和发展速度列为重要指标。近两年来，中西部地区工业经济发展迅速，2019 年 1—7 月，云南、贵州、江西、湖北等地工业增加值分别同比增长 10.5%、9.8%、8.9%、8.6%，实现快速增长。山西、黑龙江为防止制造业比重的过快下降，还将制造业占比提升列入发展体系，山西提出到 2022 年制造业增加值占规上工业比重达到 41% 以上，黑龙江到 2025 年工业占全省 GDP 比重达到 30% 以上。这与其发展阶段相适应，在实现"量的积累"的基础上逐步实现"质的飞越"。东部地区的发展目标不再过于追求规模扩张和速度增长，2019 年 1—7 月、北京、天津、山东等地工业增加值分别同比增长 3.2%、2.8%、0.8%，较上年同期分别放缓 4.7 个、0.7 个、4.5 个百分点，上海甚至同比下降 0.3%（上年同期为 5.9%）。尽管工业增速放缓，并不代表东部地区不重视工业，而是更加注重工业发展效率，不断强化工业高质量发展的标准体系建设，如上海致力建设高质量发展标准体系，实施资源利用效率评价制度。

从产业选择看，高端装备、生物医药、电子信息等战略性新兴产业成为多数省区市重点培育和发展的支柱或特色产业。在新兴产业中，选择重点发展生物医药行业的省市最多，高达 12 个，选择了信息技术和高端装备行业的则有 10 个省市。在传统行业中，7 个省市选择了绿色食品、8 个省市选择了化工作为支柱产业。在未来产业中，则有 4 个省市选择了人工智能作为重

点培育产业。东部地区处于经济动能转换的关键时期，更加注重对未来产业的布局，上海、浙江布局发展生命健康、人工智能、工业互联网等产业。同时，注重发展对工业起到支撑性作用的生产性服务业，上海生产性服务业发展迅速，增加值从 2008 年的 4188 亿元增长到 2018 年的 13707 亿元，占全市 GDP 比重由 29.8%跃升至 41.9%，占服务业比重达到 60%①。中西部地区产业选择强调工业整体发展质效，在发展传统优势产业的基础上，着力发展高端装备、新材料、生物医药等产业，并力图以"发展快、带动性强、关联度高"的新业态、新技术、新模式促进传统优势产业的转型升级。如山西加快发展数字经济，培育先进制造业集群，为山西煤机装备、现代煤化、焦化产业等传统优势产业注入新动力。东北地区侧重发展有一定的基础、相对成熟、符合地域特色的产业，黑龙江立足优势特色，优先发展绿色食品、高端装备、新材料、生物医药四大支柱产业。

从特色做法看，东部地区更加注重新技术运用和营商环境改善，中西部、东北地区依然重视招商引资。东部地区由于资源环境的约束，提高经济密度和投入产出效率更为迫切，更加注重资源使用效率的提升。如浙江全面深化"亩均论英雄"改革、上海实施资源利用效率评价制度。在营商环境方面，更加注重公平、公正的法治环境，上海在新一轮营商环境改革中，进一步扩大改革覆盖面，推动政府管理和服务模式从"以部门为中心"向"以用户为中心"转变。中西部、东北地区持续加大招商引资的力度，江西、广西等地建立重大工业项目招商引资和项目推进"一把手"亲自抓、负总责的工作机制。在招商引资方向上，注重引入产业关联度高、辐射带动能力强的企业，各地做法风格各异，例如：山西利用"十二大产业招商图谱"，对制造业空白领域、薄弱环节招商；广西围绕支撑工业高质量发展的"工业树"进行招商，逐步构建广西特色的工业体系。

二、思考及启示

（一）推动工业高质量发展需因地制宜，形成优势互补的工业布局

研究发现，多数省份选择了高端装备、新能源汽车、电子信息等产业作为重点培育和发展的支柱产业，产业重合度高，仍未摆脱传统工业布局差异

---

① 数据来源于 2018 年上海生产性服务业发展报告。

化弱、互补性差的痼疾。各地需结合本地资源特色，在产业链上下游中找到合适的环节，应与其他地区的产业链环节形成高效协同发展的新的工业布局，避免出现重复建设和产能过剩问题。

（二）发挥各地产业优势，制定区域工业高质量发展规划，主动对接和融入国家重大战略

多数省区市出台了相关工业高质量政策文件，但各自为战，没有充分考虑到区域协调发展。建议以区域为单位制定工业高质量发展规划，立足本地产业优势，加强区域产业间深度协作，充分考虑自身在京津冀、长江经济带、粤港澳大湾区等国家重大战略中的产业定位，推动形成优势互补、差异化发展的区域工业布局。

（三）加快建立全国工业高质量发展的评价指标体系，统一指标和权重，指导各地工业高质量发展

浙江、上海、湖北等地纷纷尝试构建工业高质量发展的评价指标体系。由于各地评价角度不同、构建指标体系有所不同、权重设置也不尽相同，得出的评价结果不能进行横向比较。为了有效评价各地工业高质量发展情况，对各地进行对比分析，促进工业经济发展，应参照各地实际，加快构建全国范围内的工业高质量发展评价指标体系。

第六节　我国汽车工业"十三五"时期目标完成情况及"十四五"时期趋势研判

汽车工业是关系国计民生的战略性、支柱性产业，"十三五"时期我国汽车工业发展取得一定成绩，尤其在关键技术、新型产业生态、绿色发展水平等方面，实现了相关产业规划设定的 2020 年目标，但品牌、产业链及国际发展能力仍显不足。当前，预先研究"十四五"时期我国汽车工业的销售情况和主要趋势，掌握行业发展脉络，将有助于形成"十四五"时期国家汽车工业产业政策，具有实践指导意义。

一、"十三五"时期我国汽车产销量及规划目标完成情况

"十三五"时期汽车产销量总体呈现冲高回落态势。2009 年我国超越美国成为世界汽车产销量第一大国之后，全国汽车工业进入高速增长时期，

2013 年销量突破两千万辆大关。但进入"十三五"（2016—2020 年）之后，增长势头放缓，2017 年全国汽车产销量分别为 2901.5 万辆和 2887.9 万辆，同比增长仅为 3.2% 和 3%，形成产销量峰值；在高房价抑制居民消费意愿、购置税优惠政策退出等多重因素影响下，2018 年汽车产销量分别为 2780.9 万辆和 2808.1 万辆，同比下降 4.2% 和 2.8%，成为 28 年来中国汽车产销量首次下降；2019 年前三季度汽车产销分别完成 1814.9 万辆和 1837.1 万辆，全年销量保持在 2550-2580 万辆之间，较 2018 年下降 8% 左右。预计 2020 年全国汽车市场不旺，产销量维持在 2700 万辆左右，同比增长 5% 左右。

分类评估《汽车产业中长期发展规划》等相关产业规划 2020 年目标完成情况，在关键技术、新型产业生态、绿色发展等方面表现较为突出。我国汽车产业在"十三五"时期快速发展，取得了一定成绩，尤其在关键技术、新型产业生态、绿色发展水平等方面，超额完成计划。比亚迪、百度企业分别在新能源汽车和智能网联汽车领域实现全球技术领先；全国汽车金融、保险、租赁、网约车等新型产业生态蓬勃发展；我国尤其注重节能环保，2019 年 7 月已在中东部地区提前实施和完成燃油车国六排放标准。

但我国汽车工业仍亟待加快发展，尤其在品牌、产业链、国际发展能力方面。一是品牌弱势。2019 年全球最有价值汽车品牌排行榜，国产车中吉利排行最高，但仅位列第 19 位。在国内市场，同样配置的国产车，要比合资车便宜 20% 以上，目前我国还不存在"世界知名汽车品牌"。二是产业链风险仍存。虽然已有万向、延峰汽车等营收过千亿的汽车零部件企业，宁德时代已是全球动力电池主要供应商，但柴油汽油动力系统、电子电气、传动系统等关键零部件供应，依然是由日本、美国、德国掌握产业核心技术，距离我国汽车工业"全产业链实现安全可控"目标，仍有很大的距离。三是国际发展能力仍待加强。国产汽车主要自产自销，出口比例低，且主要出口发展中国家，这与日本、德国、美国汽车工业的"全球研发、全球制造、全球销售"行业发展水平存在很大差距（见表 7-2）。

表 7-2　我国汽车工业"十三五"时期目标完成情况（分类评估）

领域	指 标 要 求	对 2020 年完成情况预估
关键技术	到 2020 年，培育形成若干家进入世界前十的新能源汽车企业，智能网联汽车与国际同步发展	比亚迪成为全球少有的拥有新能源汽车全产业链的企业；比亚迪、北汽新能源和吉利集团新能源汽车销量均保持世界前十；百度、上汽等智能网联汽车技术达到国际水平

续表

领域	指 标 要 求	对 2020 年完成情况预估
全产业链	到 2020 年，形成若干家超过 1000 亿规模的汽车零部件企业集团，在部分关键核心技术领域具备较强的国际竞争优势	万向、玉柴、延峰汽车等营收过千亿的汽车零部件企业，同时新能源汽车零部件配套企业成长迅速，宁德时代、比亚迪成为动力电池主要供应商。但中国汽车产业链发展整体仍然较弱，只有 8 家企业进入 2018 年全球汽车零部件供应商百强榜
品牌	到 2020 年，打造若干世界知名汽车品牌	2019 年全球最有价值汽车品牌排行榜，吉利、哈弗、比亚迪分别列为 19、23 和 27 位
新型产业生态	到 2020 年，智能化水平显著提升，汽车后市场及服务业在价值链中的比例达到 45% 以上	包括车联网、自动驾驶等关键指标在内的汽车智能化发展水平处于国际第一梯队，汽车金融、保险、维修、租赁等汽车后市场呈现蓬勃发展态势
国际发展能力	到 2020 年，中国品牌汽车逐步实现向发达国家出口	2018 年汽车出口占比 4.1%，主要集中在中东、南美和东南亚地区，但中国已是新能源客车的主要出口国
绿色发展水平	到 2020 年，新车平均燃料消耗量乘用车降到 5.0 升/百公里、节能型汽车燃料消耗量降到 4.5 升/百公里以下、实施国六排放标准，新能源汽车能耗处于国际先进水平	2018 年乘用车生产企业平均燃料消耗量实际值 5.74 升/百公里（2015 年，7.04 升/百公里），预计完成 2020 目标值，汽车行业的燃料消耗和排放标准达到国际先进水平；2019 年 7 月，国内中东部地区 16 省市提前实施燃油车国六排放标准

资料来源：赛迪智库整理，2020 年 3 月。

二、"十四五" 时期我国汽车工业发展趋势预判

（一）汽车工业进入高质量发展，到 2025 年汽车销量在 3300 万辆左右

"十四五" 时期，全国经济将继续保持中高速增长，人均收入进一步增加，为汽车工业平稳发展奠定良好基础。此外，居民出行需求和出行品质不断提高，汽车购置意愿进一步增强；全国道路交通基础建设持续推进，城市路网面积稳步增加，以上因素均都形成支撑汽车消费呈现上升的态势。

但人口红利逐渐消失、高房价挤压居民消费、城市交通拥堵和限行限购、共享出行降低居民购车意愿等因素，也将制约汽车消费，汽车销量增长放缓，但行业发展的低碳化、智能化等方面的要求提高，消费者对汽车功能和车型

结构等方面变化，要求汽车工业需从注重发展速度向注重发展质量转变，企业要从以制造为核心的产业理念转向以用户为核心的理念。综合考虑，预估"十四五"期间，汽车工业由高速增长转为平稳增长，年均增速在 4%左右，2025 年全国销量 3300 万辆左右。

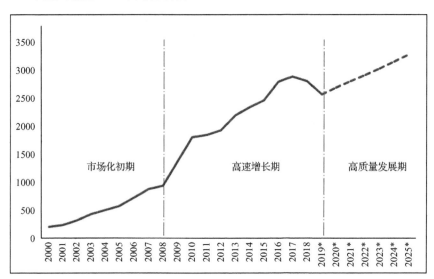

图 7-14　2000—2018 年全国汽车销量情况及 2020—2025 年预测

资料来源：赛迪智库整理，2002 年 3 月。

（二）汽车电动化发展渐趋成熟，到 2025 年新能源汽车销量占比超过 20%

"十四五"时期新能源汽车技术和产业发展逐步开始成熟，国内动力电池、驱动电机、电控等关键技术达到国际先进水平，全国新能源汽车产业技术水平显著提升、产业体系日趋完善、企业竞争力大幅增强，形成一批具有全球影响力的新能源汽车知名企业和整车品牌，到 2025 年新能源汽车销量占全国汽车销量的 20%以上。

（三）消费者使用体验有一定提升

"十四五"期间，家用电动乘用车的工况续航里程可达 500-800 公里，续航能力明显提升，可满足消费者大部分的使用场景，推动电动汽车消费开始从主要追求续航里程向充电便捷、使用节能等方面发展。到 2025 年，电动汽车的经济性价比开始超过燃油车，驱动消费的主导因素，也将完成从政策拉动向市场消费的过渡，消费主体进一步扩大，从大城市扩散到中小城市及农村地区。

（四）技术层面，固态电池、氢燃料电池等新兴动力电池研发和产业化取得突破，开始实现大规模量产

其一，固态锂电池逐步实现产业化。在国外，日本丰田、德国大众、韩国现代等企业在研发车用固态锂电池，丰田和松下联盟预计 2022 年实现固态电池的核心技术应用，德国奥迪计划在 2023 年推出固态电池汽车车型。在国内，赣锋锂业、宁德时代、万向集团以及中科院材料所在推进固态电池的研发和产业化，赣锋锂业已投资建设第一代固态锂电池中试生产线，固态电池研发紧跟国际市场，"十四五"期间将实现量产和商用化。

其二，氢燃料电池汽车在公交客运、物流等商用车领域取得突破，"十四五"期间燃料电池商用车实现特定区域的成熟运营。制氢储运、燃料电池、系统集成、整车制造及测试等燃料电池汽车的产业链条逐步完善，东部地区工业制氢较为丰富的地区，将实现氢燃料电池商用车的规模化应用，有关方面估算，到 2025 年全国氢燃料电池汽车的销量约 10 万辆。

（五）汽车智能化发展大幅加快，到 2025 年支撑 L4 级别自动驾驶和一定场景下 5G-V2X 车联网商业化应用

"十四五"期间，智能网联汽车的应用种类和应用范围进一步扩大。智能道路交通系统建设推进，实现物流和环卫作业车辆的自动驾驶应用，实现高速公路和主要城市道路的智能网联环境、监控测评环境建设，形成较大范围的智能网联车辆商业应用，到 2025 年，全国发展形成"车、路、云、网、图"五大要素协同创新的智能网联汽车生态系统，有条件自动驾驶智能网联汽车销量占比 30%，系统可支撑 L4 级以上的高级别自动驾驶技术，在一定区域内可实现 5G-V2X 车联网的商业化应用。

（六）L4 以上高级别自动驾驶技术实现商业化落地

我国逐步形成从原始物料、部件供应商、主机厂、出行服务商的自动驾驶全产业链，培育自动驾驶环境感知、运算决策、执行层各环节企业，传感器、人工智能芯片、高精地图、深度学习算法等自动驾驶核心技术取得突破，国内培育形成居于国际先进水平的 L4 级以上自动驾驶出行的系统供应商。

（七）5G 车联网实现场景化规模应用

国内建成全球领先的 5G 车联网道路基础设施，实现在主要高速公路和城市道路的覆盖，建设窄带物联网（NB-IoT）网络，构建车路协同环境，提升车用高精度时空服务的规模化应用水平，建立基于汽车感知、交通管控、城市管理等信息，构建"人-车-路-云"多层数据融合与计算处理平台，形成车联网无线通信技术（5G-V2X）等关键技术研发及部分场景下的商业化应用，实现涵盖智能化、自动控制、网联化协同决策技术以及特定场景和区域的无人驾驶技术应用。

（八）汽车共享化模式逐步清晰，到 2025 年共享汽车需求达到 300 万辆

大城市交通拥堵、人们消费理念改变、以及自动驾驶技术进步，推动共享出行需求爆发。其中，自动驾驶技术是核心，"十四五"期间，自动驾驶、全程自主取车和自主充电等技术逐步实现，将破解汽车共享模式存在的汽车租赁用户道德风险、网约车人工服务成本高等障碍，共享出行迎来广阔发展空间，机构预测，到 2025 年，我国共享汽车需求量达到 300 万辆。

（九）"十四五"期间，共享化发展将对汽车行业带来影响

一是共享平台公司直接向汽车企业采购定制汽车。网约车、分时租赁、P2P 租车等共享出行平台的采购需求增长，通过向汽车企业定制化采购，推动汽车行业在车型设计、生产制造环节的个性定制化发展。同时，用户对汽车的消费从所有权向使用权转移，抑制了消费者买车需求，据机构调研，市场中每增加一辆共享汽车，将减少 13 辆汽车的购买行为。

二是汽车制造商加快向出行服务商转型。信息化和智能化技术推动出行领域形成新业态，汽车企业利用大数据等信息化技术，开发移动平台（车辆）、智能数据平台和智能驾驶等核心功能，开发形成汽车租赁、网约车等面向用户需求的运营模式，创新共享出行运营模式。

表 7-3　"十四五"时期我国汽车工业发展指标预测

领　　域	"十三五"期间发展情况	"十四五"期间预测
产销	2020 年汽车销量约 2700 万辆	保持低速增长，2025 年汽车销量 3300 万辆

领　域	"十三五"期间发展情况	"十四五"期间预测
电动化	磷酸铁锂、三元锂离子电池成为动力电池的主要类型	固态锂电池开始产业化应用
	2020年新能源汽车销量约200万辆	2025年新能源汽车的销量占比20%,全国新能源汽车销量约600～700万辆
	2020年氢燃料电池汽车销量1万辆	2025年氢燃料电池汽车销量10万辆
智能化	支持驾驶辅助和低级别自动驾驶	支撑高级别自动驾驶
	实现功能安全、信息安全、人机界面等通用智能技术	已实现智能化自动控制、网联化协同决策技术以及典型场景下的无人驾驶功能
	L2、I3级别自动驾驶车辆开始装配	到2025年,有条件自动驾驶智能网联汽车销量占比30%
共享化	主要有网约车、分时租赁等共享模式	到2025年共享汽车需求达到300万辆
		共享平台公司直接向汽车企业采购定制汽车
		汽车制造商加快向出行服务商转型

资料来源:赛迪智库整理,2020年3月。

第八章

国际经贸与产业发展专题研究

"与工业和通信业相关的国际贸易投资问题"是赛迪研究院工业经济研究所的重点研究领域之一。近七年来，我所一直密切跟踪研究国际经贸投资规则、美国等国家贸易投资政策动向，积累了丰富研究成果，并为工信部相关司局提供了有力支撑。本年度蓝皮书"国际经贸与产业发展"专题，我们聚焦 RCEP 等国际高标准自由贸易协定，用 GTAP 模型模拟其对我国宏观经济及相关产业的影响，并关注全球疫情加剧对我国宏观经济和产业链外迁的相关影响。

本章第一节旨在用 GTAP 模型定量评估加入 RCEP 协定对我国宏观经济的影响，尤其关注有无印度参与的 RCEP 对中国的不同影响，为中国下一步如何与印度乃至南亚开展经贸合作提供研究支撑。研究结论显示：一是随着关税削减程度不断加大，包括中国在内的多数区域内国家的 GDP 和福利都有所增加；二是 RCEP 的达成有利于促进各成员国贸易规模扩大。随着关税削减程度加大，正面效应也越发明显。我国加入高水平的自贸区后进出口都会增长，但要牺牲一些贸易条件；三是印度的加入对于 RCEP 成员国的正面效应扩大具有显著的促进作用；四是由于自贸区的排他性，将对美国、欧盟等 RCEP 自贸区框架外的国家和地区产生一定负面影响。

第二节将国际经贸规则的影响聚焦到汽车产业。汽车产业属于高端装备制造业，具有产业链长，生产和技术管理水平高，经济带动效应明显的特点，是一国制造业软硬实力和经济强国的标志性产业。我国是汽车制造和消费大国，美欧日韩等国家和地区不断对我国汽车产业的开放施加压力，在此背景下研究国际贸易投资新规则对我国汽车产业影响具有重要意义。

第三节、第四节聚焦新冠肺炎疫情（以下简称疫情）对我国宏观经济和产业链外迁的影响。当前全球疫情大流行，尤其是美国和欧洲国家呈现失控态势，各国纷纷采取强有力管控措施，全球经济发展按下"暂停键"，2020年全球经济出现负增长的概率较大。尽管国内疫情已经得到有效控制，但由于我经济与全球市场高度依存，全球主要国家经济下滑，以及疫情导致的"闭关锁国"趋势将严重恶化我国经济发展的外部发展环境，给我国宏观经济发展带来诸多风险。尤其是，随着疫情全球发酵，美日等国纷纷出台政策鼓励本国制造业回流，全球产业链面临重构，应警惕我国产业链规模化、加速化外迁。

第五节、第六节聚焦英国脱欧以及美国 2020 年最新的国家贸易评估报告。一方面，从宏观、贸易、投资、金融四个方面分析英国脱欧后对我国经济的影响，并提出有针对性应对建议；另一方面，对美国在《2020 年国家贸易评估报告》中提出的有关我国贸易和投资环境的相关诉求进行了分析，提出相关应对策略。

第一节　加入 RCEP 协定对我国宏观经济效应影响评估

RCEP 是以东盟为"主线"，中国、日本、韩国、澳大利亚、新西兰和印度为"辐条"的区域自由贸易协定，目的是整合东盟与 6 国现有的 5 个"10+1"自由贸易协定，有望 2020 年签署。但由于印度宣布退出 RCEP，即将签署的RCEP 暂时不包含印度。本研究利用 GTAP 模型分析了各不同情境下，RCEP成员国的宏观效应变化情况，为我国自贸区战略的评估提供参考依据。

一、RCEP 的谈判过程及经贸概况

为应对 TPP 对东盟在亚太经济一体化进程中带来的挑战，2011 年，东亚各国开始寻求新的合作框架。RCEP 成员包括东盟 10 国（印度尼西来、马来西亚、菲律宾、新加坡、泰国、文莱、越南、老挝、缅甸、柬埔寨）及已与东盟签署自由贸易协定的 6 个国家（中国、日本、韩国、印度、澳大利亚、新西兰）。RCEP 既包括了发达国家，也包括了发展中国家，两者在经贸领域发展诉求不同，因此谈判难度较大，谈判时间跨度长达 9 年（见表 8-1）。2019年 11 月 RCEP 完成主体谈判，进入法律审核程序。

表 8-1 RCEP 谈判进程

2011 年 2 月	第 18 次东盟经济部长会议上，通过组建 RCEP 的草案
2011 年 11 月	第 19 届东盟峰会，东盟十国首脑正式批准 RCEP
2012 年 11 月	来自东盟十国和 6 个对话伙伴国的领导人宣布启动 RCEP 谈判
2013 年 5 月	RCEP 第一轮谈判在文莱举行，此轮谈判正式协商成立了货物贸易、服务贸易和投资 3 个工作组
2017 年 11 月	RCEP 领导人会议在菲律宾马尼拉举行，会后发表联合声明强调 RCEP 有助于经济一体化和实现包容性增长，敦促各国代表加紧磋商以早日达成协议
2018 年 2 月	RCEP 第 21 轮谈判在印度尼西亚举行，继续就货物、服务、投资和部分规则领域议题展开深入磋商，谈判取得积极进展
2019 年 11 月	RCEP 第三次领导人会议在泰国曼谷举行并发表联合声明。声明指出除印度外，其他 15 个 RCEP 成员国已经结束全部 20 个章节的文本谈判以及实质上所有的市场准入问题的谈判

资料来源：赛迪智库整理，2020 年 3 月。

二、RCEP 经济及贸易概况

根据 2018 年数据，整体上已经结束谈判的 RCEP 协定中 15 个成员国人口为 22 亿人，GDP 约为 25 万亿美元，出口额和进口额分别为 5.6 万亿美元和 5.1 万亿美元。因此，15 个成员国参与的 RCEP 建成之后，将会是世界上最大的自由贸易区。如果将印度纳入之后，RCEP 的 GDP 和贸易量规模进一步扩大，GDP 规模达到 28 亿美元，占全球比重高达 32.1%以上（见表 8-2）；贸易规模约为 11.5 万亿美元，占全球比重达到 30.9%（见表 8-3）。

表 8-2 RCEP 国家 GDP 规模及占比

国　　家	GDP 规模（亿美元）	全球 GDP 占比（%）
中国	136081.5	15.9
日本	49709.2	5.8
韩国	16194.2	1.9
印度	27263.2	3.2
澳大利亚	14322.0	1.7
新西兰	2050.3	0.2
东盟十国	29690.2	3.5
无印度 RCEP	248047.3	28.9
包含印度 RCEP	275310.5	32.1

数据来源：世界银行，赛迪智库整理，2020 年 3 月。

表 8-3 RCEP 国家贸易规模及占比

国家	出口 (亿美元)	出口占比 (%)	进口 (亿美元)	进口占比 (%)	进出口 (亿美元)	全球贸易量 占比(%)
中国	24942.3	13.3	21349.8	11.5	46292.1	12.4
日本	7382.0	3.9	7482.2	4.0	14864.2	4.0
韩国	6048.1	3.2	5351.8	2.9	11399.9	3.1
印度	3224.9	1.7	5076.2	2.7	8301.1	2.2
澳大利亚	2527.8	1.3	2355.2	1.3	4882.9	1.3
新西兰	398.4	0.2	437.4	0.2	835.8	0.2
东盟十国	14472.7	7.7	14355.6	7.7	28828.3	7.7
无印度 RCEP	55771.3	29.7	51332.0	27.7	107103.3	28.7
包含印度 RCEP	58996.2	31.5	56408.2	30.4	115404.3	30.9

数据来源：UN Comtrade 数据库，赛迪智库整理，2020 年 3 月。

三、模型设定

本节利用 GTAP 模型，对 RCEP 达成在不同情境下可能对区域内外的国家和地区带来的宏观经济效应和分行业效应进行评估分析。

(一)模型简介

GTAP 模型是根据全球价格传导机制运行的，运用 GTAP 模型可以模拟一项政策对各国各部门生产、进出口、商品价格、要素供需、要素报酬、国内生产总值及社会福利水平造成的冲击。在 GTAP 模型架构中，首先建立反映每个国家（或地区）生产、消费、政府支出等经济行为的子模型，各子模型通过全球商品贸易之间的关系联结成为一个多国多部门的一般均衡模型。全球模型的价格传导过程见图 8-1。

GTAP 模型要求符合以下几个假设：市场是完全竞争的，生产的规模报酬不变，生产者最小化生产成本，而消费者效用最大化，所有产品和投入要素市场全部出清。在评估一项或多项政策冲击对多国多部门产生的作用时，新的数值被赋值到代表该项政策的外生变量上，经计算产品及要素市场达到新的均衡点，通过内生变量在新的均衡状态下的数值变化来考量该项政策对经济活动的影响程度。

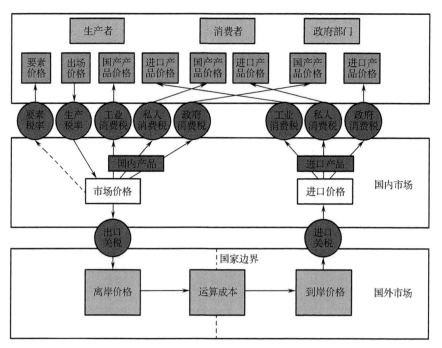

图 8-1　全球模型的价格传导过程

数据来源：赛迪智库整理，2020 年 3 月。

（二）评估方案

本研究将在 RCEP 自贸区框架下，模拟不同情景下自贸区的宏观经济效应。根据模型模拟和分析的需要，本研究对区域及产业部门进行了求解需要的分类加总，根据不同的自贸区框架将 141 个国家重新划分为 9 个组别（见表 8-4）。

表 8-4　国家分组

组　别	国　家	组　别	国　家
1	中国	6	RCEP 其他成员国
2	日本	7	美国
3	韩国	8	欧盟
4	越南	9	其他国家
5	印度		

数据来源：GTAP 模型分类，赛迪智库整理，2020 年 4 月。

进行自由贸易模拟过程中进行如下假定：一是考虑到未来货物贸易除个别敏感产品（主要为农业产品）外将趋向全面开放，因此外生变量冲击选用进口关税来进行冲击；二是按照谈判成果，RCEP 的关税削减将分为三个阶段，情景假设也主要根据这三个阶段进行设定；三是区域内各成员国和世界其他国家之间的关税壁垒和非关税壁垒保持不变；四是各国资本可以在区域内成员国之间自由流动，各国国内的全部要素（不含土地）可以在行业间自由流动，但不能够跨国流动。

根据研究文献，当 RCEP 生效时，所有国家/地区取消关税占其关税细目的 65%；十年后这一比例增加到 80%；十五年内这一比例将达到 92%。此外，由于在关税、与其他国家的贸易逆差和非关税壁垒方面存在分歧，印度于 2019 年 11 月决定不签署 RCEP，使得 RCEP 的影响力减弱，因此本研究进一步评估了印度加入 RCEP 情境下的宏观效应。

本研究各情景假设如下：

（1）情景 1：假设不包含印度的 RCEP 生效，RCEP 成员国之间削减 65% 的进口关税，其他组别间的进口关税和非关税壁垒不变。

（2）情景 2：假设不包含印度的 RCEP 到 10 年后，RCEP 成员国之间削减 80% 的进口关税，其他组别间的进口关税和非关税壁垒不变。

（3）情景 3：假设不包含印度的 RCEP 到 15 年后，RCEP 成员国之间削减 92% 的进口关税，且印度加入，其他组别间的进口关税和非关税壁垒不变。

（4）情景 4：假设 RCEP 到 15 年后，RCEP 成员国之间削减 92% 的进口关税，且印度加入，其他组别间的进口关税和非关税壁垒不变。

（三）评估结果分析

1. 情景 1 评估结果（见表 8-5）

表 8-5　情景 1 评估结果

国家	GDP（%）	进口（%）	出口（%）	投资（%）	贸易条件（%）	社会福利（亿美元）
中国	0.12	1.94	1.22	0.31	-0.03	83.9
日本	1.53	3.58	0.91	1.59	1.17	133.4
韩国	1.28	3.62	1.57	2.49	0.61	54.3
越南	-0.33	2.07	1.72	3.54	-0.3	-5.3

续表

国家	GDP（%）	进口（%）	出口（%）	投资（%）	贸易条件（%）	社会福利（亿美元）
印度	−0.23	−0.26	0.06	−0.19	−0.12	−6.5
RCEP 其他成员国	−0.08	0.69	0.60	0.19	−0.07	−3.0
美国	−0.25	−0.46	0.23	−0.36	−0.18	−48.3
欧盟	−0.2	−0.13	0.07	−0.29	−0.05	−51.0
其他国家	−0.22	−0.28	0.01	−0.26	−0.09	−63.0

数据来源：赛迪智库测算，2020 年 4 月。

根据模拟结果，RCEP 达成后，我国 GDP 将增加 0.12%，日本、韩国将分别增加 1.53% 和 1.28%。同时，区域外各国和地区 GDP 将有所下降，美国、欧盟和世界其他国家 GDP 将分别下降 0.25%、0.2% 和 0.22%。整体上看，RCEP 达成使得由区域外向区域内发生产业转移。

进出口方面，由于关税的大幅削减，RCEP 达成后对区域内各国的正面影响均较为明显。进口方面我国将增加 1.94%，日本、韩国、越南和其他成员国分别增加 3.58%、3.62%、2.07% 和 0.69%；出口方面，我国增加 1.22%，日本、韩国、越南和其他成员国分别增加 0.91%、1.57%、1.72% 和 0.6%。同时，RCEP 达成对于区域外国家造成一定负面影响，美国、欧盟和世界其他国家的进口将分别下降 0.46%、0.13% 和 0.28%；出口方面美国、欧盟和其他国家虽然小幅增加但明显小于 RCEP 成员国，增幅分别为 0.23%、0.07% 和 0.01%。

投资方面，我国的投资将增加 0.31%，日本、韩国和越南增幅更加明显，分别增长 1.59%、2.49% 和 3.54%；RCEP 其他国家小幅增长 0.19%。美国、欧盟和世界其他国家投资分别减少 0.36%、0.29% 和 0.26%，表明 RCEP 达成后全球资本将向 RCEP 成员国转移。

贸易条件方面，我国的贸易条件将有所恶化，但程度有限，小幅下降 0.03%，日本、韩国分别小幅增长 1.17% 和 0.61%。而美国、欧盟和世界其他国家贸易条件均呈下降趋势，分别为 −0.18%、−0.05% 和 −0.09%，表明建立 RCEP 后对于区域外的国家的不利影响。

社会福利方面，我国将增加 83.9 亿美元，日本增加 133.4 亿美元，韩国增加 54.3 亿美元，RCEP 其他成员国小幅下降，减少 3 亿美元。同时，区域外的国家社会福利将有所下降，美国减少 48.3 亿美元，欧盟减少 51 亿美元，世界其他国家减少 63 亿美元。

2. 情景 2 评估结果（见表 8-6）

表 8-6　情景 2 评估结果

国家	GDP（%）	进口（%）	出口（%）	投资（%）	贸易条件（%）	社会福利（亿美元）
中国	0.15	2.39	1.50	0.39	−0.03	103.2
日本	1.89	4.40	1.12	1.95	1.44	164.2
韩国	1.58	4.45	1.94	3.07	0.75	66.8
越南	−0.4	2.54	2.11	4.35	−0.37	−6.5
印度	−0.28	−0.32	0.08	−0.23	−0.14	−8.0
RCEP 其他成员国	−0.1	0.85	0.74	0.24	−0.09	−3.7
美国	−0.31	−0.57	0.28	−0.45	−0.22	−59.5
欧盟	−0.25	−0.15	0.09	−0.35	−0.06	−62.7
其他国家	−0.27	−0.34	0.01	−0.32	−0.12	−77.5

数据来源：赛迪智库测算，2020 年 4 月。

根据模拟结果，RCEP 达成后，我国 GDP 将增加 0.15%，日本、韩国将分别增加 1.89% 和 1.58%。同时，区域外各国和地区 GDP 有所下降，美国、欧盟和世界其他国家 GDP 将分别下降 0.31%、0.25% 和 0.27%。整体上看，RCEP 达成使得由区域外向区域内发生产业转移。

进出口方面，由于关税的进一步削减，80% 的关税被取消，RCEP 各国的正面效应更加明显。进口方面我国将增加 2.39%，日本、韩国、越南和其他成员国分别增加 4.4%、4.45%、2.54% 和 0.85%；出口方面，我国增加 1.5%，日本、韩国、越南和其他成员国分别增加 1.12%、1.94%、2.11% 和 0.74%。同时，RCEP 达成对于区域外国家造成一定负面影响，美国、欧盟和世界其他国家的进口将分别下降 0.57%、0.15% 和 0.34%；出口方面美国、欧盟和其他国家虽然小幅增加但明显小于 RCEP 成员国，增幅分别为 0.28%、0.09% 和 0.01%。

投资方面，我国的投资将增加 0.39%，日本、韩国和越南增幅更加明显，分别增长 1.95%、3.07% 和 4.35%；RCEP 其他国家小幅增长 0.24%。印度、美国、欧盟和世界其他国家投资分别减少 0.23%、0.45%、0.35% 和 0.32%，表明 RCEP 达成后全球资本将向 RCEP 成员国转移。

贸易条件方面，我国的贸易条件小幅下降 0.03%，日本、韩国分别小幅增长 1.44% 和 0.75%。而印度、美国、欧盟和世界其他国家贸易条件均下降，分别为 -0.14%、-0.22%、-0.06% 和 -0.16%，表明建立 RCEP 后对于区域外的国家和地区影响不利。

社会福利方面，我国将增加 103.2 亿美元，日本增加 164.2 亿美元，韩国增加 66.8 亿美元，RCEP 其他成员国小幅下降，减少 3.7 亿美元。同时，区域外的国家和地区社会福利将有所下降，美国减少 59.5 亿美元，欧盟减少 62.7 亿美元，世界其他国家减少 77.5 亿美元。

3. 情景 3 评估结果（见表 8-7）

表 8-7　情景 3 评估结果

国家	GDP（%）	进口（%）	出口（%）	投资（%）	贸易条件（%）	社会福利（亿美元）
中国	0.17	2.74	1.73	0.44	-0.04	118.7
日本	2.17	5.06	1.29	2.25	1.66	188.8
韩国	1.81	5.12	2.23	3.53	0.86	76.8
越南	-0.47	2.92	2.43	5.01	-0.43	-7.5
印度	-0.33	-0.37	0.09	-0.27	-0.17	-9.2
RCEP 其他成员国	-0.12	0.98	0.85	0.27	-0.1	-4.3
美国	-0.36	-0.65	0.32	-0.52	-0.25	-68.4
欧盟	-0.28	-0.18	0.10	-0.41	-0.07	-72.2
其他国家	-0.31	-0.40	0.01	-0.37	-0.13	-89.1

数据来源：赛迪智库测算，2020 年 4 月。

由于关税的进一步削减和印度的加入，RCEP 达成后对区域内各国的正面影响扩大。根据模拟结果，RCEP 达成后，我国 GDP 将增加 0.17%，RCEP 其他成员国如日本、韩国将分别增加 2.17% 和 1.81%。同时，区域外各国和地区 GDP 将有所下降，美国、欧盟和世界其他国家 GDP 将分别下降 0.36%、0.28% 和 0.31%。整体上看，RCEP 达成使得由区域外向区域内发生产业转移。

进出口方面，由于关税的大幅削减，RCEP 达成后对区域内各国的正面影响均较为明显。进口方面我国将增加 2.74%，日本、韩国、越南和其他成员国分别增加 5.06%、5.12%、2.92% 和 0.98%；出口方面，我国增加 1.73%，日本、韩国、越南和其他成员国分别增加 1.29%、2.23%、2.43% 和 0.85%。同时，RCEP 达成对于区域外国家和地区造成一定负面影响，印度、美国、欧盟和世界其他国家的进口将分别减少 0.37%、0.65%、0.18% 和 0.4%。

投资方面，我国的投资将增加 0.44%，日本、韩国和越南增幅更加明显，分别增长 2.25%、3.53% 和 5.01%；RCEP 其他国家增长 0.27%。印度、美国、欧盟和世界其他国家投资分别减少 0.27%、0.52%、0.41% 和 0.37%，表明 RCEP 达成后全球资本将向 RCEP 成员国转移。

贸易条件方面，我国的贸易条件小幅下降 0.04%，日本、韩国分别小幅增长 1.66% 和 0.86%。而印度、美国、欧盟和世界其他国家贸易条件均有所下降，分别为 -0.17%、-0.25%、-0.07% 和 -0.13%，表明建立 RCEP 后对于区域外的国家和影响不利。

社会福利方面，我国将增加 118.7 亿美元，日本增加 188.8 亿美元，韩国增加 76.8 亿美元，RCEP 其他成员国小幅下降，减少 4.3 亿美元。同时，区域外的国家社会福利将有所下降，美国减少 68.4 亿美元，欧盟减少 72.2 亿美元，世界其他国家减少 89.1 亿美元。

4. 情景 4 评估结果（见表 8-8）

表 8-8 情景 4 评估结果

国家	GDP（%）	进口（%）	出口（%）	投资（%）	贸易条件（%）	社会福利（亿美元）
中国	0.22	2.88	1.83	0.45	−0.01	135.7
日本	2.19	5.08	1.35	2.2	1.66	189.4
韩国	2	5.35	2.18	3.78	0.93	89.0
越南	−0.14	3.38	2.57	5.77	−0.37	−4.0
印度	−0.24	5.16	4.29	1.14	−0.31	36.0
RCEP 其他成员国	0.34	1.78	1.19	0.62	0.18	47.3
美国	−0.43	−0.78	0.37	−0.6	−0.3	−80.7
欧盟	−0.37	−0.25	0.10	−0.49	−0.1	−96.8
其他国家	−0.39	−0.51	−0.01	−0.44	−0.18	−111.9

数据来源：赛迪智库测算，2020 年 4 月。

印度加入 RCEP 后，RCEP 主要成员国的正向效应继续扩大。我国 GDP 将增加 0.22%，日本、韩国将分别增加 2.19% 和 2%，RCEP 其他成员国增加 0.34%，越南虽然为负增长，但比印度未加入的情境下缩减 0.33 个百分点。同时，印度加入 RCEP 后其 GDP 仍然有所减少，但降幅较其未加入 RCEP 前缩减了 0.09 个百分点。区域外国家和地区的负面影响进一步加大，美国、欧盟和世界其他国家 GDP 将分别下降 0.43%、0.37% 和 0.39%。整体上看，RCEP 达成使得由区域外向区域内发生产业转移。

进出口方面，由于关税的进一步削减和印度的加入，RCEP 达成后对区域内各国的正面影响扩大。进口方面我国将增加 2.88%，日本、韩国、越南和其他成员国分别增加 5.08%、5.35%、3.38% 和 1.78%；印度进口则由负转正，将增加 5.61%。出口方面，我国增加 1.83%，日本、韩国、越南和其他成员国分别增加 1.35%、2.18%、2.57% 和 1.19%，印度出口较情景 3 进一步扩大，将增加 4.29%。

同时，由于印度的加入，RCEP 达成对于区域外国家造成负面影响也有所扩大，美国、欧盟和世界其他国家的进口将分别下降 0.78%、0.25% 和 0.51%；出口方面美国、欧盟虽然小幅增加但明显小于 RCEP 成员国，增幅分别为 0.37%、0.1%，世界其他国家小幅减少 0.01%。

投资方面，我国的投资将增加 0.45%，日本、韩国和越南增幅更加明显，分别增长 2.2%、3.78% 和 5.77%；RCEP 其他国家小幅增长 0.62%；印度投资增长 1.14%，较情景 3 相比有明显增幅。美国、欧盟和世界其他国家投资分别减少 0.36%、0.29% 和 0.26%，表明 RCEP 达成后全球资本将向 RCEP 成员国转移。

贸易条件方面，我国的贸易条件的恶化程度与情景 3 相比有所缩小（-0.01%），表明印度加入 RCEP 对我国有所利好。日本、韩国分别小幅增长 1.66% 和 0.93%。而美国、欧盟和世界其他国家贸易条件均为负值，分别为 -0.3%、-0.1% 和 -0.18%，与情景 3 相比，所受程度有所扩大。

社会福利方面，我国将增加 135.7 亿美元，日本增加 189.4 亿美元，韩国增加 89 亿美元，RCEP 其他成员国显著增加，增加了 47.3 亿美元；印度由负转正，社会福利增加 36 亿美元。同时，区域外的国家和地区社会福利将有所下降，美国减少 80.7 亿美元，欧盟减少 96.8 亿美元，世界其他国家减少 111.9 亿美元。

四、结论及思考

（一）结论

通过构建 GTAP 模型,测算 RCEP 达成后的宏观经济效应及分行业效应,可得到以下结论:

一是高水平自贸区达成后,由于各国之间的经济互补,区域内成员国整体福利将增加,实现合作共赢。随着关税削减程度不断加大,多数区域内国家的 GDP 和福利也有所增加。

二是 RCEP 的达成有利于促进各成员国贸易规模扩大。随着关税削减程度加大,正面效应也越发明显。我国加入高水平的自贸区后进出口都会增长,但要牺牲一些贸易条件。同时,在区域内成员之间将产生一定贸易创造效应,而对区域外则有贸易转移效应。

三是印度的加入对于 RCEP 成员国的正面效应扩大具有显著的促进作用。印度加入 RCEP 后,GDP 和出口都将受损,进口扩大也意味着其将成为其他工业国产品的进口国。但是结合情景 3 的结果可知,当 RCEP 成员国在第三阶段削减 92% 的关税后,印度不加入 RCEP 的受损程度更大。因此,从长期看,印度加入 RCEP 符合其自身和其他成员的利益。

四是由于自贸区的排他性,将对美国、欧盟等自贸区框架外的国家和地区产生一定负面影响。随着关税削减程度不断增加,美国、欧盟和区域外其他国家在 GDP、贸易等方面的受损程度也不断扩大。例如,在关税各自削减 65%、80% 和 92% 的阶段,美国的 GDP 分别减少 0.25%、0.31% 和 0.36%;欧洲 GDP 分别减少 0.2%、0.25% 和 0.28%。此外社会福利、投资的受损程度也不断下降。

（二）几点思考

一是应充分利用 RCEP 协定削减我国制度性成本,促进亚太地区经济合作进一步深化。亚太地区尽管有不少以东盟 10 国为基础的"10+1"自贸协定,如中国-东盟,东盟-澳大利亚和新西兰,导致亚太各国之间的规则更加复杂。RCEP 达成后,将这些协定升级,使得该区域获得了统一的规则体系,有利于降低个成员国之间的制度成本。未来应积极利用这一机遇,增强"贸易创造"效应的同时,推动通信、物流和金融等服务贸易领域的新增长点,促进亚太地区经济合作进一步深化。

二是应继续与印度谈判，推动其加入 RCEP。首先，印度退出协定给 RCEP 带来不利影响。印度是人口和经济大国，其 GDP 和贸易量全球占比分别为 3.2%和 2.2%，在 RECP 中占比分别为 9.9%和 7.2%，它的参与意味着 RCEP 规模的进一步扩大。目前印度不愿加入主要是担心中国对其本国市场的冲击和电信数据的安全。当前印度处于工业化初期阶段，制造业竞争力较弱。从研究结论来看，印度加入 RCEP 符合其自身和其他成员的利益，未来应继续积极加强与印度的沟通谈判，实现 RCEP 宏观效应进一步扩大化。

三是在 RCEP 达成基础上考虑加入 CPTPP，进一步对接高水平经贸规则。在亚太地区，目前存在 RCEP 和 CPTPP 两个协定。作为 TPP 的缩减版，CPTPP 保留了 TPP 超过 95%的内容，代表新一代贸易协定的最高标准。RCEP 与 CPTPP 仍有一定差距，如 CPTPP 对国有企业垄断、国家争端解决等议题均提出了新规则，原产地原则以及劳工保护、环境保护等新议题也涵盖其中，相较于 TPP 的广泛议题，RCEP 的议题仍以投资、贸易、经济与技术合作等传统领域为主 RCEP 相对宽松的标准使得其在经济成果上难以与 CPTPP 抗衡。因此，未来我国如果要实现更高水平开放，可以在 RCEP 达成基础上考虑加入 CPTPP，进一步对接高水平经贸规则。

第二节　国际贸易投资新规则对我国汽车产业的影响分析

近年来，全球经济格局面临深刻调整，国际贸易投资规则重塑步伐加快。在 WTO 多边谈判进展缓慢背景下，发达国家为捍卫其在国际经贸领域的主导地位，企图在双边和区域贸易协定谈判层面实现规则重塑，CPTPP、美墨加协定等高水平自贸协定不断涌现。汽车产业属于高端装备制造业，具有产业链长，生产和技术管理水平高，经济带动效应明显的特点，是一国制造业软硬实力和经济强国的标志性产业。我国是汽车制造和消费双大国，美欧日韩等国家不断对我国汽车产业施加开放压力，在此背景下研究国际贸易投资新规则对我国汽车产业影响具有重要意义。

一、逐步零关税成为汽车产业贸易自由化的主要特征

从总体关税减让情况看，以 CPTPP 和 CETA 为代表的高水平 FTA 已经

接近实质性零关税，且立即降税为零比例较高。TPP 协定中，除日本（93%）、智利（94.8%）和美国（96.1%）外，其他国家的货物贸易整体自由化率均接近或达到 100%。立即降税为零的比例非常高，除美国（68.9%）、越南（64.8%）和墨西哥（76.4%）外，其他国家都达到 80% 以上。CETA 协定中，欧盟与加拿大最终的自由化率达到 98% 以上，生效立即降为零的税目比例达到 99% 以上。从工业品关税减让看，高水平的 FTA 中工业品关税基本全面放开。

　　鉴于汽车产业的特殊性，汽车关税也成为各国保护汽车产业的重要手段之一。从表 8-9 可以看出，除日本和俄罗斯外，不论是发达国家和地区还是发展中国家，其汽车平均关税均高于工业品平均关税，足见汽车产品的重要性和敏感性。但即便各国对汽车较为敏感，CPTPP、CETA 等高水平自贸区也逐渐实现了汽车及其零部件的零关税。比如 TPP 中，美国以日本放开牛肉进口为对价，最终放开了对日本汽车及其零部件的关税壁垒。CETA 中，尽管欧盟和加拿大都设置了 4～8 年的过渡期，但最终都实现了汽车及其零部件的零关税。由此可见，汽车作为传统货物贸易的敏感产品，其在高水平自贸协定中的零关税水平和标准都达到了一个新的高度。

表 8-9　主要国家和地区汽车平均关税[①]和工业品平均关税比较

	国　　家	汽车平均关税	工业品平均关税
发达国家和地区	韩国	7.5	6.8
	欧盟	5.8	4.2
	加拿大	3.6	2.2
	美国	3.4	3.2
	澳大利亚	3.4	2.7
	日本	0.1	2.5
发展中国家	越南	28.2	8.4
	印度	25	10.1
	巴西	22.4	14.1
	马来西亚	16.7	5.5
	中国	16	9

————————

① 为便于统计，本结果基于各国 8701～8716 四位税号关税的简单平均。

续表

	国　　家	汽车平均关税	工业品平均关税
发展中国家	墨西哥	10.5	5.7
	南非	9.8	7.5
	俄罗斯	6.9	7.3

数据来源：根据 WTO 官网各国关税数据计算，赛迪智库整理，2020 年 4 月。

二、高水平关税削减对我国机动汽车产业冲击较大

在分析关税减让影响时，本节运用 GTAP-CGE 模型定量预测了不同情景下各国宏观和产业层面主要指标的变化。本节模拟分析在中日韩自贸区、RCEP 两种框架下，完全自由贸易（零关税）对我国汽车行业的定量影响。

情景 1：中日韩框架下，假设中日韩自贸区达成，三国之间商品免除进口关税，其他组别间的进口关税不变，模拟影响见表 8-10。

表 8-10　中日韩自贸区达成对各地区汽车行业的模拟影响

国家	机动车辆				其他交通设备			
	生产（%）	进口（%）	出口（%）	贸易差额（百万美元）	生产（%）	进口（%）	出口（%）	贸易差额（百万美元）
中国	-1.03	10.71	3.98	-1837.41	0.81	0.59	2.54	363.02
日本	-5.81	5.33	-6.40	-11201.71	-9.41	2.92	-14.67	-3035.37
韩国	-1.63	7.19	-2.00	-1545.16	-9.48	3.52	-10.04	-2063.28
美国	0.85	-0.90	1.57	3665.11	0.69	-0.79	1.09	1412.55
欧盟	0.79	-0.09	0.77	4884.52	0.76	-0.34	0.87	1338.66
英国	0.80	-0.28	1.02	681.34	0.67	-0.43	0.99	281.10
其他 RCEP 国家	1.49	-0.71	2.35	1046.79	0.88	-0.69	1.71	443.05

数据来源：GTAP 模型测算，赛迪智库整理，2020 年 4 月。

情景 2：RCEP 框架下，假设 RCEP 达成，RCEP 成员国之间商品免除零关税，其他组别间的进口关税不变，模拟影响见表 8-11。

表 8-10 数据显示，中日韩自贸区框架下中日韩汽车零关税后，我国机动车辆和其他交通设备所产生的影响不尽相同。其中，我国机动车辆汽车行业生产将减少 1.03%；我国其他交通设备的生产将增加 0.81%。在进出口方面，我国机动车辆行业进口将增加 10.71%，出口将增加 3.98%，贸易差额将减少

18.37 亿美元；我国其他交通设备的进口和出口将分别增加 0.59% 和 2.54%，贸易差额将增加 3.63 亿美元。这表明 RCEP 框架下汽车零关税，我国机动车辆将受到较大冲击，而其他交通设备所受影响相对较小。从其他国家情况看，中日韩框架下汽车零关税将使日本和韩国汽车进口增加，出口和生产减少，贸易逆差扩大。整体上看，中日韩自贸区并未给日本和韩国带来较大利益，但其他 RCEP 国家因汽车关税并未降低，中日韩汽车降税将给其带来一定的好处。

表 8-11　RCEP 达成对各地区汽车行业的模拟影响

国家	机动车辆				其他交通设备			
	生产（%）	进口（%）	出口（%）	贸易差额（百万美元）	生产（%）	进口（%）	出口（%）	贸易差额（百万美元）
中国	-0.77	11.74	5.94	-1648.32	1.90	2.17	8.43	1172.49
日本	-4.29	7.66	-3.45	-6877.95	-9.83	4.43	-14.24	-3136.67
韩国	-0.98	10.11	-0.27	-969.86	-11.56	4.76	-11.89	-2477.04
美国	0.92	-1.35	1.25	4388.03	0.73	-1.34	0.89	1474.09
欧盟	0.67	-0.32	0.43	4026.63	0.80	-0.63	0.70	1425.68
英国	0.66	-0.52	0.59	636.51	0.75	-0.74	0.89	323.21
其他 RCEP 国家	-4.49	8.44	-2.07	-4692.03	-0.82	1.15	0.42	-401.08

数据来源：GTAP 模型测算，赛迪智库整理，2020 年 4 月。

表 8-11 数据显示，RCEP 协定汽车零关税后，我国机动车辆和其他交通设备所产生的影响不尽相同。其中，我国机动车辆汽车行业生产将减少 0.77%；我国其他交通设备的生产将增加 1.90%。在进出口方面，我国机动车辆行业进口将增加 11.74%，出口将增加 5.94%，贸易逆差将减少 16.48 亿美元；我国其他交通设备的进口和出口将分别增加 2.17% 和 8.43%，贸易差额将增加 11.72 亿美元。这表明 RCEP 框架下汽车零关税，我国机动车辆将受到较大冲击，其他交通设备将从中受益。从其他国家情况看，RCEP 框架下汽车零关税将使这些国家汽车进口增加，出口和生产减少，贸易逆差扩大。整体上看，RCEP 框架下各国汽车零关税对日本、韩国和其他 RCEP 国家来说未能带来实质性好处。

综上，我国机动车辆竞争力较弱，高水平的关税减让对我国汽车产业造成一定压力。随着自贸区国家范围的扩大，我国机动车辆所受到的冲击也更为明显；高水平对外开放有助于汽车行业产业分工的细化和贸易规模的扩大。高标准的自由贸易协定将减少贸易壁垒，汽车行业关税的实质性下降将加剧汽车行业的竞争，进而有利于提高汽车产业的竞争力，促进汽车贸易规模的增长；自贸区的达成将刺激区域外向区域内的贸易转移。RCEP 框架下，汽车进出口在区域内均有所增加，在区域外则有所下降，存在由区域外向区域内的贸易转移。中日韩框架下，汽车进口存在由区域外向区域内的贸易转移；对于出口，我国汽车出口明显增加的同时日本和韩国将有所下降，表明存在着区域内贸易转移。此外，从评估结果可以看出，美欧等汽车制造大国也因中国等国家的汽车降税而带来实质性的好处。

三、两点思考

（一）顺应国际贸易投资新规则发展趋势，逐步分产品、分阶段放开汽车的关税保护

面对国际经贸高标准规则的谈判压力，特别是从大局出发，加快推进 RCEP、中日韩自贸区谈判的紧迫性加剧，未来我国自贸协定谈判中进一步提高工业品的自由化率，放开大部分产品关税已成为大势所趋。但是对于汽车等价值链长、产业带动性强、技术门槛较高但国内竞争力相对较弱的产业，要尊重我国目前产业发展阶段，认识到关税仍是有效的保护手段，不能完全无条件放开关税保护。为此，应在高水平自贸谈判中分产品、分层次开放。在与汽车贸易量较小的国家进行自贸协定谈判时，可以完全放开汽车的关税。对于 RCEP 谈判和中日韩 FTA 谈判，可先放开敏感性较低的其他汽车产品，然后根据产业发展情况，逐步适度降低机动车辆的关税。如果迫于压力全面开放，则应在保障产业安全和可承受的基础上，通过延长过渡期、保留底线关税等方式为汽车产业发展提供一定的缓冲器。

（二）加快汽车产业发展，培养产业核心竞争力

鉴于我国机动车辆竞争力较弱的现状，从政府部门看，应根据国际贸易新规则的发展趋势角度思考汽车的产业政策，通过对外开放倒逼汽车发展，同时利用国内产业政策兜底对外冲击，为我国汽车产业发展争取适度的发展环境。从汽车企业看，应改变过去依赖外资品牌的思路，加快技术创新，思考转型之路，提高产品质量和品牌竞争力。

第三节　从全球疫情加剧看我国宏观经济外部风险点

当前全球疫情大流行，尤其是美国和欧洲国家呈现失控态势，各国纷纷采取强有力管控措施，全球经济发展按下暂停键，2020 年全球经济出现负增长的概率较大。尽管国内疫情已经得到有效控制，但由于我经济与全球市场高度依存，全球主要国家经济下滑，以及疫情导致的"闭关锁国"趋势将严重恶化我经济发展的外部发展环境，给我宏观经济发展带来诸多风险。对此，我们必须高度重视，内外联动，积极应对，确保经济稳定有序发展。

一、全球疫情大流行使我国宏观经济外部风险骤增

外需市场大幅下滑，将拉低 GDP 增速 4 个百分点，拉低工业增加值 3 个百分点。当前全球疫情面临失控态势，我国外需市场严重萎缩。由于主要国家 3 月份才开始采取相对严格的防控措施，预计包括 4 月份在内的第二季度我国企业出口订单将出现大幅度下滑，不排除企业零订单的可能。当前我国出口前 10 名的贸易伙伴中有 8 个国家采取了不同程度的封闭措施，包括居家隔离、工厂停工等。这 8 个国家占我国出口整体约 40% 左右。假设在极端情况下出口全部受损，经测算，这将导致我国 GDP 受损 4 个百分点以上，工业增加值受损 3 个百分点以上。如果日本和韩国两个国家疫情升级，也采取封闭措施，则我国出口受损将扩大到 50%，GDP 受损 5 个百分点左右，工业增加值受损 4.5 个百分点左右。

疫情导致全球化陷入全面停滞状态，维系我"世界工厂"地位的供应链和产业链都受到较大冲击。一方面，全球物流中断，我国国际供应链脆弱性骤增。我国虽然是制造大国，但并没有与之相匹配的国际物流体系，外贸高度依赖海外货运公司。在中国国际快递业务中，国际三大快递企业（美国的联邦快递和 UPS，德国的 DHL）占到 70%。随着国际航线萎缩，我国企业陷入原料和中间品无法进口，企业产出品无法出口的尴尬境地，大大降低了我国复工复产的经济效应。另一方面，此次疫情危机可能进一步改变全球政治经济运行规则，各国势必反思其本国产业链和供应链弹性与布局，加之各国失业人数增加，发达国家制造业回流趋势将更加明显。2020 年 3 月 21 日，几位美国参议员提出了关于提高美国医疗产品供应链安全的法案，以消除美国对中国药品依赖。叠加中美经贸摩擦的双重影响，我国产业链外迁趋势可

能会进一步加剧。

疫情催化下，以美国为首的无限量化宽松政策可能引发新一轮金融危机，并通过多种渠道传导至我国。为缓解疫情对美国经济影响，对冲市场流动性危机，美采取了"零利率+无限量 QE+2 万亿美元财政刺激"等系列"放水"措施，各国纷纷效仿降息并推出强有力刺激措施。然而近期美股四次触发熔断，表明市场对政策效果并不买单。如果疫情继续失控，且高强度刺激措施的经济效果不明显，叠加全球生产端和需求端同步停滞，市场对后续经济增长的预期将更加悲观，存在演变成全球金融危机的可能。尽管我国已经取得"战疫"的初步胜利，但在全球化背景下，风险也会从贸易、产业链和金融市场等多渠道传导到国内，形成系统性问题。更首当其冲的是，美国利用其独特的美元霸权体制，通过汇率差的形式加速稀释其他国家所持有的庞大美元债权，向全球转嫁疫情损失，而中国作为美债最主要持有国，受冲击较大。

二、几点思考

一是力所能及情况下，协助全球共同抗击疫情，提升我国国际影响力的同时，稳定对我国至关重要的外部发展环境。当前我国境内疫情趋稳，复工复产稳步推进，但外需订单减少，完全靠国内需求无法支撑我国庞大的制造业产能。没有外需订单的复工复产，企业的损失会更大。与全球各国合作，共同抗击疫情是实现双赢的最佳途径。此外，全球疫情期间，也是提升我国国际影响力的最佳"窗口期"。当前美国等发达国家疫情严重，连自身需求都难以满足，更不用说援助其他国家。而我国截至 2020 年 3 月 26 日，已经对 83 个国家提供紧急援助。以荷兰为例，随着荷兰疫情告急，美国和欧盟自顾不暇，反倒是华为公司向荷兰援助大量口罩。2018 年，因美国从中作梗，中芯国际向荷兰阿斯麦尔（ASML）公司订购的 EUV 光刻机迟迟未能交付。但 2020 年 3 月上旬，荷兰政府顶住美国施压，向中芯国际出口一台 DUV 光刻机。利用此疫情"窗口期"，在我国力所能及情况下，应进一步加强与全球，尤其是与美国传统盟友以及东南亚等"一带一路"沿线国家的沟通，突破美国对我国的遏制防线，与更多国家参与共建人类命运共同体，提升我国影响力。

二是全球需求受损的情况下，内需的支撑作用进一步显现，未来扩大国内消费成为稳定经济的重要手段。2020 年 3 月 13 日，国家发展改革委等 23

部门联合印发了《关于促进消费扩容提质加快形成强大国内市场的实施意见》，也有部分省市出台了鼓励消费的相关政策，如山东济南发放 2000 万元文旅消费券，浙江推出总价 10 亿元的文旅消费券和 1 亿元文旅消费大红包，江苏南京发放 3.18 亿元消费券等。未来可以考虑全国范围内发行消费券，如果按照 3000 亿元的规模和 15 倍杠杆，将使得消费增加约 45000 亿元的规模，根据消费与 GDP 之间的弹性关系，约可支撑 GDP 回升 1 个百分点。

三是宏观经济政策的重心应是支撑 80% 人口就业的中小企业。疫情对大企业和中小企业的影响是非对称性的，中小企业生产既面临需求萎缩、劳动力供给减少、产能利用率下降等供求失衡影响，又承受借贷成本上升和金融环境收紧后的较高不确定性。当前国内掀起"新基建"热潮，围绕 5G、人工智能、工业互联网等前沿科技进行长期性和大规模的生产要素投入。但"新基建"的高技术门槛，对国有企业和阿里、腾讯等龙头民营企业更有利，短期内中小企业难以获益。确保支撑 80% 就业的中小企业在疫情冲击中存活下来，是当前货币和财政政策的重心所在。应对中小企业采取有针对性的帮扶举措，同时把临时性帮扶与推动中小企业融资难、融资贵等长期存在问题有机结合起来，建立政策传导的长效机制。

四是适当减持美元资产，加速推进人民币国际化进程，以低价位大规模购入石油、黄金等全球大宗资产。为防止美国通过量化宽松和美元贬值向中国转嫁疫情损失，可以适量减持美元资产，降低外汇储备。进一步扩大人民币影响力，发展人民币石油结算、贸易结算。此外，当前石油等大宗资产价格处于低位，对我国资源进口大国构成重大利好，应在全球市场大规模买入石油、黄金、天然气、铁矿石等资产，提前做好对冲全球金融危机的准备。

第四节　后疫情时代我国产业链外迁趋势研判及对策

2020 年 4 月 17 日，中共中央政治局会议提出"六保"新要求，"保产业链供应链稳定"成为当前我国经济工作重点之一。随着疫情全球发酵，美日等国纷纷出台政策鼓励本国制造业回流，"去中国化"的舆论甚嚣尘上。赛迪研究院工业经济研究所系统分析后判断：短期看，我国产业链具备完整性、规模性、稳定性等优势，大规模外迁压力较小；但长期看，受劳动力成本上涨、中美经贸摩擦以及疫情冲击影响，全球产业链面临重构，要警惕我国产业链规模化、加速化外迁。

一、短期看，我国产业链大规模外迁的概率较小

从产业转移主体看，跨国企业不具备大幅增加新投资，转移产业链的能力。受疫情影响，全球经济遭受重创。据 IMF 2020 年 4 月预测，2020 年世界经济增速下滑 3.0%，欧美日等发达经济体经济增速下滑幅度均在 5% 以上。在此背景下，跨国企业基于经济利益考量，必将缩减投资，慎重考虑产业链搬迁事宜。另外，中国美国商会的调研报告显示，即便受疫情影响，70% 以上的跨国企业暂无向中国以外地区转移生产线和供应链的计划。

二、长期看，要警惕我国产业链规模化、加速化外迁

在我国人口红利消失的背景下，劳动力密集型行业的转移在所难免。目前，我国人工成本为 807 美元/月，是缅甸的 7.2 倍，是马来西亚的 1.4 倍。尤其是近五年来，我国河南、四川和安徽等劳动力大省的工资增速不仅高于东部平均工资增速，更高于自身劳动生产率增速①，从而导致东部一些产业越过国内转移路径，直接迁往境外。按此逻辑，我国皮革制品、纺织服装等行业，转向东南亚等劳动力成本较低的地区在所难免。

受中美经贸摩擦长期性、复杂性的预期影响，我国电子和轻工业等部分产业链呈加速转移趋势。中美贸易摩擦影响范围，几乎涵盖了高、中、低端大部分行业，据中国美国商会调查报告显示，中美双边关系的不确定性是跨国企业减少投资的最重要因素。一方面，由品牌厂商或龙头企业带动的向东南亚等地区的全产业链跟随式外迁，很可能导致产业链关键领域和核心环节的制造能力向外转移，对产业链长期安全和稳定带来不利影响；另一方面，受中美博弈预期影响，部分产业有向美国乃至北美地区回流趋势。近期，美国科尔尼（Kearney）公司发布报告显示，2019 年美国"制造业回流指数"五年内首次出现正值，表明制造业开始向美国本土呈现净流入。

疫情冲击下各国更加重视自身产业链安全性，将加速全球产业链重构。此次疫情中很多国家暴露出医疗物资短缺、部分产业链受他国"断供"影响等问题，各国开始反思自身产业链安全性。在产业链全球布局中，比较优势

---

① 据统计，近五年河南、四川和安徽三省的工资增速分别为 8.8%、6.3% 和 6.4%，三省的劳动生产率增速分别为 7.3%、5.9% 和 6.1%；东部地区平均工资增速仅为 5.6%。

不再是首要考量，全球政治经济运行规则面临重塑。正如美国外交关系委员会副主席奥尼尔所指出，很多公司将考虑在多个国家布局产业链，用牺牲部分利润的方式换取产业链的稳定。鉴于我国已是很多产品全球产业链的重要节点，各国重塑产业链，必将导致我国外部市场需求减少。

三、尊重产业转移规律，合理看待低端产业转移，加速国内产业升级步伐，提升我国在全球价值链中的地位

从产业转移规律看，产业链外迁本身并不可怕，关键是统筹好产业外迁和国内价值链升级的关系，确保升级速度快于外迁速度。为此，建议从以下几个方面防范产业链加速化、大规模外迁，同时尽快提升我国在全球价值链的地位。

切实降低企业成本，持续优化营商环境，尤其是减缓疫情下对就业有重要影响的产业过快转移。进一步推进减税降费各项政策落实，下调工业水、电、气、土地价格等要素价格，降低制造业综合成本。对中美贸易摩擦影响较大的行业企业，应采取综合性的减税降费、技改扶持等政策，帮助企业对冲关税上升压力。持续优化外资营商环境，简化外商外资审批程序，推进知识产权保护，进一步扩大制造业对外开放。

提升产业基础能力和产业链现代化水平，确保关键领域和核心环节不外迁。采取多重手段，确保对国家安全至关重要，对技术具有引领作用，对国内全产业链具有拉动作用的行业和企业不外迁。一是重点培育"专精特新"的中小企业单项冠军，增强产业链核心环节的控制力；二是推进先进制造业集群建设，积极构建产业链上下游协同创新机制，提高产业链黏性；三是推动国内产业升级，实现价值链向中高端攀升，增强不惧产业脱钩和技术脱钩的实力。

在优先引导产业链向中西部转移的同时，主动向东南亚等地区布局，抢占全球产业链高点。一是加快建立高效的产业区域联动机制，通过东部发达省份向中西部地区提供技术指导、员工培训、开展共建园区等形式，逐步提高中西部地区的承载能力，对受成本影响较为敏感的外资龙头企业，开展一对一服务，合理引导其向我国中西部地区转移；二是利用此次疫情"窗口期"，积极参与到全球产业链的修复中，可主动引导一部分低附加值产业到东南亚等国家，与更多国家分享全球化的利益，提升我国的大国形象的同时与更多国家建立利益共同体。

继续推动和美方谈判进程，降低中美贸易摩擦风险。当前，即便是在全球疫情大流行背景下美国仍不放弃对我国施压，中美关系仍是我国经济发展过程中无法回避的最大不确定因素之一。下一步，仍需继续推动和美方的谈判进程，中美第二阶段谈判重点要价为取消美方全部加征关税，最大限度达成对我国有利的协议，稳定全球投资者投资预期。

对接高水平贸易规则，推动区域合作发展。继续通过区域多边、双边和"一带一路"建设等多种经济合作框架，积极参与全球经贸规则重塑，提升我国全球话语权。一是积极推动 RCEP 协定如期签署并生效，构建亚太"区域供应链"，对冲中美经贸摩擦对我国的负面影响。二是在 RCEP 达成基础上考虑加入 CPTPP，进一步对接高水平经贸规则，大幅提升亚太地区贸易投资自由便利化水平。三是通过"一带一路"建设，深度挖掘和沿线国家的经贸合作，抢先布局与欧盟、英国等双边贸易谈判，达成"双赢"的新贸易协定。

第五节　英国脱欧给我国经济带来的风险及建议

2020 年 1 月 30 日，英国正式脱欧并进入脱欧过渡期，英国脱欧这一"反区域经济一体化"的历史性事件成为现实。作为全球第五大经济体，英国脱欧对全球经济和贸易等方面的影响不容小觑。赛迪智库工业经济研究所从宏观、贸易、投资、金融四个方面分析英国脱欧后对我国经济的影响以供参考。

宏观方面，英国脱欧风险外溢将导致我国经济受损 0.03%～0.06%，工业增加值受损 0.04%～0.07%。欧盟是我国第一大贸易伙伴，英国 GDP 占据欧盟经济总量的 15.2%，是连接中国和欧盟的重要载体，英国脱欧将直接导致欧盟市场规模缩水六分之一，经济下行风险加大。数据显示，2017 年英国启动脱欧程序之后，英国和欧盟经济开始呈下降趋势。2018 年英国 GDP 实际增长率为 1.39%，较 2017 年下降 0.19%，欧盟 GDP 实际增长率为 2.0%，较 2017 年下降约 0.7 个百分点。2019 年欧盟经济加速下行，GDP 实际同比增长率进一步降至 1.4%，英国更是降至 1.05%。据有关文献，英国脱欧将导致欧盟经济下行 0.5%～1%。以此为基础，经回归模型测算，我国对欧盟出口将受损 1.87%～3.7%，整体出口受损 0.37%～0.74%，进而导致我国宏观经济受损 0.03%～0.06%，工业增加值受损 0.04%～0.07%。在中美贸易摩擦还在持续进行的情况下，应警惕我国出口市场再受脱欧影响。我们建议：一是密切关注欧盟后续贸易政策，加强中欧经贸往来，进一步落实中欧领导人会晤成果，深挖中东欧等市场潜力；二是持续推动出口市场多元化，进一步开拓"一带一路"沿线国家，包括俄罗斯、东南亚等国家和地区的经贸合作领域。

贸易方面，如果后续英国与欧盟无法达成相关贸易协议并回归 WTO 框架，将导致我国出口受损 0.1%，工业产出受损 0.02%。根据目前安排，过渡期到 2020 年底结束，在过渡期内英国将留在欧盟内部市场和关税同盟，并将与其他经济体间进行贸易谈判。在过渡期内，英国若与欧盟达成的相关贸易协定以欧加协定（CETA）为模板（即 99% 的商品为零关税），并对一些产品合格评定结果和生产质量管理（GMP）进行相互认证，则关税和非关税壁垒未出现明显提高，这种情形下对我国影响较小。但假如英国与欧盟无法达成相关贸易协定，此后英国将按照 WTO 框架下的关税水平与欧盟成员国进行贸易往来，非关税贸易壁垒（如海关通关手续、加强原产地证明）也将提高。根据 GTAP 测算，这种情境将导致我国出口受损 0.1%，工业产出受损 0.02%；分行业看，轻工、纺织服装、装备几个行业受影响较大，出口分别受损 0.12%、0.16% 和 0.25%，产出分别受损 0.02%、0.08% 和 0.05%。此外，英国将大概率与美国签订自贸协定，不利于我国与英国开展合作。此前特朗普表示，一旦英国脱欧，美国与英国将会达成一个重要贸易协定，如果该协定参考美墨加协定，设置针对我国的"毒丸"条款（如果 USMAC 国家与非市场经济国家谈判自贸协定，而该国尚未与 USMAC 其他任何一国家签署协定，则需要通知另外两国），将影响我国与英国之间的贸易协定。我们建议：一是尽快启动与英国进行自贸协定谈判，并考虑借助中英自贸协定对接国际高水平经贸规则，作为未来我国与发达国家开启高水平自贸区的模板；二是确保在落实中美第一阶段贸易协议成果以及进行第二阶段中美经贸措施时，不损害到英国和欧盟的利益，以"求同存异"的方式构建与英国和欧盟的"利益共同体"。

投资方面，英国脱欧后欧盟或加强投资壁垒，加大对中国赴欧投资的安全审查。根据中国对欧盟投资数据，在 2016 年投资激增至 372 亿欧元后，呈逐年下降趋势。其原因除中国持续收紧资本管制外，欧盟日益严格的监管审查外资制度成为重要因素。2017 年欧盟首次启动 FDI 审查制度，并在 2019 年 3 月批准《欧盟外商直接投资审查条例》，将对关键基础设施、关键技术及军民两用项目、能源与原材料、数据安全和媒体多元化五大领域进行更严格的投资审查。英国是中国赴欧投资的首选地，失去英国这一自由贸易的推进者后，欧盟日益趋严的投资审查程序或导致中欧贸易与投资关系受到更多限制，中国企业进入欧盟市场难度增大。我们建议：一是提醒已在欧投资的企业，密切关注投资政策的调整，提前布局；二是积极参与中欧投资协定（BIT）谈判，推动制定更利于双边合作的投资规则。三是关注欧盟和英国的高科技优势，深度挖掘技术合作和投资潜力。

金融方面，脱欧将影响人民币国际化进程，且后续谈判结果将引发人民币汇率波动。一方面，英国脱欧将一定程度上影响人民币国际化进程。伦敦已经成为仅次于香港的第二大人民币离岸结算中心，是我国在欧洲战略推广的重要纽带。根据 SWIFT 数据，2018 年人民币结算规模中英国占比高达 36%。英国脱欧后，欧洲中央银行表示欧元清算中心将转移至欧洲其他地区，导致英国的金融地位和货币红利受损，可能会影响人民币国际化进程。另一方面，可能引发人民币汇率波动风险。据测算脱欧之后英镑和人民币之间的波动溢出效应在加强，考虑到谈判期内汇率也会被英欧贸易谈判进展所左右，这将加剧人民币汇率波动的风险。我们建议：一是完善欧洲金融布局，考虑将人民币离岸市场业务分散到巴黎、法兰克福、卢森堡等地，避免对英国金融市场的依赖；二是借助当前金融服务业扩大对外开放的机会，允许更多外资背景的各类金融机构经营人民币业务，助力推动人民币国际化。

第六节　关于美国《2020 年国家贸易评估报告》的解读与启示

根据 2019 年中美双边贸易数据，美中货物贸易逆差大幅下降 17.6%，美自中进口商品总值下降 16.2%，中美经贸摩擦影响显著。《2020 年国家贸易评估报告》以下简称《报告》适时发布，对我国的贸易和投资环境提出六大控诉：一是产业政策旨在限制市场准入，对国内产业存在政策和资源倾斜；二是知识产权在商业秘密、恶意商标注册、医药保护、网上侵权和假冒产品五个方面虽有改革，但仍存在较大不足；三是农业方面中国存在大幅度农业补贴和其他政策支持，尚未完全履行入世承诺有关关税配额的内容；四是服务方面存在市场准入限制以及烦琐的审批流程和歧视性监管程序；五是透明度方面中国在贸易有关措施的公布、通知和评议程序、翻译等方面不足；六是法律体系中行政许可、竞争政策、非政府组织的待遇等领域可能对美国企业产生不利影响。《报告》对中美第一阶段协议内容和未来执行高度关注。

一、《报告》中与产业相关重点内容

《报告》中对我国产业政策提出质疑，涉及技术转让、产能过剩、投资限制等。在技术转让、创新政策和中国制造 2025 议题上，《报告》重申了 301 调查的关注，认为中国在技术和知识产权转让、商业保密等领域威胁美国公司利益，尚未做到相关承诺。在补贴议题上，《报告》认为中国补贴政策违反了 WTO 规则，对美国产业造成损害。美国正在与欧盟和日本合作，三方共同制定能够有效解决补贴问题的新规则。在投资限制议题上，《报告》提出我国缺乏实质开放，外国投资者和投资行为受到歧视性待遇，美国将对第一阶段协议相关承诺面的执行予以重点关注。

《报告》中对服务市场开放提出具体诉求，涉及金融、电信和互联网服务市场。美国针对金融业目前中方的开放政策，提出在许可申请流程等实践层面的担忧。对于电信和互联网技术服务，指出了存在的各种显性和隐形的市场准入壁垒，包括互联网监管问题、许可程序的不透明和不定期的间断、外国云计算服务商与中国持牌企业合作可能存在的技术泄露等。对于跨境数据流动和 ICT 设施本地化，美国指责中国通过《网络安全法》和《国家安全法》禁止或严格限制了数据跨境流动等诸多问题。

二、对《报告》的几点思考

（一）警惕美国在单边打压中升级

美国多次指责中国未兑现知识产权、技术转让、投资限制等领域的承诺，需警惕美以此为由，进一步升级对我单边打压。一是继续加严对我技术出口管制。2019 年美国对我实施技术出口管制主要集中在硬件，尤其是芯片等领域。2020 年 1 月美国发布限制人工智能软件出口的条例，新规聚焦到软件领域，管制范围进一步扩大，对交通运输与物流、通信及信息技术、汽车、科技服务等领域造成影响。目前该规定仅限于美国，但应警惕美国通过《瓦森纳协定》迫使其他缔约国对我国的软件出口进行管制。二是继续滥用"国家安全"，随意宣布国家进入紧急状态，进而援用《国际紧急经济权利法案》对我技术投资进行制裁。三是加强我赴美科技人才管控。新美国安全中心（CNAS）近期提交报告建议美国国务院与情报机构加快合作，禁止有中国政府背景、军方背景的研究人员赴美学习、交流或短期访问，未来，美国或对我赴美科技人才采取更加严格的限制措施。

（二）警惕美国在双边谈判中加码

美国在《报告》中一再重申其关注的中国产业政策和服务市场开放问题，上述议题势必将成为第二阶段中美谈判美方关注的重点。具体来看，一是美方将坚持对我国在上述领域的要价，进一步争取市场开放政策。从近期美方发布的政策报告来看，美方在上述领域的态度已显而易见，将继续针对双方痛点向中方施压。二是加强对金融、汽车等领域股比开放进行监督。我国目前在金融、汽车行业已经逐步取消对设立外商独资公司的限制，美方对后续政策落实仍表示谨慎担忧。三是美方可能会基于现有协议，在下一轮谈判中重点进攻电信互联网服务相关领域。在第一轮谈判中，服务市场开放主要聚焦于金融服务，而技术转让问题仅就一般性原则性问题进行了讨论，相关问题恐将成为第二轮谈判中美方要价加码的重点。

（三）警惕美国利用国际贸易规则围堵中国

美国近年来的贸易保护政策不断升级，频繁挑战 WTO 规则，甚至主动退出各种多边合作组织，需警惕其利用国际规则围堵我国。一是受疫情影响，全球供应链经受巨大冲击，现有贸易格局和生产体系将加速改变。美国势必反思其供应链和产业链安全与弹性，进而加速其制造业回流，升级对货物和服务贸易关注度。二是美国或将进一步打破全球化发展模式，借改革 WTO 规则之际，针对中国发起升级的贸易保护政策。美国将发挥在区域自贸协定中的谈判能力，通过在美墨加协议以及与日本、韩国的双边协议中的影响力削弱 WTO 的作用。三是继续针对中国的补贴政策，以违反 WTO 规则为由，持续针对国有企业改革等底线问题不断发难。

三、对策建议

（一）持续跟踪美国政策动态，全面评估政策影响和风险

一是定期跟踪更新美国关切领域的最新声明，做到及时反映、全面评估、提前预判，充分完善政策工具箱。二是加速深化改革进程，掌握产业发展主动权。加强核心技术布局，深化产业补贴研究和改革。针对部分面临卡脖子问题的产业，要将研究重点从补贴力度转变到补贴方式上来，将直接补贴企业运营向集中补贴基础科学研发等公共领域转移。

（二）针对美方关注，充分应对第二轮中美贸易谈判

一是对于部分涉及底线问题而美方可能提出的要价，要提前研究对策，争取在谈判中做出更加有利的回应。二是我方核心要价仍是美国尽快取消对我出口产品加征关税。受疫情和中美贸易摩擦双重影响，我国出口企业受损升级，如能在第二阶段谈判中争取减税或取消已对 2500 亿元和 3000 亿元清单产品的征税，对我出口企业减少损失意义重大。三是分类施策，逐步开放。对于美方关注的金融业、互联网支付、云计算跨境服务贸易等领域的开放，可结合自贸试验区建设考虑制定分步骤分类别开放政策。

（三）扩大开放，继续倡导并引领全球化进程

一是积极参与国际化标准制定，主动推进更高水平对外开放。研判高水平区域贸易协定趋势，明确我国未来在双边和多边贸易谈判中的改革方向。结合"一带一路"建设，构建自贸区网络。积极推进和英国、欧洲等国家和地区的双边贸易谈判进程，深挖合作潜力。二是对全球生产链正在发生的新变化提前做好研判和准备。通过现有自贸区协定，加速推动我国更多工业企业融入全球供应链和区域生产网络中，将自贸区全球布局与产业开放发展有机结合。

第九章

财税金融政策专题研究

当前，复杂多变的国际环境倒逼我国经济发展路径转换，国内全面以深化供给侧结构性改革推动经济高质量发展，我国制造业高质量发展面临诸多挑战。财税是国家宏观调控的关键着力点，是市场优化资源配置、促进社会公平的切入点，是实现制造业高质量发展、国家长治久安的制度保障。

第一节　新一轮增值税降税率对制造业的影响研究

我国当前实施以增值税为主体税种的间接税税制结构。其中，制造业增值税对增值税贡献率较大，也是财政税收收入不可小觑的组成部分。据《中国税务年鉴 2017》及 2018 年财政收入测算，2018 年我国制造业增值税税收可达 2.07 万亿元，占增值税总额的 33.66%，占财政税收收入总额的 13.16%。因此，我国增值税改革在很大程度上决定着制造业企业的利润分配空间，以及可实现的"税制改革红利"的多少。随着供给侧结构性改革日益深化，在国家财力可承受范围内，急需适度优化增值税制度，构建与经济高质量发展相适应的税收制度。但推进增值税改革，不仅要遵循我国增值税改革的逻辑，进一步调整税率和结构，还要考虑到增值税税率调整对制造业总税负、财政收入及 GDP 等各方面影响，全方位降低制造业企业税负，激发市场主体活力，有效发挥供给效应，推动制造强国建设。

一、供给侧减税与需求侧减税

减税既可以从供给侧发力，也可以从需求侧推进，但两者所能达到的效果有较大差别。减税通过收入效应和替代效应促进经济增长，其中，收入效应就是减税可以提高税后收入，增加消费者需求，以消费拉动经济增长，增加消费，即需求侧减税；替代效应强调提供一种减税激励，促使人们用劳动替代闲暇，或者用投资替代储蓄，增加产能，即供给侧减税，重在以投资拉动经济增长。

就实际操作来看，需求侧减税重在增加抵扣额，而供给侧减税主张降低边际税率，两者所产生的激励机制是有所区别的。我国个人所得税实施超额累进税制度，增加抵扣额，对不同收入阶层将产生同等的激励效应，很少有纳税个体会因抵扣额的增加而增加劳动供给，这是由于抵扣额是一次性抵扣，比如说，劳动者当前个人所得税起征点是 5000 元，即每月一次性定额扣除 5000 元，不会随着个人劳动收入的增加，再带来个人所得税抵扣额的增加，即边际收入的减税额为 0 元。但降低个人所得税率效果正好与之相反，比如说，我国个人所得税税率最高档为 45%，该收入等级的劳动者，边际上有近一半的收入要纳税，即每多增加 1 元收入，就需缴纳 0.45 元的个人所得税；若将税率降至 35%，就意味着每增加 1 元的收入，需缴纳 0.35 元的个人所得税，就相比之前多收入 0.1 元，可以有效刺激劳动者劳动积极性，增加劳动供给。

需求侧减税如图 9-1 所示，收入增加导致需求增加，会推动短期总需求曲线从 AD_1 移至 AD_2，抬高物价，提高短期总产出，但长期总供给曲线保持不变，新均衡点 Q 点并非稳态。在 Q 点，物价预期会提高，且鉴于失业率低于自然失业率，预期劳动力成本也会提高。因此，从供给者考虑，会缩减产量，短期总供给曲线 AS_1 将移至 AS_2，达到稳态均衡，即短期均衡与长期均衡重合，与最初均衡点相比，真实产出不变，仍是 Y_1，但物价却上升至 P3。

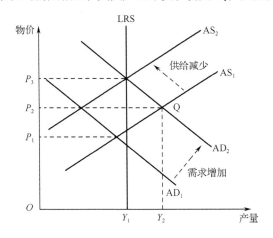

图 9-1　需求侧减税

供给侧减税如图 9-2 所示，降低增值税或所得税所产生的经济效应，理论上，可以实现无通货膨胀的经济增长。比如说，降低制造业增值税税率，制造业企业每增加一单位收入，就会增加税后收入，促使企业扩大生产，将供给曲线由 AD_1 移至 AD_2，同时产能扩大，必然会增加劳动力需求，推动劳动者工资增加，刺激劳动者劳动积极性，提高劳动参与度，推动需求曲线由 AS_1 移动到 AS_2。与此同时，劳动供给提高，资本存量增加，推动长期供给曲线向右由 LRS_1 移动到 LRS_2，达到新的均衡，但价格仍是 P_1，即是无通货膨胀的增长。

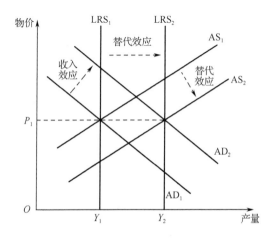

图 9-2　供给侧减税

综上，需求侧减税，通过收入效应，增加短期需求，但长期会导致物价上升，引起通货膨胀。相比而言，供给侧减税，收入效应叠加替代效应，不仅能够直接增加总需求，还能通过供给拉动需求，推动长期总供给曲线与需求曲线同时右移，扩大社会生产可能性边界，同时获得需求支撑，有利于经济实现可持续发展。因此，作为深化供给侧减税改革措施之一——增值税降税率，是应对当前经济下行的有效工具之一。

二、增值税降税率对制造业税负的影响

当前经济下行，为减轻企业税收负担，激发市场活力，2019 年 4 月 1 日，我国将制造业 16%税率降至 13%，将交通运输业、建筑业等行业 10%税率降至 9%，这会对制造业税负、财政收入及 GDP 等产生影响。据此，本节基于统计局发布的最新 2015 年投入产出表，设定投入产出计算方法，就增

值税降税率对制造业的影响进行综合研判。

测算结果及分析，将全部适用 16%的行业税率均调至 13%；全部适用 10%的行业税率均调至 9%；6%一档税率维持不变。经测算（见表 9-1），制造业增值税减税规模可达 7.77 千亿元，减负效果明显，可拉动 GDP 增长 0.48%，在一定程度上，缓解当前经济下行压力，同时将提高 0.81 个百分点的财政赤字率（2019 年两会将赤字率由 2018 年的 2.6%上调为 2.8%），或对守住 3%的国际警戒线带来短期压力，但考虑到减税对经济增长的拉动作用等因素，减税带来的财政收入压力仍在可控范围内。

表 9-1　增值税降税率对制造业影响的情景分析

改 革 内 容	变 量 名	变 动 幅 度
将全部适用 16%的行业税率均调至 13%；全部适用 10%的行业税率均调至 9%；6%一档税率维持不变	税负变动	7.77 千亿元
	拉动 GDP 增长	0.48%

数据来源：中国统计局最新的 2015 年投入产出表、Wind 数据库，2019 年 3 月。

基于测算原理，本节进一步深化增值税降税率对制造业各产业影响的测算分析，依据测算结果（见表 9-2），除造纸印刷和文教体育用品外，制造业其他产业都出现了增值税税负降低情况，并且各产业的降税负水平较为均衡，没有出现太大的极化现象。造纸印刷和文教体育用品行业出现了增值税税负增加的情况，经观测分析，主要是由于该行业中占比最大的"印刷与记录媒介复制业"适用税率为 10%，调整后为 9%，即税率改革前后只降了 1 个百分点，但制造业其他行业税率降了 3 个百分点，导致该行业的销项税减少幅度小于进项抵扣减少幅度，因此"印刷与记录媒介复制业"税负不降反增。

表 9-2　增值税降税率对制造业各产业税负的影响

名 称	税负降低幅度（百亿元）
食品和烟草	13.93
纺织品	3.73
纺织服装鞋帽皮革羽绒及其制品	3.16
木材加工品和家具	2.13
造纸印刷和文教体育用品	−1.02
石油、炼焦产品和核燃料加工品	5.00

续表

名　　称	税负降低幅度（百亿元）
化学产品	12.50
非金属矿物制品	5.47
金属冶炼和压延加工品	7.31
金属制品	3.21
通用设备	3.88
专用设备	2.58
交通运输设备	5.66
电气机械和器材	4.08
通信设备、计算机和其他电子设备	5.13
仪器仪表	0.67
其他制造产品	0.32

数据来源：中国统计局最新的 2015 年投入产出表、Wind 数据库，2019 年 3 月。

三、继续推动增值税改革的政策建议

（一）加快推进增值税立法进程，进一步完善税法制度建设

根据"税收法制"原则，加快增值税立法工作，以法律形式固定增值税征税范围、税基、税率、减免税政策等税收要素，限制规范具体征管部门的自由裁量权，构建与我国现代经济体系及建设制造强国相适应的财税法治制度，增强税收政策的确定性和稳定性，更好地引导企业行为，促使企业能够较为明确的评估企业的未来经营环境和盈利，提升投资活动决策稳定性，稳定市场预期。

（二）增加行业税收抵扣配套措施，确保行业税负只减不增

测算结果表明，除造纸印刷和文教体育用品行业外，制造业所有行业均有减负效果，同时服务业不少行业也出现税负增加情况。这主要是由于增值税降税率，各行业降税率可能出现不均衡，导致上游行业增值税负降低，而下游行业可抵扣税额就会减少，简单来说，就是上游行业将部分税负转嫁至下游行业。为降低税负，下游行业极有可能上涨产品或服务价格，将税负再传导回上游行业，如制造业与服务业之间就存在这种可能性。因此，应制定

并出台对生产、生活性服务业等行业的税收抵扣等配套措施，确保制造业在增值税降税率过程中税负最终只减不增。

（三）开源节流，适度严征管，稳定财政收入

一方面，增加特定国有金融机构、央企等利润上缴额，压减一般性支出、"三公"经费等支出，清查摸底长期沉淀资金并一律依法依规收回。另一方面，依法强化增值税等主体税种的征管力度，修改完善税收征管措施，严格防范偷逃税行为，同时完善小规模纳税人管理和简易征税等政策措施，缓解由于增值税降税率，财政税收收入减少问题。

增值税是我国税制结构中主体税种，旨在加强税收中性、公平税负，引导资源优化配置。为减轻企业税收负担，激发市场活力，"十三五"时期，我国全面推广"营改增"，是近年来税收制度的重大改革举措。特别是，2019年4月1日，我国将增值税16%、10%税率分别再降至13%、9%，推动增值税改革进一步深化，势必将对制造业税收负担、GDP、财政收入产生一定影响，需全面综合考虑改革成效，出台配套改革措施，切实为制造业再降负。

第二节 增值税税率三档并二档改革对制造业的影响研究

随着我国经济进入高质量发展阶段，为完成稳增长、保就业等目标，必须优化升级经济结构，推动经济发展方式转换。税收制度改革是促使经济发展方式转换的重要驱动力量，旨在加强税收中性、公平税负，引导资源优化配置。增值税是我国税制结构中的主体税种，增强增值税的税收中性，剔除重复征税是税制改革的重要内容。自2012年"营改增"试点改革以来，我国增值税改革不断深化，既由17%、11%分别降至16%、10%再至13%、9%的税率调整，又有四档变三档的税率简并，均取得一定成效，特别是制造业减负效果较为明显。2018年5—12月，制造业增值税减税约达945亿元，占增值税减税总额的35%。经济下行之下，为进一步减轻制造业企业税收负担，激发市场活力，应加快增值税税率三档并二档可行性研究进程，为制造业再降负提供决策支撑。

一、我国增值税改革历程及制造业增值税税负情况

纵观改革开放四十多年来，我国税收制度进行了多次改革，规范化、法治化程度得到极大提升，既反映在自身不断调整完善，也越来越体现出，税收政策工具持续匹配服务于政府的资源配置调节目标，其中，增值税制度作为我国主要税种，其改革具有重大的现实意义。根据 Wind 数据库有关数据测算，我国 2017 年各种税种占总税收比重中，国内增值税占到总税收的 39%，是所有税种在总税收中占比最高的税种，且其所占比例也远远高于其他税种所占比重，如图 9-3 所示。梳理改革发展路径发现，增值税制度改革历程主要大致分为三个阶段（见表 9-3）。

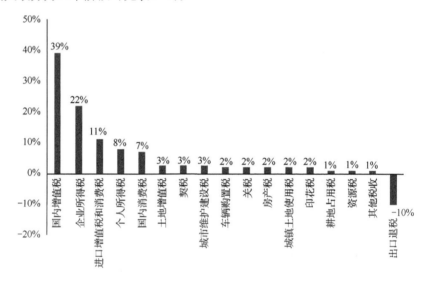

图 9-3　2017 年各种税种占总税收比重

表 9-3　增值税制度的改革历程

历程	改 革 内 容	作用与效果
增值税制度的确立和规范	1979 年引进增值税并开始试点	① 增值税制度正式确立；② 增值税计税方法完善；③ 按照国际通行做法建立了规范化的"生产型增值税"，确立了增值税、消费税、营业税并存的流转税格局，实现与国际接轨
	1984 年 10 月，《中华人民共和国增值税条例（草案）》	
	1986 年，《关于完善增值税征税办法的若干规定》	
	1993 年 12 月 13 日，《中华人民共和国增值税暂行条例》	
	1993 年 12 月 25 日，《中华人民共和国增值税暂行条例实施细则》于 1994 年 1 月 1 日起施行	

续表

历程	改 革 内 容	作用与效果
增值税的转型和扩围	2008 年 12 月 19 日,《关于全国实施增值税转型改革若干问题的通知》	① 实现增值税全面转型;② 扩大抵扣范围,推动扣税链条更加完整,降低了商品和劳务流转过程中的重复征税问题,间接减轻企业的税收负担,推动了先进制造业和现代服务业的发展
	2012 年在上海率先实施交运、现代服务业"营改增"试点,"营改增"改革	
	2016 年 3 月 23 日,《关于全面推开营业税改征增值税试点的通知》,存在 17%、13%、11%、6%等多档税率和 3%的征收率	
增值税税率的简并和调整	2017 年 4 月 28 日,《关于简并增值税税率有关政策的通知》,简并调整增值税税率,四档变三档	① 简化税收征管;② 进一步降低企业税负
	2018 年 4 月 4 日,《关于调整增值税税率的通知》,下调增值税税率	
	2019 年 4 月 1 日,将制造业等现行 16%税率降至 13%,将交通运输业、建筑业等行业现行 10%的税率降至 9%	

资料来源:赛迪智库整理,2019 年 2 月。

第一阶段是 1979—1994 年增值税制度的确立和规范。这段时期,国家相继于 1984 年出台了《中华人民共和国增值税暂行条例》、1993 年底发布了《中华人民共和国增值税暂行条件实施细则》等文件,标志着国家正式建立了规范化的"生产型增值税",奠定了增值税、消费税、营业税三大税并存的流转税格局。

第二阶段是 2006—2016 年增值税的转型和扩围。这段时期,既有 2004—2008 年主要以增值税的转型和扩围的试点阶段,通过试点发现问题,不断完善增值税制度,又有 2009 年全国范围增值税转型改革阶段,先后将建筑业、房地产业、金融业、生活服务业等行业全部纳入试点范围,最终在 2016 年 5 月 1 日全面推广实施"营改增"改革,扩大了增值税抵扣范围,推动增值税抵扣链条更加完整。其中,2006—2010 年间,国家完成了增值税从生产型全面转型为消费型。"营改增"及允许抵扣购进的机器设备等固定资产的进项税额,既解决了营业税在商品和劳务流转过程中所存在的重复征税问题,保持税收中性,减少征税对市场机制的扭曲,又减少了增值税的税基,为企业减轻了税收负担,推动了先进制造业和现代服务业的发展。

第三阶段是 2017 年以来的增值税税率的简并归档与调整。这段时期,国家推行了一次增值税税率简并归档和两次税率调整,先于 2017 年出台了

《关于简并增值税税率有关政策的通知》，后又在 2018 年上半年再次出台《关于调整增值税税率的通知》的税率调整文件，将 17%、13%、11%、6%四档税率归为 16%、10%、6%三档税率，其中将 13%归并于 11%税档，同时调低 17%与 11%税率各一个百分点，既减轻企业税负，又降低了税收征管复杂度，为经济可持续发展添薪助力。2019 年 4 月 1 日，国家再将制造业等现行 16%的税率降至 13%，将交通运输业、建筑业等行业现行 10%的税率降至 9%。

其中，制造业是中国经济的"脊梁"，主要缴纳增值税和企业所得税。为降低制造业企业税负，我国通过增值税改革，对激发市场活力发挥了重要作用。但我国当前税制结构调整仍存在掣肘，造成制造业税负仍偏重，影响制造业国际竞争力塑造。根据 2017 年税务统计年鉴数据测算，2016 年，我国的制造业国内增值税占制造业总税收比重为 37.95%。从图 9-3 中可知，我国企业部门纳税占比合计达到 80%以上，其中国内增值税和企业所得税占比最高，分别达到 39%和 22%。

2018 全年，我国大力实施降低增值税税率等减税降费政策，合计减税降费规模约 1.3 万亿元，但"营改增"扩大税基，实质上增加了制造业企业的税收负担，比如说，"营改增"之前，营业税与增值税并存，很多制造业中小企业存在低报营业税等偷漏税行为，但"营改增"后，企业所有交易环节都需要提供发票信息，实质是大幅增强了税收征管的力度与深度，导致税基大幅增加的基础上变相加税。据 Wind 数据库数据计算可得，2018 年，我国税收增速达到 14%以上，而增值税增速却达到了 16%以上，都远高于 10%的名义 GDP 增速，这实质在一定程度上反映出我国企业负担进一步加重，还需继续深化增值税改革。

二、增值税改革情景设置前提对制造业影响各情景模拟测算分析

增值税之所以受到世界众多国家的推广，主要源于增值税特有的抵扣链条，本节在此进行了一定的理论推导，旨在为情景模拟做好理论前提。

（一）增值税抵免链条原理

劳动价值理论表明商品价值包括三部分，即 $C+V+m$。其中，C 是设备、原材料等成本，V 是劳动力价值，m 是剩余价值，$V+m$ 是生产过程中创造出来的新价值。根据增值税定义，$V+m$ 是理论上的增值额，C 是理论上的扣

除额。但实际上增值税都是以法定增值额为课税对象，法定增值额是根据商品销售总额扣除成本之后差额确定，即各国对购进商品成本规定了具体范围，称之为法定扣除额（税法规定的扣除额）。

假定增值税税率为 t_1，一般纳税人 A（制造业各行业所对应的上游行业）的产品价格（不含税）是 P_A，进项税为 0，制造业企业的增值额（毛利润）为 Δ_F，一般纳税人 B（制造业各行业所对应的下游行业）的增值额为 Δ_B，不考虑税负转嫁问题。

情景 1：基准情况，考虑制造业正常缴纳增值税下纳税人税负，如表 9-4 所示。

表 9-4　对制造业正常计征增值税税率的税负分析

	一般纳税人 A	制　造　业	一般纳税人 B
产品价格（不含税）	P_A	$P_A + \Delta_F$	$P_A + \Delta_F + \Delta_B$
进项税	0	$P_A t_1$	$(P_A + \Delta_F)t_1$
销项税	$P_A t_1$	$(P_A + \Delta_F)t_1$	$(P_A + \Delta_F + \Delta_B)t_1$
应纳税额	$P_A t_1$	$\Delta_F t_1$	$\Delta_B t_1$
三个环节总税负	$(P_A + \Delta_F + \Delta_B)t_1$		

注：增值税应纳税额=销项税-进项税；表中考虑的都是 1 单位产品情况。

情景 2：考虑全面取消制造业增值税下纳税人税负，即实施零税率，如表 9-5 所示。

表 9-5　对制造业取消增值税的税负分析

	一般纳税人 A	制　造　业	一般纳税人 B
产品价格（不含税）	P_A	$P_A + \Delta_F$	$P_A + \Delta_F + \Delta_B$
进项税	0	$P_A t_1$	0
销项税	$P_A t_1$	0	$(P_A + \Delta_F + \Delta_B)t_1$
应纳税额	$P_A t_1$	$-P_A t_1$	$(P_A + \Delta_F + \Delta_B)t_1$
三个环节总税负	$(P_A + \Delta_F + \Delta_B)t_1$		
与基准情况相差	0		

注：增值税应纳税额=销项税-进项税；表中考虑的都是 1 单位产品情况。

比较情景 1 与情景 2，我们发现，制造业增值税税率调整为零，制造业有减负效应，相当于获得"$P_A t_1$"数额政府补贴，但作为制造业下游的一般

纳税人 B 承担了较多的税收负担，因此理论上对于整体国民经济税收负担没有影响。

但需要注意的是，全面取消制造业增值税，一方面，虽然有利于制造业降税负，但直接导致全行业增值税抵扣链条严重断裂（制造业下游企业无法取得进项税抵扣），税负将全面向服务业转移，并通过服务业价格上涨传导回制造业。另一方面，从改革总体而言，这种改革方案有违我国财税体制改革逻辑，将导致财政收入面临重大挑战，造成财政赤字率陡增，财政减税效果堪忧。

因此，基于当前增值税 13%、9%、6% 三档税率，本节分别设置了 13% 调为 12%、9% 并到 6%；13% 调为 11%、9% 并到 6%；13% 调为 10%、9% 并到 6%；13% 调为 9%、9% 并到 6% 四种增值税税率并档及调整的情景分析，综合评判增值税税档简并及调整对制造业减负、财政收入及 GDP 增长等影响，试图能够为制造业减负提供有益决策支撑。

（二）增值税税率并档对制造业影响的情景分析

深化增值税改革，不仅要考虑对制造业总税负及制造业各行业税负变动幅度，更要充分考虑增值税的税率或结构变动对财政收入、GDP 等多方面影响。

1. 增值税税负测量方法

对于各行业对应的进项税率，结合各行业的销项税率和统计局最新发布的 2015 年的投入产出表进行测算，首先，假设 t_{xi} 为行业 i 产品的增值税税率（即销项税率），X_i 为某一行业生产过程中投入行业 i 产品的额度，Y_i 为行业 i 的最终产出额。那么 $X_i / \sum X_i$ 为在某一行业生产过程中，投入行业 i 产品占该行业生产过程中间总投入的比重，即中间投入系数 α_i，因此进项税加权税率 t_{ji} 计算公式为：

$$t_{ji} = \frac{\sum \mu_i X_i}{\sum X_i} = \sum \mu_i \alpha_i \qquad (9\text{-}1)$$

假设总产出为 Y，存货增加为 W_i，中间总投入为 β_i，增值税税负 θ 计算公式为：

$$\theta = [(Y - W_i)t_{xi}]/(1 + t_{xi}) - \beta_i t_{ji}/(1 + t_{ji}) \qquad (9\text{-}2)$$

假设财政赤字率变化为 χ，减税规模为 ϕ，基期 GDP 为 GDP_j，GDP 预期增速为 ε，财政赤字率变化计算公式为：

$$\chi = \phi/[\mathrm{GDP}_j \times (1+\varepsilon)] \qquad\qquad (9\text{-}3)$$

假设减税所得全部用于投资，GDP 拉动率为 δ，资本形成总额为 γ，社会固定资产投资为 η，GDP 拉动率计算公式为：

$$\delta = \phi(\gamma/\eta)/[\mathrm{GDP}_j \times (1+\varepsilon)] \times 100\% \qquad\qquad (9\text{-}4)$$

2. 制造业整体情景测算及结果分析

2019 年 4 月 1 日，我国将制造业等现行 16%行业税率降至 13%，将交通运输业、建筑业等现行 10%的行业税率降至 9%。此外，同年 3 月，李克强总理在《政府工作报告》中指出，继续推进增值税率"三档并两档"工作。因此，本节预判增值税改革的方向，基于当前增值税税率设置，分别进行 12%和 6%两档税率、11%和 6%两档税率、10%和 6%两档税率、9%和 6%两档税率这 4 种增值税税率并档调整的情景测算分析，综合评判增值税税率并档调整对制造业减负、财政收入及 GDP 增长等影响。

情景 1：将全部适用 13%的行业税率均调至 12%；全部适用 9%的行业税率并到 6%一档税率，设置 12%、6%两档税率。经测算，如表 9-6 所示，制造业增值税减税规模可达 7.52 千亿元，将拉动 GDP 增长 0.47%，增加 0.79个百分点的财政赤字率。鉴于美国、法国等发达国家的赤字率均超出 3%国际警戒线，其中美国 2018 年达到 3.9%，法国 2018 年之前近十年的赤字率均超过 3%，仍能够拉动国家经济增长。因此，本研究认为，我国财政赤字率可参考上述发达国家，适当放宽上限，如将警戒线设定为 4%。总体来看，该税改方式减少制造业增值税税负明显，有助于拉动 GDP 增长，扩大税源，再加上政府节支等因素，减税带来的财政收入压力仍在可控范围内。

情景 2：将全部适用 13%的行业税率均调至 11%；全部适用 9%的行业税率并到 6%一档税率，设置 11%、6%两档税率。经测算，如表 9-6 所示，制造业增值税减税规模可达 10.81 千亿元，将拉动 GDP 增长 0.67%，增加 1.13个百分点的财政赤字率，带来较大财政压力，财政收入将受一定影响。总体来看，该税改方式能较大幅度降低制造业增值税税负，拉动 GDP 增长，财政收入面临较大挑战，但还在承压范围之内。

情景 3：将全部适用 13%的行业税率均调至 10%；全部适用 9%的行业税率并到 6%一档税率，设置 10%、6%两档税率。经测算，如表 9-6 所示，制造业将减少 16.94 千亿元的增值税税负，拉动 GDP 增长 1.05%，增加 1.77个百分点的财政赤字率，带来更大财政压力，财政收入承压能力有待谨慎考虑。但随着 GDP 增长，我国税源将有所扩大，制造业企业创收能力提升，

必然会带动财政收入增加，同时适度提高国有金融机构、央企等利润上缴额，开源减支，保障财政收入规模下降幅度不大。总体来看，该税改方式能够更大幅度地降低制造业增值税税负，拉动 GDP 增长，造成财政收入面临较大挑战，但如能够配合扩源节支等措施，增加财政收入规模，可在一定程度上降低财政收入减收压力。

情景 4：将全部适用 13% 的行业税率均调至 9%；全部适用 9% 的行业税率并到 6% 一档税率，设置 9%、6% 两档税率。经测算，如表 9-6 所示，制造业将减少 17.64 千亿元的增值税税负，拉动 GDP 增长 1.10%，增加 1.84 个百分点的财政赤字率，带来的财政压力更需谨慎考虑。总体来看，该税改方式降低制造业增值税税负效应特显著，拉动 GDP 增长，但也造成更大财政收入压力，需要进行综合评判。

表 9-6　增值税税率并档对制造业影响的情景分析

情　　景	变　量　名	变　动　幅　度
情景 1：将全部适用 13% 的行业税率均调至 12%；全部适用 9% 的行业税率并到 6% 一档税率，设置 12%、6% 两档税率	税负变动	7.52 千亿元
	拉动 GDP 增长	0.47%
情景 2：将全部适用 13% 的行业税率均调至 11%；全部适用 9% 的行业税率并到 6% 一档税率，设置 11%、6% 两档税率	税负变动	10.81 千亿元
	拉动 GDP 增长	0.67%
情景 3：将全部适用 13% 的行业税率均调至 10%；全部适用 9% 的行业税率并到 6% 一档税率，设置 10%、6% 两档税率	税负变动	16.94 千亿元
	拉动 GDP 增长	1.05%
情景 4：将全部适用 13% 的行业税率均调至 9%；全部适用 9% 的行业税率并到 6% 一档税率，设置 9%、6% 两档税率	税负变动	17.64 千亿元
	拉动 GDP 增长	1.10%

数据来源：中国统计局投入产出表、Wind 数据库，2019 年 2 月。

综上，情景 2 较情景 1，制造业增值税减税额增加 3.29 千亿元，拉动 GDP 增长幅度提升 0.2 个百分点。情景 3 较情景 2，制造业增值税减税额增加 6.13 千亿元，拉动 GDP 增长幅度提升 0.38 个百分点。情景 4 较情景 3，制造业增值税减税额增加 0.70 千亿元，拉动 GDP 增长幅度提升 0.05 个百分点。可见，情景 4 较情景 3 所带来的制造业增值税减税增加幅度、拉动 GDP 增长幅度都较为有限，但相应又扩大财政赤字率 0.07 个百分点。因此，情景 3 是相对可以选择的较优税改方案。

此外，我们认为，一方面，鉴于随着 GDP 增长，财政收入也会有所增加，再加上适度强化征管、扩源节支等措施，财政收入应有一定承压能力。因此，增值税设置 10%、6% 两档税率具有一定可行性。另一方面，世界不少国家将制造业和服务业设定同档税率，但我国仍需进一步提升服务业发展水平，推动制造业淘汰低端产业，促进产业结构调整，因此也需在产业间设定差异化税率，即两档税率应有一定的差距。

　　3. 制造业各产业情景测算及结果分析

　　基于上述测算原理，进一步深化增值税税率并档对制造业各行业影响的情景分析，依据测算结果（见表 9-7），4 种情景中，制造业所有行业都有不同程度的增值税税负减少情况，但增值税减负幅度存在差异。这可能是由于各行业对应不同的上游行业，进项抵扣必然存在一定的差异，因此增值税降税率或许导致部分行业的进项抵扣高于其他行业的进项抵扣，或是部分行业销项税降低幅度高于其他行业的降低幅度，最终出现食品和烟草、化学产品、金属冶炼和压延加工品等行业减负相对较大，而仪器仪表、木材加工品和家具等行业减负相对较小的现象。

　　这也反映出，我国当前普惠性减税，重点实施增值税降税率，有利于减少制造业各行业税负，但测算结果表明，传统制造业行业受益较大，而仪器仪表、专用设备等先进制造业降税负幅度较低，应加快出台支持先进制造业发展的配套税收优惠措施，确保制造业行业降税负的公平性，同时加大对先进制造业的支持力度，促进制造业高质量发展。

表 9-7　增值税税率三档并二档对制造业各产业税负的影响（单位：百亿元）

名　称	情景 1	情景 2	情景 3	情景 4
食品和烟草	7.86	14.04	34.82	26.83
纺织品	2.60	4.21	8.99	7.55
纺织服装鞋帽皮革羽绒及其制品	3.57	4.76	6.44	7.22
木材加工品和家具	1.87	2.73	4.53	4.52
造纸印刷和文教体育用品	3.05	4.27	6.18	6.80
石油、炼焦产品和核燃料加工品	2.65	4.92	12.35	9.62
化学产品	11.61	16.62	24.44	27.02
非金属矿物制品	5.50	7.60	9.77	11.95

续表

名　称	情景1	情景2	情景3	情景4
金属冶炼和压延加工品	7.46	10.35	13.32	16.34
金属制品	3.32	4.56	5.85	7.15
通用设备	4.32	5.79	7.30	8.84
专用设备	2.97	3.94	4.94	5.96
交通运输设备	6.65	8.78	10.96	13.20
电气机械和器材	4.58	6.10	7.65	9.25
通信设备、计算机和其他电子设备	6.04	7.94	9.89	11.89
仪器仪表	0.80	1.05	1.30	1.56
其他制造产品	0.31	0.44	0.65	0.69

数据来源：中国统计局投入产出表、Wind 数据库，2019 年 2 月。

三、多维并举助增值税改革

根据理论推导和投入产出模型测量结果，得出以下结论：一是从当前我国增值税改革进程看，一般是遵循"试点再推广""部分领域再全领域""递进式税档减并和阶梯式税率调整"的改革逻辑。因此，我国制造业增值税继续调整结构和税率的可能性仍然存在，这也是符合我国财税体制改革的总体方向。二是全面取消制造业增值税，虽然有利于制造业降税负，但直接导致全行业增值税抵扣链条严重断裂，造成产业间税负非中性，而且有违我国财税体制改革逻辑，因此实施增值税三档并二档是可行的改革方案。三是增值税三档并二档的四种情景模拟测算结果中，基于对制造业及其各个行业的增值税税负、GDP 增长、财政收入等考虑，将当前增值税税率由 13% 调为 10%、9% 并到 6%，设置 10%、6% 两档税率的减税效果较好。

鉴于以上结论，提出以下建议：一是将当前增值税基本税率由 13% 调为 10%、9% 并到 6%，设置 10%、6% 两档税率。从上述四种测算结果综合来看，该税改方式不仅将有效为制造业企业减负，还将刺激消费与投资等，增加税收缴纳的基数，扩大税源，在一定程度上带动 GDP 增长，增强经济下行的抗压能力，缓解财政收入减少的压力。二是增加行业税收抵扣配套措施，确保各行业税负只降不增。建议出台对仪器仪表、专用设备等先进制造业，及生产、生活性服务业等行业的配套措施，如税收抵扣，确保各行业税负公平性，切实保障各行业税负只降不增，最大限度降低制造业税负。因增值税抵扣链条传导机制，服务业等行业（测算结果显示，服务业等行业税负不降反增）为降低税负，可能通过上涨产品和服务价格方式，再将税负传导回制造业，削弱制造业减负效果。三是加强主体税种征管力度，稳定财政收入。依法强化增值税、企业所得税等主体税种的征管力度，完善税收征管措施，严格防范偷逃税行为，认真清理制造业到期减免税优惠政策；完善小规模纳税人管理和简易征税等政策措施，扩大税源，缓解由于增值税税率并档及调整，导致国家总税收收入减少，财政压力有所增加的问题。

当前，我国仍实施以增值税为主体税种的间接税税制结构，增值税与企业所得税是现如今制造业企业税收负担的主要来源。在很大程度上，我国增值税改革，决定着制造业企业的利润分配空间，以及可实现的"税制改革红利"效果。随着供给侧结构性改革日益深化，急需加快税制改革步伐，在国家财力可承受范围内，适度优化增值税制度，构建与经济高质量发展相适应的税收制度，强化"放水养鱼"效应，全方位降低制造业企业税负，激发市场主体活力，有效发挥供给效应，推动制造强国建设。

第三节　增值税税率下调 3 个点对制造业减税效果分析

2019 年 4 月 1 日，继 2018 年 5 月 1 日起降低增值税税率 1 个百分点基础上，我国实施更大幅度降低增值税税率改革，其中，制造业增值税税率由 16% 降至 13%，企业发展环境得到进一步改善，总体成本负担有所减轻。据有关数据显示，制造业增值税减税 1389.4 亿元，占全行业减税 43.62%，制造业是增值税减税主要受益行业。但制造业各行业、东中西及东北三省制造业企业的整体减负获得感都存在差异，需继续加大力度降低企业税负。

一、增值税改革对制造业的行业减税效果

以制造业为主的工业部门是增值税降税率的主要获益部门[①]。据各上市公司半年报数据显示，增值税降税率政策有效降低了企业税负，上市公司总

---

① 本节以我国上市公司为分析对象，剔除财报信息数据质量较差的样本（如数据空值未填报情况），保留 3268 家上市公司，选取财报数据进行行业与区域分析。行业分析中，由于居民服务、住宿餐饮、教育、卫生、农、林、牧、渔等行业样本量较小，缺乏代表性，故未纳入比较分析。

体增值税负担水平①2019 年第二季度降至 0.86%，较上年同期下降 3.41%。但各产业间政策获益程度差异较大，对比 2019 年二季度与上年同期增值税负担水平，第二产业从 0.69% 降至 0.6%，降幅近 13%；工业从 0.68% 降至 0.56%，降幅高达 17.42%，其中，制造业从 0.66% 降至 0.58%，降幅达 11.31%；第一产业、第三产业增值税负担有所上升，分别从 0.15%、1.27% 上涨至 0.16%、1.34%，涨幅分别达 2.66%、5.43%。

部分生产性服务业税负有待降低。由于本轮增值税减税主要集中在工业领域，企业购置设备等工业产品所获得的可抵扣进项税额下降，导致部分生产性服务业企业增值税负担水平增加。如科学研究和技术服务业以及信息传输、软件和信息技术服务业 2019 年二季度增值税负担水平处于相对高位，分别为 2.6%、1.1%（见图 9-4），均高于 0.86% 的企业总体水平。又如交通运输、仓储和邮政业的增值税负担水平为 0.24%，但较上年同期提高 8.38%，其中，邮政物流行业的龙头企业顺丰控股、德邦股份 2019 年二季度增值税负担水平较上年同期分别提高 0.16 个百分点、0.48 个百分点。

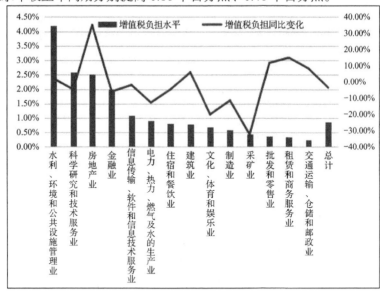

图 9-4 2019 年上半年各行业增值税负担及同比变化情况

数据来源：wind 数据库，赛迪智库整理，2019 年 12 月。

---

① 增值税负担水平=应纳增值税/营业收入×100%。

制造业增值税负担水平普降。从税负下降的企业占比看，制造业上市公司样本共 2021 家，其中，1235 家企业 2019 年上半年增值税负担水平较上年同期有不同程度下降，减负企业覆盖面超过 60%。特别是"文教、工美、体育和娱乐用品制造"、黑色金属冶炼和压延加工、家具制造、石油石化、服装服饰、医药制造等行业减负企业覆盖面均超过 70%。从细分行业税负情况看，金属冶炼、石油石化等传统制造业减负较明显，对比 2019 年二季度与上年同期增值税负担水平，黑色金属冶炼和压延加工业、"石油加工、炼焦和核燃料加工业"、有色金属冶炼和压延加工业降幅分别达 58.3%、58%、37.7%。其中，宝钢股份、江西铜业、开滦股份等行业龙头企业 2019 年二季度增值税负担较上年同期分别下降 0.45 个百分点、0.32 个百分点、0.36 个百分点，降幅分别达 44%、56%、46%。高端装备、生物医药、电子信息等战略性行业的增值税负担水平也有一定程度减轻，如铁路、船舶、航空航天和其他运输设备制造业从 0.55% 降至 0.36%，降幅达 35.3%，其中，中国动力、中航机电等龙头企业增值税负担分别下降 0.34 个百分点、0.17 个百分点；仪器仪表制造业从 1.28% 降至 0.97%，降幅达 24.2%，其中，三星医疗、科陆电子等行业龙头企业增值税负担分别下降 0.44 个百分点、1.41 个百分点；医药制造业、电气机械和器材制造业、专用设备制造业，以及计算机、通信和其他电子设备制造业降幅分别达 18.3%、14.9%、7.5%、0.2%，其中，白云山、格力电器、三一重工、四川长虹等行业龙头企业增值税负担分别下降 0.81 个百分点、0.65 个百分点、0.1 个百分点、0.32 个百分点。2019 年上半年制造业细分行业增值税降低前 20 名的税负及同比变化情况如图 9-5 所示。

二、增值税改革对制造业的区域减税效果

江西、内蒙古和重庆等省（区、市）制造业增值税总额降低成效显著。从样本构成看，增值税降税率对制造业减负成效较明显，降税总额前十省（区、市）的上市公司样本，超 95% 为制造业企业。从制造业增值税上缴总额看，2019 年上半年较去年同期，各省（区、市）制造业增值税上缴总额基本呈下降态势，江西、内蒙古和重庆上缴总额减少额度排名前三位，分别为 11.33 亿元、8 亿元和 3.75 亿元；山西、安徽、河南等地制造业增值税上缴总额也都有所减少，如图 9-6 所示。

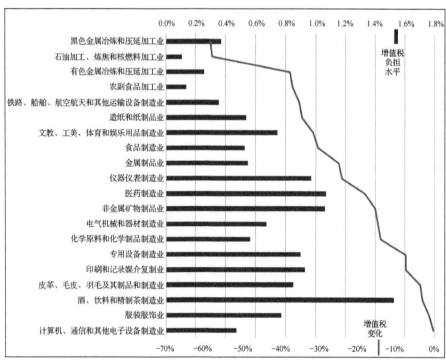

图 9-5　2019 年上半年制造业细分行业增值税降低前 20 名的税负及同比变化情况

数据来源：wind 数据库，赛迪智库整理，2019 年 12 月。

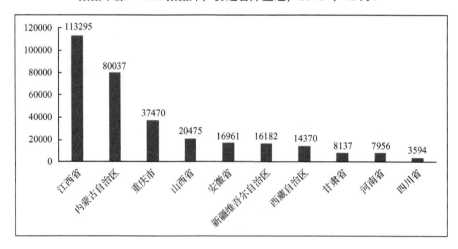

图 9-6　2019 上半年前十省（区、市）制造业增值税上缴

总额较去年同期减少的额度（单位：万元）

数据来源：wind 数据库，赛迪智库整理，2019 年 12 月。

各省（区、市）制造业增值税占营业收入比重明显降低。2019年上半年较去年同期，江西、西藏和内蒙古的制造业增值税总额占营业收入比重同比降幅较明显，分别为51.51%、50.88%和50.21%，均超50%。尤其是，西部地区中制造业发展相对落后的西藏和内蒙古，制造业税负明显降低。重庆、安徽、山西、四川等地制造业增值税总额占营业收入比重降幅也分别达到30.33%、24.65%、14.28%和10.91%，较大程度降低了制造业企业承担的税负成本，如图9-7所示。

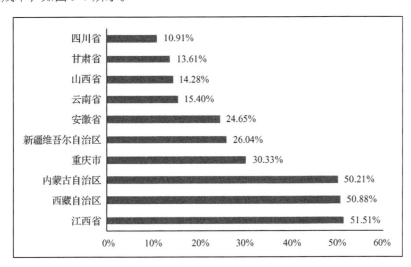

图9-7 2019年上半年制造业增值税占营业收入比重同比降低前十省（区、市）情况
数据来源：wind数据库，赛迪智库整理，2019年12月。

东部、中部、西部及东北地区制造业增值税占营业收入比重均有下降。2019年上半年较去年同期，剔除其他行业影响后发现，东部、中部、西部和东北地区制造业增值税占营业收入比重均有下降。其中，中部地区和东北地区降幅相对明显，分别降低了11个百分点和8个百分点，西部地区下降5个百分点，东部地区下降4个百分点，如图9-8所示。

综上，企业增值税负担水平主要受增值税税率水平、商品和服务的增值额、企业进销项适用税率的差额大小三大因素影响。

首先，增值税税率水平因素。企业适用的行业增值税税率越高，增值税负担水平越高。

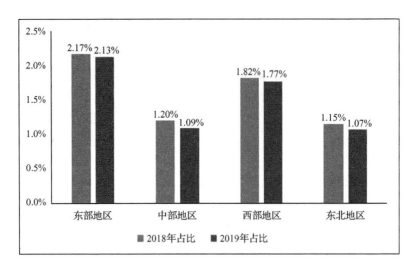

图 9-8   2019 上半年东部、中部、西部及东北地区制造业增值税占营业收入比重较去年同期比较情况

数据来源：wind 数据库，赛迪智库整理，2019 年 12 月。

其次，商品和服务的增值额因素。增值税针对商品和服务在各环节的增值额进行征税，营业收入则取决于企业所在环节销售商品和服务的最终价格。因此，企业所销售商品和服务的最终价格中增值额越高，其营业收入中用于缴纳增值税的份额也就越高，所需缴纳的增值税越高。

再次，企业进销项适用税率的差额大小因素。增值税近期改革后，我国当前增值税适用 13%、9%、6% 三档基本税率，企业可能面临进项税率与销项税率差异较大问题，即以制造业为主的增值税税率下调（制造业适用税率由 16% 降为 13%，直降 3 个百分点，税率降幅最大；交通运输、建筑等行业适用税率由 10% 降至 9%，仅降低 1 个百分点）可能导致部分行业可抵扣进项税额减少。如前文所述，交通运输业等生产性服务业增值税税负在本轮增值税减税中获得感不强。

未来可将交通运输业行业适用增值税税率由 9% 降至 6%，进一步降低制造业物流成本；将银行贷款利息、融资租赁固定资产租赁费纳入增值税抵扣范围，降低企业资金成本和税收负担，进一步优化企业税收营商环境，推动制造业高质量发展。

第四节 先进制造业留抵退税政策影响分析及对策建议

基于我国改革开放初期财政收入较为紧张的特定历史背景，我国实施了增值税留抵制度，即对于增值税超额进项税额，一直采用结转下期继续抵扣的处理方式。但这种只留抵不退税的政策，无偿占用了企业资金，弱化了企业资金流动性，阻碍了企业的投融资活动。因此，贯彻落实国家近年来的"降税减费"举措，实施增值税留抵退税政策，是党中央、国务院深化增值税改革，推进实质性减税的重要举措，对于推动制造业产业结构调整和转型升级，促进制造业高质量发展具有重要意义。

一、增值税留抵退税政策现状

1994 年分税制改革后，我国税收管理体制仍有待健全，制造业发展还处于初期阶段，企业固定资产支出占比较小，进项税额相对不大，因此增值税留抵退税采取了较为简单的结转下期抵扣方式，既能节约税收征税成本，也没有增加企业税收负担。随着我国经济水平不断提升和制造业发展进入高速增长时期，制造业企业更新设备和产业升级需求增加，短期内，企业产生了大量留抵税额，按照当时政策逐年抵扣，销项税额的增加远不及进项税额增加幅度，造成了国家无偿占有企业资金的额度不断增加。在制造业企业融资成本不断提升，民营企业融资尤为困难的情况下，即使留抵税额数量不大，也会对企业产生较大影响。特别对于初创期企业，先期投入产生巨额进项税，却没有相应的实际产出，留抵进项税长期无法抵扣，企业融资成本增加，企业创业的期望收益降低了。

为解决当前制造业企业融资难、融资贵等实际问题，2018 年 6 月，财政部决定对包括装备制造等先进制造业、研发等现代服务业和电网企业，实行增值税期末留抵税额予以退还的政策，并于 2019 年 4 月 1 日正式试行。经过为期 5 个月的试行阶段后，综合考虑对财政和产业的实际影响，2019 年 9 月 11 日，财政部进一步完善相关政策，增强了对制造业留抵退税的推行力度。与原试行方案相比，新方案一是将增量留抵税额的退还比例由 60%提升至 100%；二是取消了部分先进制造业连续 6 个月增量留抵税额均大于零，且第 6 个月增量留抵税额不低于 50 万元的申报条件，详见表 9-8。

　　总结来看，我国在留抵退税政策的实践上，不断深化与完善，逐步建立起较为规范的期末留抵税额退税制度。特别是针对属于先进制造业、先进服务业的企业，在财政能力可支撑限度下，及时放宽申请条件，给予一定的便利。在此基础上，若要为留抵退税政策提出进一步的建议，需立足于为企业实质性减税的根本点，对政策影响进行定性与定量分析，做出合理的预测。

表 9-8　留抵退税政策文件梳理

发布时间	政策文件	文件主要内容
2018 年 6 月 27 日	财税〔2018〕70 号	为助力经济高质量发展，2018 年对部分行业增值税期末留抵税额予以退还。退还增值税期末留抵税额的行业包括装备制造等先进制造业、研发等现代服务业和电网企业。退还期末留抵税额的纳税人条件为纳税信用等级为 A 级或 B 级。退还期末留抵税额的计算要求以纳税人 2017 年底期末留抵税额为上限，具体公式为：可退还的期末留抵税额=纳税人申请退税上期的期末留抵税额×退还比例
2019 年 4 月 30 日	国家税务总局公告 2019 年第 20 号	自 2019 年 4 月 1 日起，试行增值税期末留抵税额退税制度。申请条件如下： （一）自 2019 年 4 月税款所属期起，连续 6 个月（按季纳税的，连续两个季度）增量留抵税额均大于零，且第 6 个月增量留抵税额不低于 50 万元； （二）纳税信用等级为 A 级或者 B 级； （三）申请退税前 36 个月未发生骗取留抵退税、出口退税或虚开增值税专用发票情形的； （四）申请退税前 36 个月未因偷税被税务机关处罚两次及以上的； （五）自 2019 年 4 月 1 日起未享受即征即退、先征后返（退）政策的。 增量留抵税额，是指与 2019 年 3 月底相比新增加的期末留抵税额。 退还公式如下： 允许退还的增量留抵税额=增量留抵税额×进项构成比例×60%

续表

发 布 时 间	政 策 文 件	文件主要内容
2019 年 8 月 31 日	财税〔2019〕84 号	为进一步推进制造业高质量发展，现明确部分先进制造业纳税人退还增量留抵税额政策： 一、自 2019 年 6 月 1 日起，同时符合以下条件的部分先进制造业纳税人，可以自 2019 年 7 月以后纳税申报期向主管税务机关申请退还增量留抵税额： 1. 增量留抵税额大于零； 2. 纳税信用等级为 A 级或者 B 级； 3. 申请退税前 36 个月未发生骗取留抵退税、出口退税或虚开增值税专用发票情形； 4. 自 2019 年 4 月 1 日起未享受即征即退、先征后返（退）政策。 二、本公告所称部分先进制造业纳税人，是指按照《国民经济行业分类》，生产并销售非金属矿物制品、通用设备、专用设备及计算机、通信和其他电子设备销售额占全部销售额的比重超过 50%的纳税人。 三、退还公式：允许退还的增量留抵税额=增量留抵税额×进项构成比例

资料来源：赛迪智库整理，2019 年 10 月。

二、增值税留抵退税政策影响分析

在适用增值税的企业中，制造业企业承受着极为严苛的税收负担。据测算，2016 年，我国企业部门纳税占比合计达到 80%以上，其中国内增值税和企业所得税占比最高，分别达到 39%和 22%；制造业增值税占制造业总税收比重为 37.95%。基于这一事实，本节重点聚焦于制造业政策影响分析。

增值税留抵退税政策的实施，对我国制造业不同行业、不同规模的企业影响存在差异。从制造业行业来看，对基础制造业和生产性服务业的影响因税率、税额和行业特征有所不同；从企业规模来看，大型企业和中小微企业退税力度、对投融资贡献各有不同。本节通过对制造业不同行业影响差异和典型制造业企业影响差异两个维度，采用模拟测算与构建模型的方式，深度剖析了期末留抵退税制度对企业税负以及投融资能力方面的影响。

（一）总体影响分析

由于目前全国各省税务统计口径存在差异，全国留抵退税统计存在空白，数据更新较为滞后，故测算选取某省税务局 2011—2015 年制造业企业税收调查数据，分析期末留抵退税政策对制造业企业成本、利润与投资能力的影响。

1. 总量影响分析

2011—2015 年，某省制造业增量留抵税额与增值税额比值在 30% 左右，详见表 9-9，留抵税额占比较高，资金闲置明显，政府无偿占用资金为企业带来较大负担。

表 9-9　2011—2015 年某省制造业增量留抵税额情况

	2011 年	2012 年	2013 年	2014 年	2015 年
增量留抵税额（万元）	1199	1242	1231	1304	1295
增量留抵税额与增值税额比值	31.07%	31.28%	29.16%	29.69%	28.94%

资料来源：赛迪智库整理，2019.10

2. 行业影响分析

截至 2015 年，某省制造业企业留抵税额较大的前五位为计算机、通信和其他电子设备制造业，电气机械和器材制造业，金属制品业，通用设备制造业，铁路、船舶、航空航天和其他运输设备制造业，累计占比 72.23%；后五位占比仅为 -1.75%，详见表 9-10。总体来看，留抵税额在制造业不同行业中体量差异较大，在先进制造业行业中，受固定资产购入额较大，行业研发生产周期较长等因素影响，留抵税额普遍较大；在传统产业中，行业投入和产出模式较为成熟，会产生两种情况：一是上下游行业税率不同，则会形成长期的税额积压，留抵税额普遍较大，例如农机产品制造业；二是上下游行业税率一致，行业发展进入稳定期，生产周期较为固定，因此留抵税额占比较小。

表 9-10　2015 年某省制造业留抵税额分布情况

排名	名称	增量留抵税额（万元）	占比	留抵税额与增值税额比值	进项构成比例	可退税额（万元）	预计可退税额（万元）
1	计算机、通信和其他电子设备制造业	470	36.25%	135.57%	61.07%	172.2	287.0
2	电气机械和器材制造业	230	17.72%	65.92%	54.86%	75.7	126.2

排名	名称	增量留抵税额（万元）	占比	留抵税额与增值税额比值	进项构成比例	可退税额（万元）	预计可退税额（万元）
3	金属制品业	96	7.40%	75.35%	51.92%	29.9	49.8
4	通用设备制造业	81	6.23%	54.36%	51.61%	25.1	41.8
5	铁路、船舶、航空航天和其他运输设备制造业	73	5.63%	218.70%	51.45%	22.5	37.6
6	纺织业	54	4.15%	146.74%	51.06%	16.5	27.6
7	文教、工美、体育和娱乐用品制造业	45	3.45%	100.82%	50.88%	13.7	22.9
8	橡胶和塑料制品业	38	2.96%	21.42%	50.75%	11.6	19.3
9	专用设备制造业	34	2.65%	38.40%	50.67%	10.3	17.2
10	黑色金属冶炼和压延加工业	29	2.26%	61.75%	50.57%	8.8	14.7
11	家具制造业	26	2.00%	36.00%	50.51%	7.9	13.1
12	皮革、皮毛、羽毛及其制品和制鞋业	23	1.73%	51.66%	50.44%	7.0	11.6
13	农副食品加工业	21	1.59%	75.51%	50.40%	6.4	10.6
14	食品制造业	20	1.56%	6.30%	50.39%	6.0	10.1
15	仪器仪表制造业	17	1.35%	74.43%	50.34%	5.1	8.6
16	化学原料和化学制品制造业	17	1.30%	4.54%	50.33%	5.1	8.6
17	其他制造业	10	0.74%	6.56%	50.19%	3.0	5.0
18	有色金属冶炼和压延加工业	8	0.65%	12.43%	50.16%	2.4	4.0
19	纺织服装、服饰业	8	0.63%	7.71%	50.16%	2.4	4.0
20	造纸和纸制品业	7	0.57%	4.16%	50.14%	2.1	3.5
21	化学纤维制造业	4	0.32%	21.16%	50.08%	1.2	2.0
22	医药制造业	3	0.26%	1.04%	50.07%	0.9	1.5
23	印刷和记录媒介复制业	3	0.21%	6.17%	50.05%	0.9	1.5
24	木材加工和木、竹、藤、棕、草制品业	2	0.14%	8.68%	50.04%	0.6	1.0
25	烟草制品业	0	0.00%	0.00%	0.00%	—	—
26	金属制品、机械和设备修理业	0	0.00%	0.00%	0.00%	—	—
27	废弃资源综合利用业	-1	-0.04%	-9.05%	49.99%	—	—
28	汽车制造业	-1	-0.07%	-0.16%	49.98%	—	—
29	酒、饮料和精制茶制造业	-3	-0.20%	-1.05%	49.95%	—	—

续表

排名	名称	增量留抵税额（万元）	占比	留抵税额与增值税额比值	进项构成比例	可退税额（万元）	预计可退税额（万元）
30	非金属矿物制品业	−8	−0.63%	−2.89%	49.84%	—	—
31	石油、煤炭及其燃料加工业	−11	−0.81%	−7.81%	49.80%	—	—
	合计	1295	100%	—	—	437.5	729.1
	样本均值	42	—	39.17%	47.67%	18.2	30.4
	标准方差	92	—	53.33%	12.90%	36.4	60.7

资料来源：赛迪智库整理，2019 年 10 月。

3．企业影响分析

根据某省制造业企业 2015 年税收数据测算，当退还比例为 60%时，可退税额使企业营业成本同比下降 33.70%，毛利率同比上涨 0.83%，净利率同比上涨 2.90%，经营性现金流同比上涨 34.60%；退还比例提高至 100%时，期末留抵退税政策影响更加显著，企业营业成本同比下降 56.30%，毛利率同比上涨 1.38%，净利率同比上涨 4.80%，经营性现金流同比上涨 57.20%，详见表 9-11。可见，当退税比例提高后，企业资金压力得以释放，企业现金流更加充足，融资能力明显增强。

表 9-11　期末留抵退税制度影响测算结果

企业影响	反映指标	2015 年	减：可退税额	减：预计可退税额
企业成本	增量留抵税额（万元）	1295	857.5	565.9
	调整营业总成本（万元）	241000	240562.5	240270.9
	调整后对成本的影响	—	33.70%	56.30%
企业利润	实际毛利率	17.21%	—	—
	调整毛利率		17.35%	17.45%
	调整后对毛利率的影响	—	0.83%	1.38%
	实际净利率	4.94%	—	—
	调整净利率		5.08%	5.18%
	调整后对净利率的影响	—	2.90%	4.80%
企业现金流	增量留抵税额（万元）	1295	857.5	565.9
	调整经营性现金流（万元）	36500	36937.5	37229.1
	调整后对现金流的影响	3.55%	34.60%	57.20%

资料来源：赛迪智库整理，2019 年 10 月。

此外，期末留抵税额退税制度可能会加剧企业的税务筹划成本。我国在一年内三次调试留抵退税政策，这样高频度的变化不利于企业及时地做出反应，容错率较低，也使得企业难以执行自身的长期税务筹划。另一方面，短时间内适应并制定出新的税务筹划，必然为企业带来新的筹划成本，耗费大量人力与财力。与此同时，留抵税额本身的行业性差异还会导致退税成本高于留抵税额本身的情况，使得部分企业无法享受新政策的红利，甚至加重其隐性税收负担。

（二）典型案例模型分析

在个案筛选上，考虑到留抵退税的行业性差异，选取受政策影响较大的前五个行业中的三家样本公司中国中车、京东方和泰永长征。其中，中国中车和京东方分别是发展较为成熟的大型国企与混合制民营企业，泰永长征为初创型中小微企业。

模型具体设定为：

利息负债比（财务费用负债比）=β_0+ β_1×增值税留抵税额+ β_2×资产负债率+ β_3×资产利润率+ β_4×职工人数+ β_5×劳动生产率+ β_6×平均工资水平+ δ国企（国企=0，1）

通过将现行政策引入模型作为影响因素，对企业财务指标进行测算，得出如下结论：中国中车、京东方及其泰永长征的利息负债比分别下降了3.9%、58.8%、24.4%，财务费用负债比分别下降了 3.6%、78.7%、18.1%。具体情景分析如下：增值税留抵税额给企业带来了较重的税收负担，留抵税额的变化对企业的融资成本、投资能力有显著影响，不同行业、不同类型的企业影响并不相同。

一方面，中国中车与京东方对标后发现，在所有制结构不同、产业环节不同的企业中，留抵退税政策影响程度存在差异。中国中车为代表的税收抵扣链条较为完善、产业结构较为固定的大型国有企业的上下游环节税率、进销项税额相对稳定，因此留抵税额整体不大，受留抵退税政策影响较弱。以京东方为代表的大型股份制、科技型企业的上下游产业涉及服务业、制造业不同环节，横向产业分布也较广泛，基于行业税率和投入产出效率的不同，税收抵扣环节更为复杂，容易产生留抵税款，因此留抵退税政策更大程度释放了这类企业的留抵税额，减轻了企业资金压力。但总体来看，留抵退税政策对两类企业均产生了积极影响，企业有一定减负效果，释放了资金压力，投资能力得以提高。

另一方面，泰永长征作为初创型和中小型企业的代表，企业本身现金流不大，处于投入较高而产出较低阶段，进项税额相对较大，而销项税额增长落后于进项税额，会有一部分进项税额长期无法抵扣。在中小微企业融资难、融资贵背景下，这部分进项税额长期闲置也造成了企业资金的浪费，留抵退税政策的实施，极大缓解了初创型企业在运营早期的融资压力，提高了初创型企业再投资的信心。

综上，三家企业对标后发现，留抵退税政策在不同程度上释放了企业的留置税金，对不同企业均产生了积极效应，改善了企业的财务状况，在降低企业资金成本，提高企业资金周转效率等方面发挥了有效作用。

总结来说，通过从行业影响与典型案例这样的宏微观角度相结合，得出期末留抵税额退税制度的确为企业带来了显著的积极影响。而且，随着政策力度的加大，影响所带来的正面效应也更加明显。此外，留抵退税也应退税方式与落地政策上做出多样化的尝试。

三、深入推进实施制造业增值税留抵退税政策建议

（一）逐步将留抵退税政策推广至全行业

我国现行先进制造业留抵退税制度对享受政策的行业分类存在约束，优先在固定门类中进行试点，这与国际上全行业普遍退税的做法存在一定差距。此外，各行业适用不同政策，长期看不利于税负公平。考虑财政承压能力，以及政策实施的接续性，在重点行业试点实施后，应当考虑适时将政策无差别推行至制造业全行业，最大限度释放政策红利。

（二）探索实施通过发行国债方式一次性退还留抵税款

留抵退税政策本质是将预收企业的税款退还，并非减税政策。因此，考虑多年积累留抵税款数额较大，可将留抵税款转化为5～10年中长期特别或专项国债，既能够明显降低企业资产负债率，节约企业融资成本，也可以通过将一次性退款转化为中长期利息方式，合理缓解财政压力。

（三）提升政府部门办理留抵退税效率

进一步加强留抵退税跨部门协作，实现财政、税务、工信系统信息共享，

推动制造业企业税务信息同步更新。完善留抵退税平台服务，对符合留抵退税条件的企业，实现申请—退税审核—办理退库一站式服务，为企业申请退税提供便利。定期培训企业财务人员，提高业务能力，及时解决企业退税过程中存在问题，畅通企业和政府沟通渠道。

第五节　推动制造业高质量发展的政府引导基金研究

制造业高质量发展离不开政府大力扶持，政府引导基金作为政府扶持手段，其设立和运作的宗旨是契合国家及地方的产业发展政策，应带动更多社会资金参与投资政府扶持的产业领域。从根本上说，政府引导基金本质是财政资金，是政府促进区域产业发展的一种方式，核心在引导，目的是扶持而非与民争利，能够集中力量扶持特定产业，撬动社会资本参与活力，激活地方政府存量资金。但实际操作过程中，政府引导基金因政府部门对财政支出过度谨慎，导致资金"迟到"和"早退"，或是由于对社会资本的限制太多但让利不多，削弱各方参与的积极性，造成目标不明确、管理能力弱化、带动社会融资能力弱、投资效果不明显等问题。厘清政府引导基金问题所在，探寻针对性解决途径，有效发挥政府引导基金的独特作用，对推动制造业高质量发展具有重要意义。

一、政府引导基金发展历程

（一）探索初创期

2005 年 11 月，国家发展改革委牵头颁布《创业投资企业管理暂行办法》，首次提出引导基金的概念，其中指出"国家与地方政府可以设立创业投资引导基金，通过参股和提供融资担保的方式扶持创业投资企业设立与发展"，但"具体管理办法另行制定"，为引导基金正式进入创投行业建立了法律地位。

（二）试点推动期

2008 年 10 月，国家发展改革委联合财政部、商务部共同出台了《关于创业投资引导基金规范设立与运作的指导意见》，已成为我国政府引导基金步入规范发展的轨道的重要政策。其中，首次详细定义创业投资引导基金的概念，即由政府出资设立并按市场化方式运作的政策性基金，"用于引领社会资金进入创业投资领域，基金本身不得直接从事创投业务"。2010 年，财

263

政部、科技部联合发布了《科技型中小企业创业投资引导基金股权投资收入收缴暂行办法》，明确规定了引导基金的退出收益内容和分配办法，首次在法律文件中规范了政府引导基金的退出制度。2011年8月，财政部、国家发展改革委制定了《新兴产业创投计划参股创业投资基金管理暂行办法》，对我国政府引导基金的投资规模范畴进行了明确规定，有利于发挥引导基金的导向作用。上述文件的颁布，为引导基金的规范化运营管理提供了法律依据，对推动后来政府引导基金的健康发展奠定了基础。

（三）快速发展期

2015年11月，财政部印发《政府投资基金暂行管理办法》，政府引导基金的概念界定愈加全面，即由各级政府预算安排，采取政府单独出资或政府与社会资本共同出资设立的形式，"以股权投资为主要运作方式，带动社会各类资本投向经济社会发展的重点领域和薄弱环节，更好地为有关产业与领域的发展提供资金支持"。2016年12月，国家发展改革委印发《政府出资产业投资基金管理暂行办法》，补充了对政府出资产业投资基金的定义，即政府出资设立，主要投于非公开交易企业股权的股权投资基金和创业投资基金。

二、政府引导基金发展现状

据不完全统计，截至2019年9月底，我国政府引导基金累计建立2千余支，政府引导基金市场目标规模已达到10万亿元（含引导基金规模+子基金规模），已到位资金规模超4万亿元。政府引导基金已成为政府扶持产业发展的重要工具。根据清科创投的私募通基金数据库，剔除部分数据质量较差样本，保留1938个政府引导资金样本展开后续分析。

从纵向的时间维度看，政府产业基金发展呈现短期爆发式增长，具有鲜明的政策推动特征（见图9-9）。2007年以前政府产业基金处于探索阶段，2008年《关于创业投资引导基金规范设立与运作的指导意见》的出台推动了政府产业基金的第一轮快速发展，2008年当年新增基金数与基金目标规模已高于2007年以前累计数量与规模。2008—2013年间政府产业基金处于快速发展，但由于基数较低，政府引导基金数量与规模尚未出现量级的突破，六年间累计新增基金285家，新增目标规模近2700亿元。2014年开始政府财税体制改革开启深度调整进程，地方政府债务整顿、新《预算法》出台等均对地方政府财政运转带来较大幅度调整，同期地方政府存量财政资金整顿也驱动地方政府加速寻找存量资金的投入渠道。多因素驱动下，2014 年以后政府引导基金开始爆发式增长，2014 年新增基金目标规模达 2600 亿元以上，接近 2008—2013 年六年间目标规模总和。2015—2017 年三年间政府引导基金达到增长高峰，新增基金分别达 379 个、545 个、249 个，新增基金目标规模分别达 1.4 万亿元、3.1 万亿元、3.1 万亿元，各省、市、区县在该时期集中设立相应层级的政府引导基金。

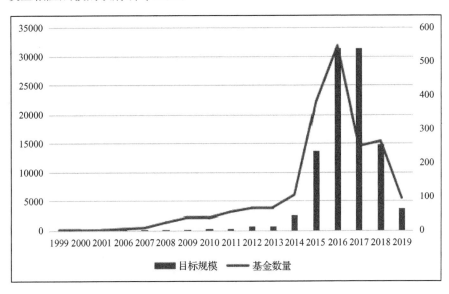

图 9-9 政府引导基金历年数量及目标规模
数据来源：赛迪智库整理，2019 年 10 月。

政府引导基金的爆发式增长带动基金管理机构数量的爆发。2008—2013 年间年度新增基金管理机构维持在 60～80 家规模，2014—2018 年 5 年间年度新增基金管理机构分别为 115 家、318 家、365 家、191 家、137 家，2015—2017 年是基金管理机构增量爆发集中期（见图 9-10）。对基金这种金融形式的短期集中选择冲击了行业人才供给能力，意味着新增基金管理机构在管理能力、投资能力、人才保障等多方面在未来一段时期内存在隐患。

从横向的空间维度看，政府引导基金区域分布不均衡，地市级、区县级基金成为主力增量。政府引导基金主要集中在东部沿海地区，东部省份政府引导基金数量占全国总数的 58%，引导基金市场目标规模占全国的 54.5%；中部省份基金数量占全国的 22.3%，基金目标规模占全国的 19.2%；西部

省份基金数量占全国的 19.7%，基金目标规模占全国的 26.3%。从分省情况看（见图 9-11），基金数量前五名省份为江苏、广东、浙江、山东、安徽，基金数量占全国比重分别为 10.6%（206 支）、10%（193 支）、9%（174 支）、8.7%（168 支）、5.4%（104 支）；基金目标规模前五名省份为广东、北京、江苏、湖北、山东，目标规模占全国比重分别为 14.5%（1.45 万亿元）、14.2%（1.42 万亿元）、6.9%（0.7 万亿元）、6.6%（0.67 万亿元）、6%（0.6 万亿元）。

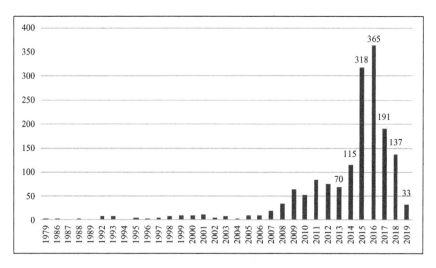

图 9-10　政府引导基金管理机构新增情况

数据来源：赛迪智库整理，2019 年 10 月。

从政府引导基金层级分布情况看（见图 9-12），国家级、省级、地市级、区县级基金数量比重分别为 1.6%、18.1%、36.1%、27.2%，其他相关基金占比 17%。从目标规模看，国家级、省级、地市级、区县级基金比重分别达到 11.0%、28.1%、35.4%、13.2%，其他相关基金占比 12.4%。从基金平均目标规模看，国家级、省级、地市级、区县级基金平均分别达 358.4 亿元、80.5 亿元、50.9 亿元、25.1 亿元。2014 年后政府引导基金的爆发式增长主要体现在地市级、区县级基金规模的激增。

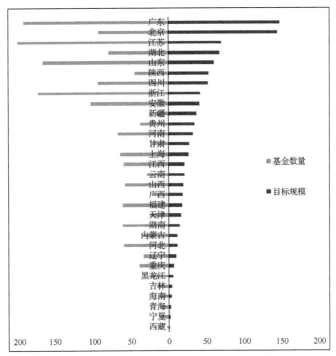

图 9-11　政府引导基金各省（区、市）分布情况

数据来源：赛迪智库整理，2019 年 10 月。

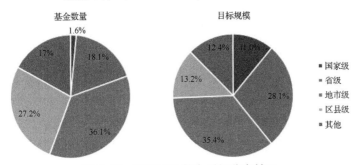

图 9-12　政府引导基金层级分布情况

数据来源：赛迪智库整理，2019 年 10 月。

三、政府引导基金发展成效

（一）集中力量扶持特定产业

以国家集成电路产业投资基金为例，截至 2019 年 6 月底，基金累计投资 39 项，紧密围绕集成电路产业链展开布局，其中集成电路制造方面 9 项，占总投资项目的 23%，IC 设计、封测、设备制造、软件、材料以及下游终端应用均有投资，

为集成电路产业的大规模发展注入大量资金支持，具有良好的政策示范效应。

（二）撬动社会资本参与活力

政府产业引导基金通过机制设计，以财政出资作为杠杆撬动社会资本，是引导社会资本投向的重要手段。以国家集成电路产业投资基金为例，由国开金融、中国烟草、亦庄国投、中国移动、上海国盛、中国电科、紫光通信、华芯投资等企业共同发起成立，有效凝聚了龙头企业的投资力量。

（三）激活地方政府存量资金

2013 年财政部《关于加强地方预算执行管理激活财政存量资金的通知》开启了财政资金整顿的序幕，此后国务院出台《关于进一步做好盘活财政存量资金工作的通知》，大力推进财政存量资金整顿工作开展。2015 年财政部连续出台《关于推进地方盘活财政存量资金有关事项的通知》《关于盘活中央部门存量资金的通知》《关于开展地方盘活财政存量资金有关情况专项检查的通知》《关于收回财政存量资金预算会计处理有关问题的通知》多项文件，倒逼地方政府为财政存量资金寻找流向，客观刺激了 2015 年前后政府引导基金数量与规模爆发式增长。

四、政府引导基金发展存在的问题

政府引导基金在初期探索实践中取得了较好的政策效果，如国家发展改革委早期主导的创投基金是市场化资源配置与政府扶持政策的较好结合，为后续政府引导基金发展提供了较好的参考范本。但近年来政府引导基金爆发式增长，且基金设立层级向基层延伸，基金规模与管理能力趋弱，暴露出一定问题。2018 年浙江省率先开展关于省级、地市级政府产业基金专项审计，审计范围为 2015 年 6 月至 2017 年 12 月期间地方政府产业基金设立、投资、管理情况，具有较好的代表性，本部分据此案例展开分析。

（一）引导基金设立目标不明确

不同于国家级政府引导基金，省级乃至地市级、区县级等政府引导基金层级越低，所能调用的资金规模与社会资源、政府信用背书能力、地方优质项目资源、基金管理所需专业化人才等方面均呈大幅衰减。因此，受能力所限，地方政府引导基金的设立目标必然要区别于高层级政府设立的引导基金。从目前地方政府基金设立逻辑看，则主要将基金设立目的聚焦于产业升级、创新投资、新兴产业等国家热点政策，各层级政府引导基金同质化较为严重，由此导致基层政府引导基金运行难以契合基金预期目标。

（二）引导基金管理能力弱化

由于引导基金设立目标脱离基层基金实际运作能力，由此带来基层引导基金管理方面的多重问题。一是政府引导基金管理制度不健全，如部分地市级引导基金未建立相关基金法人机构和基金管理公司管理制度，如引导基金为选择托管银行，与公司自有资金混合管理，如引导基金管理公司未建立风控合规体系和内部管控、投后管理、投资决策等制度。二是引导基金绩效考核制度建立困难，由于引导基金目标定位不清晰，政府引导基金对于基金盈利保值情况、基金投资效果等缺乏明晰界定，省级、地市级引导基金普遍存在缺乏母子基金管理业绩评价考核和奖惩制度的情况。三是引导基金间政策功能区分不明晰，存在多头管理现象，如杭州、宁波、台州等市级引导基金均反映，所属天使基金、创投基金、产业基金隶属多个分管部门，市级层面缺乏统一的管理牵头机构，存在过个子基金重复投向同一项目情况。

（三）引导基金带动社会融资能力弱

由于部分地方政府引导基金设立目标不尽合理，社会资本对政府引导基金的参与意愿不尽理想。从浙江省专项审计看，地市级政府引导基金普遍存在如下问题。一是引导基金规模小而散，且主要依靠财政资金。如宁波地市级引导基金 6 支，平均规模 3.9 亿元。如杭州审计调查发现，截至 2017 年底，市本级设立基金 6 支，资金量最大为 14.8 亿元，最小仅为 1 亿元，且引导基金主要依靠财政出资，占比超过 75%。考虑到《政府出资产业投资基金管理暂行办法》中关于"对单个企业的投资额不得超过基金资产总值20%"的限制，小规模基金引导能力进一步弱化。二是引导基金承诺资金到位慢或不到位现象较为普遍。如杭州淳安县反映该县实际到位产业基金全部为政府性资金，社会资本和金融资本未到位。如温州审计发现，地市级引导基金设立 8 支，但仅有 3 支基金出资到位。三是引导基金融资过程中存在"明股实债"方式融资，加剧地方财政风险。根据浙江省产业基金专项审计情况看，部分省级、地市级引导基金均出现基金约定以固定收益回购方式退出的现象，以政府财力背书吸引社会资本、金融资本，加剧地方政府隐性债务风险。

（四）引导基金投资效果不明显

调研普遍发展，政府引导基金投资存在背负"国有资产保值增值"的压力，引导基金运作偏重于收益回报，对于投资初创期、早中期的本地创新型项目投入不足。基金保值增值压力导致地方政府引导基金存在辖区外投资（即扩大优质项目的遴选范围）、投资进度缓慢等问题，未能发挥引导基金的设立目的。此外，地方政府引导基金投资管理能力不足也是制约投资效果的重要瓶颈。由于 2015 年前后的政府引导基金爆发式增长，正常状态下的基金投资业务具有较高的行业准入门槛，从业人员应具有相应的学习培训，而引导基金短期内人才需求爆发，导致基金管理人才供给严重不足。从浙江省专项审计结果看，部分引导基金投资尽职调查能力较差，无法对项目提供有效甄别；基金管理公司仅负责日常账务处理工作，将尽职调查、入股谈判等投资专业化工作交由政府工作人员及银行借调人员承担；项目投后管理环节薄弱，引导基金管理人不掌握项目运营情况。

五、政府引导基金政策建议

（一）控制地市级、区县级基金增量，调整基层引导基金存量

结合上文数据与问题分析可知，政策刺激下的基金爆发式增长，导致基金投资这一较高专业门槛的人才供给面临较大压力，而地市级、区县级引导基金是该类人才供给压力的高度承压者。2017 年 4 月实施的《政府出资产业投资基金管理暂行办法》第二十条规定，基金管理人应至少有 3 名具备 3 年以上资产管理工作经验的高级管理人员。但结合 2014 年开始的本轮引导基金增量爆发，目前政府引导基金相关机构从业者多以满足 3 年以上工作经验，但不能代表该类职业群体具备与市场化基金管理从业者相同的业务素质，对基层政府引导基金人才的供给情况应保留审慎态度。因此，建议优化引导基金的数量和规模，布局调整投资领域，地方政府在基金设立上要量力而行，杜绝政策宣传的浮夸风，避免由于基金管理能力不足带来的社会资源错配。

（二）进一步明确地方政府引导基金的设立目的与功能，基层政府引导基金向本地优势产业技改升级、优质企业初创期扶持等领域聚焦

地市级、区县级基层政府基金相对于国家级、省级政府引导基金而言，资源调配能力、项目遴选范围等多方面缺乏竞争力，但对当地产业、企业的

信息掌握程度上具有鲜明优势。基层政府引导基金应考虑酌情减少如大型项目落地配套、产业短板攻坚、重点创新中心等外溢性较强领域的投入，由国家级或省级政府引导基金着重该领域的统筹调配。建议优化基层政府引导基金运作机制，发挥信息优势，聚焦基金管理人更为熟悉的本地优势产业，提高基金项目甄别能力与项目投后监管能力。

（三）创新基金运作模式，调整政府产业引导基金考核目标

建议确保产业基金市场化运作这一主线，强化基金运作的公司制管理，基金日常管理和投资运作依托专业的基金管理机构；搭建产业投资基金信息化平台，加强信息共享；建立面向市场的产业投资基金资产包交易平台，设立并推广基金资产包流转变现的交易机制，灵活运用资产证券化手段，拓宽产业投资基金退出渠道。建立完善政府引导基金绩效考核制度，不能简单以盈利状况作为标准，应结合引导基金带动创业投资的规模、对新兴产业投资规模的拉动、对当地创业初期和中期的企业扶持情况、政府基金退出后的收益等标准进行评价。

第六节　中外税制结构对比及经验借鉴

党的十八大以来，我国财税体制改革步伐更是不断加快，尤其在税制结构调整方面，全面推开"营改增"，结束了 66 年营业税征收历史；构建以共享税为主的中央和地方收入分配格局；实施更大幅度的减税降费等，都取得了显著成效。2019 年政府工作报告指出，推进财税体制改革，深化中央与地方财政事权和支出责任划分改革，推进中央与地方收入划分改革；健全地方税体系，稳步推进房地产税立法。2019 年 10 月，国务院印发《实施更大规模减税降费后调整中央与地方收入划分改革推进方案》提出，保持增值税"五五分享"，实施增值税留抵退税地方分担方案，将部分在生产（进口）环节征收的现行消费税品目逐步后移至批发或零售环节征收。这次政策实质是财税体制改革"进行时"，主要是为了进一步理顺中央和地方收入划分，保障地方财政收支平衡，调动中央与地方两个积极性，稳定分税制改革以来形成的中央与地方收入划分总体格局。在此大背景下，全面掌握我国税制改革历程，横向对比我国同发达国家税制结构，借鉴其税制结构改革经验，对指导我国税制结构调整，完善财税体制有重大意义。

一、我国税制改革历程及现状

（一）税制改革历程

新中国成立后，随着我国经济体制由计划经济向市场经济过渡，为适应社会发展需求，税制结构做出了多次调整，具体可以分为四个时期（见表 9-12）。

表 9-12　我国各时期税制改革主要内容

	改革开放前 （1949—1978 年）	"利改税"时期 （1978—1994 年）	分税制改革时期 （1994—2012 年）	"营改增"时期 （2012 年至今）
税收制度变革	税收除了调节经济和收入外，还有两项重要的功能，一是阶级斗争，二是打击投机倒把。建国初期，新中国制定了"公私区别对待，繁简不同"的税收政策，对私营、个体经济予以限制	建立涉外税收制度，通过了中外合资经营企业所得税法、个人所得税法和外国企业所得税法；将新中国成立之后实行了 30 多年的国有企业向国家上缴利润的制度改为缴纳企业所得税，并取得了初步的成功	以"统一税法，简化税制，公平税负，合理分权"为指导思想，实施新一轮税制改革，将主要税权和大部分税收收入集中到中央政府，税制趋于规范、简化、公平	党的十八大以来，我国以构建"税种科学、结构优化，法律健全、规范公平，征管高效"的现代税收制度体系的改革为目标，按照"深化税收制度改革、健全地方税体系"的要求，形成税法统一、税负公平、调节有度的税收制度体系
税种变化	共有 14 个税种，即货物税、工商业税（包括营业税和所得税两个部分）、盐税、关税、薪给报酬所得税、存款利息所得税、印花税、遗产税、交易税、屠宰税、房产税、地产税、特种消费行为税和使用牌照税	在工商税制体系下共有 37 个税种，按照流转税、所得税、财产和行为税、资源税、特定目的税、涉外税、农业税共 7 项大类进行划分	税种简化，由 37 个减少到 23 个。 1. 将国有企业所得税、集体企业所得税、私营企业所得税合并，实行统一的企业所得税制； 2. 将个人收入调节税、适用于外籍人员的个人所得税和城乡个体工商户所得税合并，建立统一的个人所得税制； 3. 取消集市交易税、牲畜交易税、燃油特别税、各种奖金税和工资调节税； 4. 将特别消费税并入消费税，将盐税并入资源税等	目前我国现行税种共 18 种，按照商品（货物）和劳务税、所得税、财产和行为税、资源和环境保护税和特定目的税共 5 项大类进行划分

续表

	改革开放前 （1949—1978 年）	"利改税"时期 （1978—1994 年）	分税制改革时期 （1994—2012 年）	"营改增"时期 （2012 年至今）
成效	1. 为配合国家对于农业、手工业和资本主义工商业的社会主义改造，建立了一套以多种税、多次征为特征的复合税制； 2. 不断简化工商税制，走片面简化的发展路径，大大缩小了税收在经济领域中的活动范围	1. 突破了长期封闭型税制的约束，逐步建立开放型税制； 2. 初步建成了一套涉外税制和国内税制双轨并行的税制体系； 3. "利改税"突破了政府与企业之间统收统支的财政分配关系，将税收引入财政分配体制	1. 构建了市场经济条件下的分级财政体制基本框架，调动了各方的积极性，国家财政实力显著增强； 2. 确定了以增值税为主体，消费税、营业税为补充的"货劳税"，统一了企业所得税	1. 存在重复征税弊端的营业税正式退出历史舞台，被增值税取代； 2. 首部绿色税种环境保护税正式实施，利用税收杠杆来加大环境保护力度，税收的社会经济调节功能不断增强

资料来源：赛迪智库整理，2019 年 10 月。

1. 改革开放前（1949—1978 年）

此时期我国百废待兴，经济结构较为单一，税制简化，主体税种为工商税，税收收入较少，财政收入主要来源于国有企业利润上缴。为配合对农业、手工业和资本主义工商业的社会主义改造，主要开征货物税、盐税、屠宰税等细化税种。可以说，我国当时的税务机构职能单一，税收调节国家财政收入职能较弱。

2. "利改税"时期（1978—1994 年）

1979 年，财政部提出了开征增值税方案，在 1981 年制定了《增值税暂行办法》，增值税正式诞生。1983—1984 年，我国完成二步利改税，将国有企业原来向国家上缴利润的大部分改为征收所得税，相继设立营业税、资源税等，税收体制不断完善。

3. 分税制改革时期（1994—2012 年）

1994 年，分税制改革，取消了财政包干体制，实行中央和地方分税制，提高了中央的税收收入比重，完善了转移支付等财政制度。在保持总税负不变情况下，建立规范化流转税制格局，对生产和流通环节普遍征收增值税，在此基础上，选择少数产品再征收一道消费税；为鼓励支持农业发展，取消了农业税；为保障市场竞争的公平性，统一内外资企业所得税，修订了原适用房产税、车船税内外资等内容。这一时期，初步建立了与社会主义市场经济体制相适应的税收制度体系，是新中国成立以来最全面的结构性变革。

4. "营改增"时期（2012 年至今）

2011 年底，我国提出，在上海推行"营改增"试点工作，对交通运输业和现代服务业进行税制改革。推行试点半年后，改革范围扩大到北京等 8 个省市。2016 年，历时四年的前期调整工作落下帷幕，各项征管工作逐步走向正轨，自 5 月 1 日起，"营改增"范围扩大到建筑业、房地产业、金融业和生活服务业。2017 年，按照优化税制、简并税率的原则，采用渐进式改革路径，考虑适用 13%税率产业范围较窄，仅包括粮食、食用植物油、自来水、煤气、图书、化肥、农药、农机、农膜等民生产品，在原有增值税 17%、13%、11%和 6%四档税率基础上，剔除 13%税率，将农产品、天然气等增值税税率从 13%降至 11%。2018 年，在三档税率不变基础上，对原适用 17%和11%两档税率分别调整为 16%和 10%，2019 年，又进一步分别下调至 13%和9%，两次改革都维持 6%的低税率不变。增值税改革进程，是一个由局部试点扩大到全国，由工商业为主扩大到全行业，税率分档逐步简化，税率水平不断降低的过程。

总体来看，我国税制改革进程，是遵循"统一税法、公平税负、简化税制、合理分权"原则，逐步建立完善税收法律体系，统一内外资企业税收负担，明确中央与地方税收责任的过程。随着我国税制结构不断完善，中央逐步下放地方行政权力，为匹配财权与事权，同时加大了中央的税收收入对地方的分成比例，并在征管层面对二者进行了合并统一，提升了征税效率。从现行税种演化来看，我国经历了从单一征收工商税，到不断充实各行业征收税种，根据社会经济发展需求，适当对征收税种进行增减调节的过程。

（二）我国现行税制概况

从税收收入构成来看，增值税和企业所得税为我国主体税种，二者占税收收入比重超过一半。2018 年，我国全国一般公共预算收入中的税收收入为15.64 万亿元，增值税收入为 6.15 万亿元，占比为 29.3%；企业所得税收入为 3.53 万亿元，占比为 22.6%；个人所得税收入为 1.39 万亿元，占比为 8.9%；消费税收入为 1.06 万亿元，占比为 6.8%。

从现行税种来看，2016 年 5 月，全面推开"营改增"后，营业税取消；2016 年 12 月，环境保护税法正式通过，决定自 2018 年 1 月 1 日起开征环境保护税。目前，我国现行税种共 18 种，按照商品（货物）和劳务税、所得税、财产和行为税、资源和环境保护税，以及特定目的税共 5 项大类进行划分，详见图 9-13。

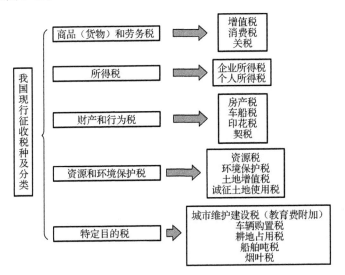

图 9-13　我国现行征收税种及分类

　　从中央和地方税收收入划分来看，我国中央和地方税收收入划分起源于 1994 年分税制改革，改革后，体现中央税收收入为主，地方占有一定比例的税收收入格局。其中，"营改增"前，增值税除海关代征部分外，实行中央和地方 75%、25%的分成比例，企业所得税收入归中央，个人所得税中央和地方 60%、40%的分成比例。营业税是地方收入的重要来源，除央企、银行、非银行金融机构及铁道部门税款外，其他企业营业税收入均归地方。"营改增"后，为弥补地方财力，中央将增值税分成比例进行了调整，实行五五分成。新开征的环境保护税也作为地方新税源，税款 100%归地方所有（见表 9-13）。

　　从直接税和间接税收入来看，1994 年，我国直接税收入占总税收收入比重为 24.4%，间接税为 75.6%；2004 年，直接税收入占总税收收入比重为 30.4%，间接税为 69.6%；2014 年，直接税收入占总税收收入比重为 37.7%，间接税比重为 62.3%。2018 年，间接税主体税种增值税收入占总税收收入比重为 29.3%，直接税中企业所得税和个人所得税收入占总税收收入比重为 31.5%，所得税占比超过增值税。可见，近年来，我国税收收入呈现"直升间降"趋势,即直接税比重不断上升,间接税比重有所下滑。

表 9-13 我国中央和地方税种分成比例

税　种	细 分 领 域	中央分成比例（%）	地方分成比例（%）
增值税	海关代征增值税	100	—
	非海关代征增值税	50	50
企业所得税	中央企业、各银行总行、地方银行和外资银行及各保险总公司等非银行金融企业,铁道部门等缴纳的部分	100	—
	其他企业缴纳部分	60	40
个人所得税	—	60	40
消费税	—	100	
关税	—	100	
资源税	海洋石油企业缴纳部分	100	—
	非海洋石油企业缴纳部分	—	100
城市维护建设税	中央企业、各银行总行、地方银行和外资银行及各保险总公司等非银行金融企业,铁道部门等缴纳的部分	100	—
	其他企业缴纳部分	—	100
环境保护税	—		100
印花税	证券交易印花税	94	6
	其他印花税		100
城镇土地使用税	—		100
房产税	—		100
营业税（已废止）	中央企业、各银行总行、地方银行和外资银行及各保险总公司等非银行金融企业,铁道部门等缴纳的部分	100	—
	其他企业缴纳部分	—	100

资料来源:赛迪智库整理,2019 年 10 月。

二、发达国家税制基本情况

他山之石,可以攻玉。美国、德国、法国、英国、日本等发达国家拥有
丰富的税收管理经验,各国在税制结构、税收征管、税收收入构成、税种结

构等方面的有效经验做法，对我国税制改革具有一定的借鉴意义。

（一）各国税制结构对标

美国和德国都实行联邦、州、地方三级分税制度。但美国在统一的联邦税法框架下，各州有相对独立的立法权，地方税收立法权归属于州政府。相较而言，德国税法体系较为复杂，以联邦和州一级税收法律和条例为主导，各级税务机关发布的原则、指令和决定等为补充，但州以下行政区无立法权。

法国、英国、日本主要分为中央和地方两政府，但存在一定的差异。法国税收立法权集中于中央，税种开停征、税目增减和税收减免等均由法国议会决定；在法国议会确定基本税率范围的前提下，地方可根据实际情况确定土地税、居住税等地方税适用税率。英国中央掌握全国税收立法权，地方只享有地方税征收权、适当的税率调整权和减免权等，但这些地方税权也受制于中央。日本实行中央集权、分级管理的税收体制，国会有税收立法权，主要税种管理权集中在中央，地方仅对地方税种税率和减免情况进行管理。

（二）各国税收征管对标

美国各州和地方税收征管权力较宽松，可自主选择税制结构，设定税率、税基等。德国联邦和州一级政府为平级机构，二者通过年度定期联席会议，协商制定税收政策、确定共享税分成比例等问题。法国与我国高度一致，实行中央集权管理模式，通过设立全国统一的隶属于中央政府的国家税务机构，并在各地下设分支机构完成税收征管工作。日本税收征管分为中央、都道府县和市町村三个层级，中央负责国税征管，由财务省国税厅行使职能，地方税由总务省主管，各司其职，基本无交叉业务。

（三）各国税收收入构成对标

美国联邦政府主要税收收入来源于所得税和社会保险税，州税以所得税和消费税为主体，而地方税以房产税为主体。联邦、州和地方三级政府税收收入比重约为 5 : 3 : 2。

德国将全部税收划分为共享税和专享税两大类。共享税为联邦、州、地方三级政府或其中两级政府共有，并按一定规则和比例在各级政府之间进行分成；专享税则分别划归联邦、州或地方政府，作为其专有收入。共享税包括增值税、个人所得税、企业所得税等。共享税分成比例上，增值税联邦、州和地方分别占 53.4%、44.6% 和 2%，个人所得税联邦、州和地方分别占 42.5%、42.5% 和 15%，企业所得税联邦和州政府各占 50%。联邦专享税包括社会保障税、关税、消费税、团结附加税等；州专享税包括土地购置税、遗产（赠与）税、机动车税、啤酒税、赌场税、火灾防护税等；地方专享税包括工商税、土地税、娱乐税、饮料税、养狗税、猎钓税、赛马税等。

法国将全部税收划分为中央税和共享税。中央税主要包括所得税、商品和劳务税和部分财产税；地方税主要包括土地税、居住税和房产空置税、地方经济捐税等财产和行为税，以及垃圾清理税等其他税收。此外，为弥补社会保障资金的不足，除社会保险分摊金外，法国还征收社会保险相关税收。

英国与日本的税收收入都分为国税和地方税，其中，英国二者总税收收入分成比例约为 9∶1，即国税是中央政府收入的主要来源，地方政府收入除地方税收外，主要还是依靠中央财政补助。日本国税主要包括个人所得税、企业所得税、消费税、印花税等，地方税包括地方消费税、都道府县民税、事业税、市町村民税等。需注意，日本中央和地方都设有消费税，但界定清晰、分别征收。

（四）各国税种结构对标

美国以直接税为主体，其中个人所得税在总税收收入占比超过 40%，在流转税中，与商品和劳务相关总体税收占比最高，也仅为 16.9%，远低于个人所得税占比。

作为欧洲高福利国家，德国社会保障税占总税收收入比重达 37.6%。另一方面，作为直接税为主体的国家，德国个人所得税在总税收收入占比达 26.6%，比例远低于美国，企业所得税占比在 5% 左右，所得税总体占比超过 30%。

法国虽采用间接税为主体税制，但直接税在税收收入占比偏高，增值税在税收收入中占比仅为 15.2%，且有逐年下降趋势，直接税中个人所得税占比为 18.8%，略高于增值税，且有逐年上升趋势。

英国是个人所得税发源地，目前已形成了较为成熟的税收体系，个人所得税在税收收入中占比较高，达 27.4%，但由于英国近几年不断下调个人所得税税率，提高起征点，因此有下降趋势。1973 年，英国引入增值税并替代了部分原有商品税，此后增值税占比逐年提升，目前占比为 20.8%，在发达国家中比重偏高。

日本以直接税为主体，直接税与间接税收入比约为 3：1，但随着消费税在日本国内税率提升，国税中直接税与间接税比重接近 3：2，地方税中直接税比重仍在 80%以上，总体直接税比重有下降趋势。

综合以上各方面分析结果可知，美国、德国、法国、英国、日本等发达国家税制主要具有如下三个特点（见表 9-14）：

表 9-14 各国税制概况[①]

国别	直接税比重（%）	主要税种及税收收入占比（%）	税收收入占GDP 比重（%）	税收立法模式	其他特点
中国	约 40%，有上升趋势	增值税：31.2 企业所得税：22.1 个人所得税：8.7	15.6	中央统一立法	增值税是第一大税种，所得税占比有升高趋势
美国	约 80%，有上升趋势	个人所得税：40.3 社会保障税：24.0 商品及劳务税：16.9	25.9	中央和地方分别立法	实行联邦、州、地方三级分税制度，直接税是税收收入的主要来源
德国	约 70%，有上升趋势	社会保障税：37.6 个人所得税：26.6 增值税：18.5	37.4	中央和地方分别立法	社会保障税发源地，企业所得税占比较低，且波动幅度较大
法国	约 70%，有上升趋势	社会保障税：36.8 个人所得税：18.8 增值税：15.2	45.5	中央统一立法	增值税发源地，与我国税制结构高度相似
英国	约 70%，有下降趋势	个人所得税：27.4 增值税：20.8 社会保障税：18.9	32.7	中央统一立法	个人所得税发源地，增值税比重有升高趋势
日本	约 75%，有下降趋势	社会保障税：40.4 个人所得税：18.6 消费税：13.3	30.6	中央统一立法	所得税整体比重偏低，消费税占比有升高趋势

资料来源：赛迪智库整理，2019 年 10 月。

（1）中央和地方根据事权划分确定税收收入分成，保障各级政府履行支出责任。实行中央集权的国家，税收立法权基本集中于中央，地方仅在中央

---

① 表 9-14 中关于比重的测算，考虑各国数据更新时段存在差异，为保障对比时期的统一性，均基于 OECD 数据库最新数据。

框架下实施微调，税收收入大多归中央管理，地方税收收入占比较小，中央通过转移支付等方式支持地方财政运转。实施分级管理的国家，中央和地方在统一的立法标准体系下，地方立法相对灵活，可以根据地区财政收入特点确定征税范围，中央税收和地方税收相对独立，地方根据税收收入情况合理确定支出，对中央依赖度不高。

（2）直接税和间接税保持合理比重，但趋势是直接税主导，间接税更大程度起调节收入作用。目前发达国家中，不论是以间接税为主体税种的法国，还是其他直接税为主体国家，直接税占总税收收入比重都超过 70%。直接税税收主体明确、便于管理，传导链条短、扭曲效应低，在管理体制成熟条件下，更便于政府征管，因此成为更多国家税收收入主要来源。而间接税主要把控生产销售的各个环节，税源较广、财政创收功能突出，征收简便、税收成本较低，国家需要筹集财政收入、进行税制结构调整的时期，更倾向于增加间接税税收收入。

（3）商品及劳务税中，对增值税的使用更加广泛。自法国开征增值税后，随着商品经济不断发展，增值税税源广、分环节征税的特点，更有利于创造财政收入，欧洲其他国家也相继引入。发展至今，以所得税、财产税等直接税为主体的国家，为降低主体税负、同时保障财政收支平衡，通过调节税基、税率等方式，不断提升增值税在税收收入中占比。

三、中外税制多维比较分析

（一）从中央和地方税收职能来看

各级政府取得税收收入的多寡，直接与其行使职能关联。我国是典型的中央集权国家，社会经济运行的核心工作集中在中央，这就要求中央具有可支配的财政收入，因此在我国，税收立法、税种的废立等税收职能也归中央。为确保中央取得税收收入的流畅性，同时赋予地方政府一定的税收管辖权，过去通过国税、地税两个体系分别管理中央和地方税收收入。随着我国经济水平提升，税制改革也在逐步推进，在税收征管方面的技术水平不断优化，已具备国税和地税合并征管能力。"营改增"全面推开后，地方主体税种废止，地方税收征管任务减轻，但管理成本却在升高，不利于提升政府效率。因此，国税、地税两部门合并。而英国、法国、日本等中央集权的国家，也采取了将主要税收权限集中于中央的做法，同时保留地方一定的税收管辖权，对两级以上的政府分层，采取上下直管的模式，中央不会跃层管理，提升了中央税收征管效率。我国国税、地税合并目前仍处于探索阶段，需进一步明确双方在税务机构管理过程中的权利义务，合理划分中央和地方税收收入，构建成熟的税收征管模式。

（二）从直接税和间接税比重来看

目前，美国等世界主要发达国家都是直接税主导的税收收入构成，即便是间接税为主体的法国，其直接税比重也在逐年升高。直接税具有税负转嫁困难、税负主体明确的特点，在社会征信体系成熟的条件下，管理成本也较低，因此发达国家更加依赖直接税为主要税收收入来源。而我国以间接税为主体的税制结构，一方面是确保中央财政收入来源，另一方面也是居民和企业信息采集和系统共享等方面技术仍有欠缺，直接税管理难度较大。但随着我国逐步推开个人所得税综合征管，各项所得税附加扣除办法与个人社会信用管理体系不断完善，房地产税开征基础。因此，随着税收征管体系日益健全，我国税制中直接税比重也将适当提升，但不会改变间接税为主体的税制结构。

（三）从税收收入构成来看

2018年，据OECD数据计算所得，增值税作为我国第一大税收收入来源，在总税收收入中占比为26.9%，除英国占比20.8%外，其他发达国家增值税在总税收收入中占比均较低；企业所得税在总税收收入中占比为21.5%，其他发达国家占比均低于15%。衡量增值税和企业所得税之和占总税收收入的比重，美国[1]25.6%，法国29.0%，日本33.3%，德国33.4%，英国40.6%，而我国占总税收收入的比重约为58.0%（见图9-14）。这两大税种基本来源于企业税收，反映出我国企业税收负担较发达国家，尤其是美国和法国偏重。综合来看，我国税收负担依然偏高，仍有一定的降税空间。

---

① 美国不征收增值税，但在州和地方层面征收类似于增值税的销售税，此处数据用销售税进行替代。

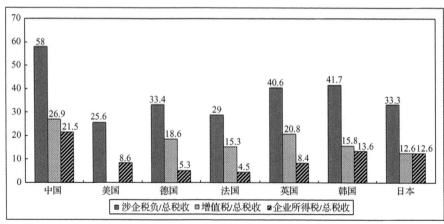

图 9-14　各国税收收入占总税收收入比重（%）

四、经验借鉴

（一）合理划分中央和地方税收收入

美国地方政府在税收征管方面拥有较大自主权，地方可根据自身发展需求在合理范围内征税，极大缓解了中央财政支出压力。我国"营改增"后，为缓解营业税废止对地方税收收入冲击，将共享税增值税中央和地方分成比例由 75%、25%，调整至 50%、50%。但仍需关注，由于土地财政、地方债务等因素，地方财政压力依然较大。同时，由于我国行政区域较多，地方政府承担职能也相应存在差异，目前开征的税种中，税收收入极大程度依赖于地方产业发展情况，不利于落后地区发展。除依靠中央转移支付、财政补贴等手段外，还需积极研究设立地方税种，合理扩围地方税源。

（二）继续降低我国产业整体税负

纵观美日英等发达国家，为鼓励产业发展，一般对研发生产环节征收税种较少、税率较低，而将税负更多加在最终购买和使用环节。而我国目前企业主要税种增值税、企业所得税税率相对较高，极大提升了产业生产成本，不利于参与国际竞争。因此，可在我国产业研发、高端技术应用等薄弱环节，适当增加优惠力度，通过税收减免等方式鼓励产业发展。尤其对具有创新能力的中小企业，继续加大税收优惠力度，鼓励其做大做强，推动我国产业实现高质量发展。

（三）进一步简并增值税税率

从国际来看，推行增值税的国家主要以取得中央财政收入为目的，并未对不同产业间设置差异税率，一般分为标准税率和低税率两档，便于征管。目前我国增值税税率分档较多，且行业之间税率差异较大，对市场资源配置作用的发挥有一定的阻碍。由于不同商品及服务间适用税率不同，也会造成产业间抵扣链条缺失，税负不公等现象，扭曲市场竞争效率。因此，将我国三档税率划为两档，既有利于产业间税负公平，也降低了征管成本，有利于市场在资源配置中发挥决定性作用。

（四）推动房地产税立法工作

房地产税立法工作的推进，将为开征这一税种打下坚实基础，推动后续构建征收范围、税率标准和豁免条件等总体框架。当前我国房地产税立法阻碍在于新的税种与我国现行房地产法律、政策相悖，我国土地国有政策与对个人征收"土地财产税"存在一定冲突，因此需要在法律和制度方面形成一致。房地产税作为地方税种，将缓解地方财政压力，弥补营业税废止对地方财政的冲击，也在一定程度上减轻了中央财政压力。同时，房地产税将直接由购房者承担，不易转嫁，有利于税负公平，对房地产市场有很好的调节作用。

第七节　德国扶持中小企业的"1121"政策体系及启示

德国将中小企业视为推动国内经济稳健发展的中坚力量，多年来主要采取贯通融资渠道、构建信用担保体系、实施"政府补贴、税收优惠"双重政策扶持、推行中小企业创新发展计划等多维举措，逐步形成了"1链条1体系双扶持1计划"的政策体系，强有力地支撑了德国中小企业蓬勃发展。当前，我国正处于深化供给侧结构性改革关键时期，借鉴德国扶助中小企业发展的成功经验，有利于优化我国政府支持中小企业发展的方式，推动中小企业高质量发展，助力制造强国建设。

一、德国逐步形成"1链条1体系双扶持1计划"政策体系

（一）贯通"政策性银行-往来银行-中小企业"融资链条

二战后，德国联邦政府通过《德国复兴信贷银行法》，组建政策性银行，

即德国复兴信贷银行（KFW），旨在为中小企业提供融资扶持。操作方面，KFW 不直接为中小企业提供资金，而是遵循主办银行制度，要求企业通过选定的储蓄银行、合作银行和大众银行等往来银行向 KFW 提出申请后，KFW 再经由该银行转贷给企业，期间产生的融资风险由往来银行和 KFW 按不同比例共同承担。业务方面，KFW 可从事经营信贷、证券、租赁和保险等金融服务业务，也可进行实业投资，但在与风险投资资本合作模式下，要求需与至少一位私人投资者共担风险，风险份额不超过 50%。贷款利息方面，KFW 向往来银行贷款的利息低于往来银行向企业贷款利息，且有数年不等的宽限期。

（二）架构"担保银行-中小企业-联邦政府和州政府反担保"信用担保体系

为破解中小企业不能提供足额贷款抵押难题，德国发展以专业化担保银行为主体的信用担保体系。担保体系架构层面，担保银行的股东主要是商业银行、保险公司、工商业联合会、手工业联合会及行业协会等非营利性的经济促进机构，在 1957 年颁布的《德意志联邦银行法》约束下实施担保，接受德国联邦金融服务监管局监管。操作方面，通常情况下，中小企业先向商业银行申请贷款，但难以满足全额贷款需求时，资金缺口再由商业银行向担保银行提出担保要求，经由担保银行的市场部门及风控部门对申请企业评审后，再由商业银行等各股东组成的决策委员会最终评定是否予以担保。业务方面，德国当前 16 个联邦州均有一家担保银行，但只能从事本州范围内业务。担保银行是独立于政府的专业商业银行，不从事存贷款业务，也不直接接受企业贷款申请，仅通过商业银行从事担保业务。联邦政府和州政府对中小企业贷款进行反担保。贷款利率和期限方面，目前德国贷款的基准利率是 1.2%，担保贷款的利率根据中小企业的信用等级评定为 2%-6%。中小企业单笔申请担保额度上限为 125 万欧元，期限不超过 15 年，不动产项目融资担保期限低于 23 年。贷款风险方面，一般情况下，商业银行承担贷款风险的 20%，担保银行承担的风险比例最高为 80%，联邦政府和州政府为担保银行承担的风险进行再担保，不收取任何费用，最终担保银行承担风险比例为 20% 左右，联邦和州政府共承担约 55% 比例。

（三）实施"政府补贴、税收优惠"双重政策扶持

德国非常重视政府补贴、税收优惠的带动与杠杆作用，增加对中小企业发展的资金支持。政府补贴方面，德国联邦政府将扶持中小企业发展资金列入财政预算，议会审查通过后由相关负责部门组织实施，其中，在支持中小企业发展的全部资金中，德国财政预算资金通常超 70%，但补贴项目种类繁多。据统计，德国联邦政府和州政府对中小企业的资金支持主要以中小企业创新核心项目、中小企业创新计划、高科技创业基金、欧洲复兴计划创新项目等为主。此外，德国政府每年拨专款补贴中小企业参加国内外各种展会，助其扩容市场。税收优惠方面，1984 年德国开始对中小企业实施特别优惠政策，1986 年启动税制改革。德国针对中小企业的税收优惠政策较为单一，但各种税收优惠可减少企业超 50%的税收。其中，德国对大部分中小手工业企业免征营业税；对中小企业营业税起征点逐年提高，设备折旧率从 10%提至20%。

（四）推行"全方位、多维度、宽领域"中小企业创新发展计划

德国联邦政府先后颁布了《关于提高中小企业的新行动纲领》《中小企业组织原则》等法规，旨在维护中小企业平等竞争权益，激发中小企业创新动力。此外，各级地方政府的中小企业技术创新政策也是以法律法规的形式颁布，保证了政策的稳定性、连续性。其中，为提高中小企业的科技创新和自主研发能力，德国先后制定了《联邦政府中小企业研究与技术政策总方案》《中小企业技术研究与研制工作基本设想》等扶持政策。比如，联邦政府层面，德国每年用于扶持中小企业创新研发经费约 50 亿欧元。

二、对我国的借鉴及启示

（一）鼓励政策性银行设立独立窗口服务中小企业，提高融资便利度

探索在分支机构较多、覆盖地区较全面的政策性银行中，设立服务中小企业的独立窗口，集中解决中小企业融资诉求。建立完善中小企业贷款管理办法，规范申请、审批、放款和成效评估流程，改善中小企业融资质量。结合中小企业轻资产特点，创新抵押质押贷款模式，降低初创型中小企业准入门槛，放宽对申请贷款企业资产负债率不超过 60%要求，再增加知识产权等

无形资产信用考核机制，提高中小企业融资便利度。

（二）构建统一的中小企业信用评级机制，降低融资成本

当前我国商业银行对中小企业信用进行评级，适用标准较为单一，未能有效评估中小企业信用，导致企业贷款融资受阻。需内外兼顾，一方面，要逐步完善中小企业征信系统和信用评价体系建设，将中小企业的行业创新能力、差异化水平等因素纳入考评体系，真实反映中小企业发展潜力；另一方面，要由上而下，鼓励商业银行创新中小企业评价标准，根据信用等级合理划分放贷区间，利率浮动范围 2%-6%。基于以上信用评级框架，充分发挥担保机构职能，通过增加企业信用等方式，合理分担融资风险，降低中小企业融资成本。

（三）拓展税收优惠范围，降低中小企业税负

基于当前重大技术装备进口税收优惠政策对中小企业吸引力度不足，建议考虑提高重大技术装备进口税收政策宣传力度，扩大对进口先进制造业设备、耗材等免税优惠范围，重点激发中小企业申报热情，享受更多税收减免。除科技型中小企业外，对自行研发生产重点产业领域设备等行为，给予增值税留抵退税等财税优惠政策，鼓励企业提升技术水平。

（四）撬动社会资本投资热情，拓宽中小企业融资渠道

目前，我国对投资于初创科技型企业满 2 年的企业和个人给予投资额 70%抵扣限制，相较国外全额或超额抵免而言，在一定程度上约束了投资者享受税收优惠的幅度。建议继续放宽对投资初创科技型企业的年限（2 年）、范围（70%）等限制，将一次性投资行为纳入税收优惠范围，适当提高投资抵扣额度，给予投资企业和个人更多所得税优惠，撬动社会资本参与中小企业融资。

第十章

新能源及智能网联汽车专题研究

国家大力培育新能源汽车消费市场，多年来连续出台支持政策，包括"十城千辆"节能与新能源汽车示范推广应用工程（2009 年）、《节能与新能源汽车产业发展规划（2012—2020 年）》《关于加快新能源汽车推广应用的指导意见（2014 年）》等，政策带动中国新能源汽车产业进入爆发增长阶段，2019年新能源汽车产业发展形成一定规模，全年产销量达 124.2 万辆和 120.6 万辆。当前，我国新能源汽车产业进入由政策推动向市场拉动转换的关键时期，研究国内外的产业发展进度、产业政策等动态，对促进我国新能源汽车产业政策有积极的借鉴意义。

第一节　美国智库 CSIS 报告对中国新能源汽车产业政策的三大警示

美国国际战略研究中心（CSIS）发布了报告《中国新能源汽车推广的险棋》（以下简称"CSIS 报告"），围绕已实施的财政补助、减税、燃油车排放标准设定、双积分政策、强制外资技术转让、主要城市限牌、政府购买等扶持政策效果，深度分析了中国新能源汽车产业发展现状及问题，既认可中国新能源汽车产业形成的规模优势，但也指出部分政策实施具有一定的冒险性。CSIS 报告还提醒美国政府不宜盲目追风制定中国式的产业扶持政策。换言之，中国新能源汽车产业政策已到调整窗口期，应加快研究出台有利于突破关键核心技术，形成世界级新能源汽车企业的产业政策，加速换挡提质，培育形成先进新能源汽车集群。

一、CSIS 报告主要内容介绍

（一）CSIS 报告在一定程度上认可中国新能源汽车产业政策取得的成效

一是认可中国新能源汽车的市场培育工作。作为全球最大的新能源汽车消费市场，2017 年中国新能源乘用车销售 60 万辆，占全球销量的 49%，是美国销量的 3 倍，CSIS 报告还预计 2030 年中国仍能占据全球销量的 39%。二是认为中国已培育形成一批自主品牌整车厂商。在传统汽车领域，外资和合资品牌占据主导地位，但新能源汽车领域，中国国产车占据主导地位，2017 年中国新能源乘用车销售的前十大车型，均是北汽、比亚迪等自主品牌，进口品牌占比很小，2018 年 1-10 月进口纯电动车 13970 辆，同比下降 7%，测算后，仅占我国纯电动车市场销量的 2.1%。三是认为中国已形成具有影响力的新能源汽车产业集群。新能源汽车的核心部件和关键技术快速发展，宁德时代、比亚迪等企业已成为全球最有创造力的电池制造商，电池技术正追赶日本和韩国，动力电池技术水平和生产能力整体处于世界领先水平，且已形成新能源汽车产业集聚，比如"宁波已成为汽车供应商的聚集中心之一，其中，宁波旭升是特斯拉最主要的铝合金材料供应商"。

（二）CSIS 报告认为中国新能源汽车政策是一步"险棋"

虽然中国正打造一批自主品牌新能源汽车整车企业和一定竞争力的产业聚群，产业优势正在形成，但 CSIS 报告认为，中国政府集中资源推动新能源汽车发展的政策和做法，具有一定的冒险性：一是技术路线风险，在产业技术路线尚不完全确定之际，锂电池技术可能被其他技术替代，那么，"纯电驱动"的新能源汽车国家战略存在技术路线走偏的可能；二是政府干预风险，中国政府已密集出台了一系列政策，其中财政补助、减税、燃油车排放标准设定、双积分政策、强制外资技术转让、主要城市限牌、政府购买等措施力度都很大，都有一定的争议和政策负面效应。

（三）CSIS 报告提醒美国政府要立足本国国情制定相关政策

CSIS 报告提醒美国政府不要追求新能源汽车市场规模全球第一而盲从出台中国式产业政策，要立足美国国情，避免追风制定不适宜的产业政策，尤其谨慎考虑纯电驱动技术方向，CSIS 报告建议，应坚持技术发展多元化。

目前，新能源汽车领域没有一项技术在短期内明显优于其他技术或无可替代，"不应押宝一条技术路线，美国政府应促进技术多元化发展，全方面发展锂电池、燃料电池和生物燃料等技术"。同时，需谨慎同一技术路线的新能源汽车大范围推广，需立足市场可持续性的需求，在技术可靠前提下出台扶持政策，更应由市场需求决定是否推广。CSIS 报告还建议，应突出美国在自动驾驶领域的优势，探索新能源汽车、共享出行和自动驾驶三大领域。最后，CSIS 报告还提醒美国政府需警惕中国新能源汽车可能出现的产能过剩情况，一旦过剩，中国或向国外市场倾销。

二、CSIS 报告对中国新能源汽车产业政策的三大警示

（一）警示一：虽财政补助额度高，但资金利用效率亟待提高

CSIS 报告中观点存在一定偏颇，部分夸大了中国政府对新能源汽车的补助规模，根据《报告》测算，2009—2017 年，中国政府累积发放新能源汽车补助 2450 亿元。实际上，2009—2017 年，中国政府发放新能源汽车补助在 1000 亿元左右[①]。不过，CSIS 报告也客观反映了中国国内新能源汽车企业过度依赖财政补助的现象，比如推广应用财政补助、免征车辆购置税[②]等财税政策在一定程度上刺激了中国新能源汽车市场的发展。

总体看，中国政府对新能源汽车的财政扶持力度高出欧美国家。而且，欧美国家的财政支持方式以减税措施为主，而不是直接的资金补助。2008 年美国出台新能源汽车消费税收抵免政策，最高可按 7500 美元税收抵扣；德国电动汽车消费者免除一定年限的行驶税。CSIS 报告提到，中国新能源汽车存在一定量的"骗补行为"，政府已开展新能源汽车监管核查，增加车辆行驶里程与补贴挂钩、汽车运行实时监测、动力电池统一编码等完善措施，但由于政府监管技术具有一定滞后性，以及部分企业非法牟利动机高，未来补助政府监管问题依然突出。

① 2009—2015 年，中央财政累计安排补助资金 334.35 亿元；2016 年中央财政累计发放补助约 256 亿元；截止到 2018 年 10 月，发放的 2017 年国家新能源汽车推广应用补助资金约 50.88 亿元，结合地方政府补贴，参照各种数据，预计全国中央和地方政府新能源汽车补贴总额 1000 亿元左右。

② 车辆购置税实行从价定率的办法计算应纳税额，去掉增值税部分后按 10%纳税。

（二）警示二：虽有大力扶持措施，但扶持重点在市场培育，而非核心关键技术突破

近年，国家扶持新能源汽车扶持力度逐步加大，但 CSIS 报告认为，在 2015 年的 3000 项中国新能源汽车获批专利中，发明专利、设计专利占比少，实用型专利占比大，"以上专利多数是对已有技术的小幅修订，真正属于技术创新的专利很少"。

中国对新能源汽车补助重点在市场培育环节，补贴消费者虽可直接拉动销量，但对关键共性技术研发的牵动力弱，中国在核心技术突破和成本降低方面仍落后于全球尖端水平。比如，电池技术，国外已普遍使用材料镍钴铝（NCA）材料，国内主流电池企业主流产品还是镍钴锰（NCM）材料 532、622、811 等产品型号，导致国内电池企业成本相对较高。据相关研究①，宁德时代的电池成本 150 美元/kWh，而同期特斯拉与松下合作开发的 21700 型锂电池，生产成本仅为 111 美元/kWh。

（三）警示三：虽产量全球第一，但产能过剩风险犹存，或诱发无序出口

CSIS 报告认为，由政府推动支持所形成的市场，很可能产能过剩，一旦出现产能过剩，就会向国外市场倾销，"中国光伏、钢铁、铝制品、玻璃制品等行业都出现过这一问题，要警惕来自中国新能源汽车的倾销"。

据统计，2017 年中国出口新能源汽车达 10.6 万辆，但出口价格偏低，仅为 3507 美元/辆，同期新能源汽车进口均价高达 7.4 万美元/辆，仅为出口均价的 4.7%；且出口市场以周边国家为主，2017 年中国出口到孟加拉国、印度和韩国的纯电动乘用车数量分别为 7.85 万台、1.36 万台和 4200 台，出口价格仅在 600～800 美元。不过，中国已在纯电动客车出口形成规模和价格优势，2017 年出口纯电动客车为 303 辆，出口均价为 24.8 万美元/辆，其中出口美国为 37 辆。据统计，截止至 2018 年 6 月，中国 16 家新能源车企

---

① 2018 年 11 月，瑞士银行（UBS）发布调查报告，对特斯拉/松下、LG 化学、三星 SDI 以及宁德时代（CATL）生产的锂离子电池进行拆解分析，松下 21700 型圆柱形锂离子电池的成本为 111 美元/kWh，LG 化学的成本为 148 美元/kWh，三星 SDI 和宁德时代的成本均超过 150 美元/kWh，宁德时代稍逊于三星 SDI 位列第四名。

已建成的新能源生产基地年产能超 300 万辆，该产能规模已超过国家设立的 2020 年新能源汽车 200 万辆产销目标，未来在建产能继续释放，产能攀升将大幅超过市场需求增长，新能源汽车存在产能过剩风险。因此，需要关注出口动态，警惕市场无序出口诱发新的贸易摩擦，报告提醒美国政府"如果中国新能源汽车的倾销浪潮波及美国，应向中国发起反倾销还击"。

三、政策建议

（一）扶持研发层面，集中优势资源扶持新能源汽车关键技术攻关

一是引导政府扶持重点从"补助应用"转向"支持研发"。加大"国家重点研发计划"、自然科学基金等国家重大科技项目对新能源汽车相关理论和核心技术的研究，跟踪研究新能源汽车、动力电池的全球前沿技术，推动固态电池、燃料电池、自动驾驶等领域研发，探索汽车电动化、智能化发展趋势。引导工业转型升级资金及各类工业发展专项资金，支持地方政府建立新能源汽车专项基金，集合产、学、研的关键技术力量，加强整车企业、关键零部件企业与科研院所的合作，引导财税扶持重点从推广应用环节前移至动力电池、驱动电机等关键技术研发，支持攻关关键共性技术。

二是支持领军企业研发。提高重点企业在国家重点研发计划"新能源汽车"专项、国家新能源汽车技术创新中心等科研平台的参与程度；进一步提高领军电池企业在各级动力电池创新中心的主体作用，改进国家动力电池创新中心的运作机制，进一步提升领军电池企业的决策地位；组建以宁德时代、比亚迪、等动力电池企业为骨干的省市级电池创新中心。

（二）产业化层面，加快优胜劣汰支持世界级新能源汽车企业建设

一是通过"降补减税"财税结构性调整，支持优势产品。第一，大幅降低财政补助强度。收紧补助范围，进一步降低和取消 A00 级电动汽车①补助，补助门槛设置在续航里程门槛为 300 公里以上、电池能量密度为 140Wh/kg

---

① 根据乘联会数据，今年前 10 个月，中国纯电动 A00 级车销量达 25.9 万辆，纯电动乘用车销量占比为 48.9%。

以上①，增加安全性指标，重点支持中远续航车型，不要求地方政府配套安排财政补助资金，2019 年起北京、上海、广州、深圳等城市可结合限购措施取消地方补助。第二，开辟增值税抵免，新能源汽车销售后可按一定比例抵免增值税，或者允许减免增值税地方留成部分。

二是支持高技术，培育领军企业。第一，以"动力电池白名单"为抓手，做好电池行业工作，实施动态管理严把准入门槛，提升动力电池安全性、一致性和可靠性，支持高镍三元、固态电池、燃料电池电堆原材料等高性能电池项目，支持龙头企业在整零产业协同、项目审批融资，加快淘汰中小电池企业。第二，发挥《乘用车企业平均燃料消耗量与新能源汽车积分并行管理办法》（双积分政策）调节作用，增加电池密度、续航里程参数，适当上调相关积分系数支持高水平车型。第三，扶持标杆企业，支持地方政府扶持比亚迪、宁德时代等龙头企业，采取信贷、土地支持、增值税地方留成奖励等方式，培育世界级新能源汽车企业，也可"以奖代补"方式，根据动力电池性能、销量等指标由中央财政奖励领军电池企业。

三是完善安全标准，塑造过硬品牌形象。第一，建立新能源汽车年检制。应对电动汽车安全事故，建立新能源汽车年检制，针对高压电气、动力电池等关键部件，建立安全检验项目，要求将存量电动汽车纳入监管平台，要求厂商通过车联网报送整车及动力电池等关键系统安全与质量检测结果。第二，完善电动汽车出口安全标准，结合国内电动汽车安全标准，规范电动汽车出口秩序，完善出口许可证管理制度，防范低劣产品大量出口影响中国电动汽车出口形象。

第二节　国外推动新能源汽车产业发展的做法及启示

随着我国新能源汽车财政补助政策"退坡"效应日益显现，以及消费者对新能源汽车接受程度日益提高，我国新能源汽车产业发展已进入由"政策推动"向"市场拉动"转变的关键时期。总结、比较分析美国、日本和德国等促进新能源汽车产业发展的政策和做法，有针对性地完善国内相关政策，

---

① 2018 年 12 月 3 日公布的《新能源汽车推广应用推荐车型目录（2018 年第 12 批）》，在 38 款纯电动乘用车中，工况续航里程超过 300 公里车型占比为 89.5%，动力电池系统质量能量密度超过 140Wh/kg 的车型占比为 89.5%。

尤其在 2020 年我国新能源汽车补助政策完全退出之前,加快完善相关措施,精准施策,对于强化我国新能源汽车产业优势地位,实现从汽车大国向汽车强国转变,具有重要意义。

一、国外政府促进新能源汽车产业发展政策梳理

(一)从扶持方式看,以税收抵免政策为主,部分国家和地区已开始出台限制燃油车政策

国外促进新能源汽车产业发展的普适性政策见表 10-1。

表 10-1　国外促进新能源汽车产业发展的普适性政策

国家	具体领域	时间	主导部门	重 点 内 容
美国	税收抵免	2008	联邦政府	美国联邦政府在 2008 年出台新能源汽车消费税抵免政策,消费者最高可抵免税收 7500 美元,同时设计了抵免政策企业自动退出机制
	限制燃油车	2008	加州、康州、缅因、马里兰、马萨诸塞、纽约、新泽西、俄勒冈、罗德岛和佛蒙特	从 2018 年开始,美国加州等 10 个州政府实施零排放汽车(ZEV)法案,根据车型制定"积分"系数,要求汽车企业销售一定比例环保汽车
德国	税收抵免	2011	联邦内阁	德国对 2011 年 5 月至 2020 年 12 月期间购买的电动汽车免缴 5 年或 10 年的车辆保有税
	财政补贴	2016	联邦内阁	2016 年 5 月 18 日起,购买纯电动汽车、油电混合动力汽车分别可获补贴 4000 欧元和 3000 欧元,政府和汽车企业平摊,补贴总额 12 亿欧元
	限制燃油车	2016	联邦参议院	2030 年开始禁售燃油车
挪威	税收抵免	2013	政府	对全国前 5 万辆新能源汽车免除道路税和购置税

资料来源:赛迪智库整理,2019 年 4 月。

一是财税政策较为普遍地采用税收抵免。早在 2008 年,美国联邦政府就出台新能源汽车消费税抵免政策,消费者最高可抵免税收 7500 美元,同时设计了抵免政策自动退出机制,如某一车企所销售的纯电动车型达到 20 万辆后,补贴额度降低 50%,然后每 6 个月减少税收抵免 50%,且在达到门

槛的 18 个月后，最终取消该车企的税收抵免资格。目前，特斯拉已成为美国市场首个销量达到 20 万辆限值的企业，2019 年 1 月税收抵免额降至 3750 美元，2020 年 1 月将终止税收抵免；与此类似，通用汽车用户将在 2020 年 10 月终止税收抵免。此外，德国对 2011 年 5 月至 2020 年 12 月期间购买的电动汽车免缴 5 年或 10 年的车辆保有税。

二是部分国家和地区开始出台限制燃油车政策。从 2008 年开始，美国加州等 10 个州政府先后实施了零排放汽车（ZEV）法案，要求汽车企业销售一定比例的环保汽车，根据车型制定"积分"系数，建立积分交易市场机制，并建立惩罚措施。例如，加州汽车生产企业若环保汽车生产比例不达标，需向加州空气资源委员会（CARB）缴纳 5000 美元/辆的罚款，或向市场购买 ZEV 积分。环保汽车"积分"政策有效地促使了燃油车企开发节油车型，支持新能源汽车企业兴起。从 2009 年起，特斯拉开始获得 ZEV 积分收入，仅 2016 年就达 2.15 亿美元，占当年该公司汽车业务总毛利润的 13%，特斯拉出售富余积分收入丰厚，有效支持其纯电动汽车的整车集成。此外，"加州模式"限制燃油车的政策理念，开始向其他国家和地区渗透和推广，荷兰、挪威、德国等国都发出了禁售燃油车和力推环保汽车的明确信号，荷兰和挪威计划在 2025 年开始全面禁售燃油车，德国计划在 2030 年禁售燃油车。

（二）从扶持对象看，以扶持企业攻克产业核心技术为主，重点支持龙头企业关键产业化项目

国外促进新能源汽车技术研发及产业化的专项政策见表 10-2。

表 10-2　国外促进新能源汽车技术研发及产业化的专项政策

国家	具体领域	年份	主导部门	资助方式或对象
美国	企业关键产业化项目	2009	美国能源部	资助特斯拉 4.65 亿美元低息贷款
	先进电池技术	2012	能量储蓄研究联合中心	通过低息贷款或政府贷款担保，设立先进电池技术项目，支持企业进行油电混合汽车发动机、动力电池、关键部件及整车关键研发立项
	企业关键产业化项目	2015	美国内华达州政府	向特斯拉提供 980 公顷的土地免费使用权和 13 亿美元的税收减免（销售税、房产税），5 亿美元的道路资金支持特斯拉超级电池工厂建设

续表

国家	具体领域	年份	主导部门	资助方式或对象
美国	能量存储	2018	美国能源部	美国能源部提供 1.2 亿美元，用五年时间资助能量储存研究联合中心开发电池技术
日本	燃料电池开发	2006	政府	投入 220 多亿日元资助燃料电池及相关技术开发和新能源汽车市场导入
	氢能与燃料电池	2014	政府	发布《氢能与燃料电池战略路线图》，提供财政补贴支持氢能和燃料电池的研发和示范，受益企业：丰田、本田等
	全固体电池技术	2018	政府	日本政府出资 16 亿日元组建"锂电池材料评价研究中心"，受益企业：旭化成、东丽等材料企业，丰田、日产等车企，松下等电池企业
德国	混合动力汽车、先进动力电池	2008	联邦政府	资助 1500 万欧元的项目资金，用于大众汽车、能源公司 EON 联合开发混合动力汽车，主要研究再生能源电池和先进动力电池
	新能源汽车关键技术	2012	联邦经济部、教研部和环境部	能源存储技术领域联合实施 60 个创新研究项目，财政拨款设立专项规划或科研项目，支持新能源汽车关键技术等能源领域技术研究
	下一代固态电池技术	2018	联邦政府	德国政府又投资 16 亿欧元资助德国电池联盟，研究下一代固态电池理论知识和产业化应用，受益企业：电池企业瓦尔塔，大众、宝马等车企
	锂离子电池生产企业	2018	德国联邦经济和能源部	德国经济部在政府预算内划拨 10 亿欧元进行电池生产补贴，计划将该补贴纳入欧盟预算及区域援助基金范围，截止到 2019 年 3 月，已有超过宝马、大众等 30 家公司申请补贴

资料来源：赛迪智库整理，2019 年 4 月。

一是重点支持企业攻克产业核心技术。在德国，早在 2008 年政府就拨出 1500 万欧元的项目资金，资助大众汽车、能源公司 EON 联合开发混合动力汽车，主要研发再生能源电池和先进动力电池；2018 年 11 月德国政府又投资 16 亿欧元资助德国电池联盟，该联盟由吉森大学（JLU）牵头，协同电池企业瓦尔塔和大众、宝马等车企，研究下一代固态电池理论知识和产业化应用，计划资助建设新的电池生产工厂。在日本，2014 年中央政府发布《氢能与燃料电池战略路线图》，提供财政补贴支持氢能和燃料电池的研发和示范,2015 年东京市政府支持氢能预算总额 412 亿日元,重点支持加氢站建设。2018 年 5 月日本政府出资 16 亿日元,资助由材料厂商旭化成、东丽等组成的"锂电池材料评价研究中心",开发高效率全固体电池技术,目前已有丰田、日产等车企,以及电池企业松下公司加入,计划 2025 年之前将电动汽车的续航里程提高至 550 公里,2030 年之前提高至 800 公里。

二是重点支持领军企业建设关键产业化项目。美国有针对性地扶持领军企业,对产业化关键项目给予资金和土地支持。比如扶持"硅谷"出身的特斯拉,2009 年美国能源部给予特斯拉 4.65 亿美元低息贷款,帮助特斯拉度过资金短缺难关,对 Model S 汽车开发及量产起到决定作用;2015 年,美国内华达州政府向特斯拉提供 980 公顷的土地免费使用权和 13 亿美元的税收减免(销售税、房产税),以及 5 亿美元的道路建设资金用于特斯拉超级电池工厂建设,支持特斯拉成长为全球电动汽车领军企业。德国联邦经济和能源部在 2018 年 11 月安排 10 亿欧元政府预算,资助锂离子电池生产企业,截至 2019 年 3 月,已有宝马、大众等 30 多家企业申请补贴。

二、启示及建议

(一)在政策调整层面,我国应加大税收减免政策力度,进一步完善"双积分"政策

一是普适性财税政策应考虑以税收优惠为主。在财税政策方面,德国、日本及美国佐治亚州等地区虽在一定程度提供资金补助,但仍以税收优惠政策为主推动产业发展。当前,我国财政补助方式存在着资金使用效率不高、财政资金发放、监管等方面问题。据测算[①],2009—2017 年,我国发放的新能源汽车财政补助约 1000 亿元以上,在发放对象甄选和补助发放监管等方面,因工作监管手段缺乏,补助审核和发放环节可能存在"不到位"和"错位"的现象。因补助发放对象主要是自主品牌企业,导致外资企业对我国新能源汽车产业开放程度持一定怀疑态度。

---

① 2009—2015 年,中央财政累计安排补助资金 334.35 亿元;2016 年中央财政累计发放补助约 256 亿元;截止到 2018 年 10 月,发放的 2017 年国家新能源汽车推广应用补助资金约 50.88 亿元,结合地方政府补贴,参照各种数据,预计全国中央和地方政府新能源汽车补贴总额 1000 亿元左右。

鉴于此，我国需进一步完善相关财税扶持政策，降低财政补助力度，同时要加大企业税收优惠力度。除了目前国内已对新能源汽车实施免除车辆购置税、车船税、消费税等税收优惠政策之外，为进一步缓解企业因财政补助"退坡"带来的阶段性压力，还可考虑新增税收奖励政策。比如，允许地方政府根据企业所交的增值税地方财政所得部分，给予该车企和项目一定比例的税收奖励。

二是强化"双积分"政策的产业引导作用。2016年美国加州政府调整"零排放车辆法案"，将环保汽车定义范围只限定为纯电动汽车和燃料电池汽车，将混合动力汽车排除在外，将环保汽车的生产占比从2016年的2.5%提升至2018年的4.5%；受约束企业由原有仅为大型企业扩展至所有中型以上企业。

当前，我国新能源汽车"双积分"政策有序推进，在取得当前成果的基础上，建议参照美国做法，不断细化政策内涵，可在车型分类、系数设定、交易制度设定、惩罚措施等方面进一步调整，引导市场动态调整积分交易，建立正向引导机制，给予先进技术的企业或项目额外奖励积分。

（二）在企业扶持层面，我国应资助企业攻克关键技术，扶持龙头企业关键产业化项目

一是资助企业攻克关键技术。美国、日本、德国等政府主要通过集中资助企业来攻克关键技术，比如美国资助特斯拉攻关纯电动汽车、日本支持丰田开发燃料电池汽车、德国引导电池企业瓦尔塔研发固态电池等，取得了较好的产业成果。近年来，我国在推动新能源汽车技术攻关方面，不断加大投入，也取得了一定突破，但新能源汽车技术科研项目分散和资金利用集中程度不高，龙头企业带头作用未能有效发挥，科研成果产业化缓慢。因此，突出企业在行业重大技术攻关中的主体作用尤为重要，加大企业对新能源汽车行业关键性技术突破的国家和省市级科技奖励，进一步提高资助资金的使用效果和导向性，要求各类国家科研平台吸引龙头企业参与关键共性技术科研攻关计划，加快技术成果转化。

二是扶持龙头企业关键产业化项目。新能源汽车产业发展成熟后，会呈现出寡头垄断的市场特征，市场将由数家企业主导，若盲目扩大企业扶持面，既浪费财政资源，又贻误发展时机。因此，美国直接扶持龙头企业产业化项目，2009年美国能源部给予特斯拉低息贷款支持Model S工程开发及产业化；2015年美国内华达州政府在土地使用、税收优惠等方面支持特斯拉Model 3

（21700 型）高能量密度电池项目产业化。美国新能源汽车市场集中度较高，2018 年特斯拉 1 家企业的市场占有率 52.4%。反观我国，2018 年新能源汽车产量前五名企业累计 59.2 万辆，市场占有率仅为 46.6%，目前，我国拥有新能源汽车生产资质企业多达百家，地方政府存在跟风上马新能源汽车整车项目的投机现象，导致新能源汽车行业存在一定的低水平产能重复建设和低档次产品低质竞争的发展趋势。

鉴于此，在中央层面，要做好新能源汽车的全国产业规划和生产力布局，资助企业尤其要"好钢用到刀刃上"，采用信贷、生产用地等资源支持比亚迪等龙头企业（比如，乘用车整车企业全国不超过 5 家，商用车整车不超过 3 家）。在地方层面，则要有序引导地方政府的产业和项目建设，限制汽车产业基础薄弱和产业发展水平欠佳的地区新建整车项目，要引导这些地方的资金和项目围绕新能源汽车产业链的上下游做文章，发展配套产业项目，和整车企业形成产业协同，培育具有特色的区域零部件产业集群及细分领域单项冠军企业。

第三节　美国智库 CGEP 报告对我国电动汽车充电设施建设的启示

2019 年 2 月 5 日，美国哥伦比亚大学全球能源政策中心（CGEP）发布《中美两国电动汽车充电比较》报告（以下简称"CGEP 报告"）。CGEP 报告从建设规模、推广政策、应用技术、充电业务模式等方面，对比分析了中美汽车充电设施建设情况及存在的问题，既肯定了中国通过全国统一规划和部署推进充电设施建设的工作成效，也认为美国充电设施运营方面的一些经验和做法更具成效。当前，充电基础设施是制约中国新能源汽车发展的短板之一，借鉴美国在快速充电技术、充电需求响应、充电业务运营等方面的相关经验，将有利于提高充电设施利用效率，改善充电企业经营效益，增强电动汽车充电保障能力，补齐中国新能源汽车产业发展短板。

一、CGEP 报告主要观点

CGEP 报告认可中国采用全国统一规划和部署推进充电基础设施建设的工作成效，充电桩建设数量更多，增速更快。第一，中国充电基础设施规划和部署工作成效明显，政府在充电桩建设过程中发挥了重要作用。中国政府出台电动汽车充电基础设施全国整体规划，具体执行部门分别从建设数量、激励政策、充电标准等方面推出具体政策。同时，中国各地方政府也相继出台财政奖励、新建筑停车配建充电桩等具体措施。CGEP 报告认为，"美国制定的政策具有偶发性和短期性"，应借鉴中国中长期规划的做法，整合公共和私营部门力量，共同建设汽车充电基础设施。第二，中国充电设施建设规模更大，增速更快。截至 2018 年年底，中国公共充电桩保有量 30 万个（见表 10-3），同比增长 43%，电网公司是充电设施建设的重要力量，两大电网公司共计建设充电桩 5.86 万个。同期，美国公共充电桩保有量 6.75 万个，增长 33%，保有量不及中国的 1/4。第三，中国快速充电桩保有量更多。中国快充桩保有量超过 10 万个，快充桩占到充电桩总量的 36%，目前已初步形成高速公路充电网络体系。美国没有联邦层级政策协调，各州负责充电设施建设，各自为政，快充桩数量为 9450 个，占比仅为 14%。第四，中国充电信息数据采集及利用效率高。国家电网公司实时采取汽车充电数据，包括在用充电桩品牌、位置和电量等信息，CGEP 报告认为美国应"学习中国进行数据收集和共享，以掌握电动汽车充电趋势"。

表 10-3　中、美电动汽车充电桩建设情况

	时间	中国	美国
公共充电桩	2018 年年底	300000 个	67500 个
	2017 年年底	210000 个	50600 个
公共充电桩增长率	2018 年年底同比	43%	33%
公共充电站数量	2018 年年底	70000 个（估算）	24000 个
	2017 年年底	50000 个（估算）	20000 个
直流快速充电桩占比	2018 年年底	36%	14%
	2017 年年底	24%	11%

资料来源：美国能源部、中国电动汽车充电基础设施促进联盟，赛迪智库整理，2020 年 3 月。

　　CGEP 报告认为，美国市场化运营充电桩效率更高，在快速充电技术、充电需求响应、充电业务运营等方面卓有成效。第一，美国汽车快速充电技术进步较快。特斯拉汽车快速充电技术应用处于国际先进水平，车、桩、网适配，特斯拉超级快充站的额定功率分为 120kW 和 250kW 两种，2019 年 3

月推出的第三版特斯拉超级充电站可支持 Model 3 以实际功率 250kW 充电。第二，美国已在开展汽车充电需求侧响应①项目。依托智能电网技术，在加州、佛蒙特州等地区进行汽车充电需求响应项目试点，平衡电网需求已取得良好成效。第三，美国充电业务运营状况较好。一是美国独立充电企业可向商家提供充电服务并收取服务费，已有一定经营效益；二是美国"充电桩选址更多是基于市场动态"，依据市场需求，合理布局充电桩位置，充电桩利用率较高（见表 10-4）。

表 10-4   中美两国电动汽车充电业务运营模式比较

运营	代表企业及充电桩建设规模		运营模式总结	
	中国	美国	中国	美国
公用事业单位	截至 2018 年年底，国家电网和南方电网两家企业一共建设 5.86 万个充电桩	每个州有自己的公用事业单位，建设力量分散，建设数量不足。例如，2018 年加州 PG&E 公司建设安装 7500 台充电桩	中央政府出台统一的基础设施计划，电网公司负责公共充电站建设和私人充电桩配电设施升级	美国没有联邦政府级别的基础设施计划，各州充电公用事业单位有较大经营压力
汽车企业充电网络	截至 2018 年底，比亚迪建设 1200 个充电站，小鹏汽车建设 28 个超级充电站	截至 2018 年底，特斯拉在美国建设 595 个充电站，约 5100 个超级充电桩	充电设施投资回报率低，企业自建积极性低，比亚迪在全国公共充电设施运营商排在第 14 位	特斯拉积极建设快充桩，虽充电业务亏损，但通过充电桩带动汽车销售，未来准备给其他品牌汽车充电
独立充电网络	截至 2018 年底，特来电共有 12 多万根充电桩，星星充电有 5.4 万个充电桩	美国四家独立电动汽车充电网络：ChargePoint、EVgo、Blink 和 Greenlots。截至 2019 年 1 月，ChargePoint 建设 5.8 万个充电桩	中国独立充电网络选址通常位于市郊，利用率低	美国独立充电企业深度和零售商合作，开展广告业务，部分企业参与充电需求响应

资料来源：赛迪智库整理，2020 年 3 月。

---

① 电力需求响应是利用智能电网技术，在用电侧通过电价调整或提供奖励，引导用户改变原有用电模式，维护电网稳定运行。其中，针对电网公司的激励措施，主要包括售电收入和售电脱离，以及根据需求响应项目实施规模、数量、种类给予奖励；针对电力用户的激励措施主要围绕电价进行，如峰时段响应电价回扣，还可辅以补贴奖励。

CGEP 报告提醒中美两国需关注电动汽车销量、消费模式及驾驶技术和汽车能源补给方式等影响因素。第一，未来电动汽车销量是影响充电桩建设的最重要因素。虽然石油输出国组织（OPEC）、国际能源署（IEA）、摩根斯坦利（Morgan Stanley）等机构对未来电动汽车销量预测差别较大，但这些机构一致认为未来电动汽车销量和占比均将会大幅攀升。第二，未来新兴消费模式及驾驶技术的出现，将催生形成新的充电场景。共享汽车和自动驾驶技术已相互结合，汽车消费进入"出行即服务（MaaS）"①时代，住宅、办公地点、公共桩等现有充电场景使用量下降，远程遥控汽车充电等新的充电场景将兴起。第三，新兴能源补给方式将颠覆现有插线充电的汽车能源补给方式。《报告》认为，一旦无线充电、"换电"等新兴技术取得突破，将显著改变用户习惯，进而影响充电设施建设。

二、对我国电动汽车充电设施建设的三点启示

（一）突破大功率充电技术是达到和追赶国际先进充电水平的重要途径

美国主要存在三种电动汽车快速充电标准，分别是特斯拉超级充电标准（Tesla）、欧洲联合充电系统标准（Combo）和日本标准（CHAdeMo）。《报告》认为，美国采用多种快速充电标准并没有阻碍汽车充电技术的进步，汽车企业积极推进充电设备的研发和建设，特斯拉汽车充电可最高实现功率250kW，且已形成规模化。截至 2018 年底，在美国已建设 595 个充电站，约 5100 个 Tesla 超级充电桩，形成覆盖全美的 Tesla 超级快充网络。

我国快速充电桩建设规模较大，但存在"快充不快"的尴尬现状，实际功率普遍较低。比如，国家电网快充桩实际功率约 50kW；具有代表性的"小鹏超级充电桩"额定功率120kW，但车辆验证实际功率在 90kW 左右，建设数量相对较少。截至 2018 年底，小鹏汽车已运营充电站 28 座，不及特斯拉中国超级充电站数量的 15%。由此，我国应加快推动电动汽车大功率充电行业发展，尽快缩小与美国先进水平的技术差距。一是支持电网公司、充电设备企业、车企、电池企业协同开发大功率充电技术和产品，

---

① 引自 2019 年 3 月美国 CBInsights《2019 年汽车出行趋势》报告，其界定"出行即服务（MaaS）"技术，又称"共享出行"，包括汽车共享、打车服务、停车管理、汽车充电、共享单车等出行方式。

包括高电压平台车型、高压零部件、快充电池等，破解大功率充电在电池、电机、电控等方面的发展瓶颈。结合我国新能源汽车行业情况，可借鉴德国快速充电联盟①的做法，由汽车企业成立联盟攻关大功率充电技术研发和产业化。二是加快电动汽车大功率充电系统标准制定工作。总结北京、深圳、常州等地电动汽车大功率充电示范项目做法，支持开展"车-桩-网"测试，检测车辆生产技术、电网技术、充电设备的稳定性和安全性，制定大功率充电标准，尤其支持在商用车、出租车、物流车等运营车辆，以及长续航里程乘用车等领域的应用。三是建立大功率充电示范项目（比如高速公路快充试点），对电网、电池、充电设备、标准等方面进行可行性验证，推动大功率充电技术大规模应用。

（二）分步走，启动我国汽车充电需求响应项目试点

美国正推进汽车充电电力需求响应试点工作，已在加州、佛蒙特州等地区开展大规模应用。一是加州电力市场"虚拟电池储能"系统，由智能虚拟电池管理系统通信连接 6000 多辆电动汽车，组成分布式电动汽车充电负载，该项目无须增加电池、厂房等新增投资，就可形成向电网增加缓冲容量的电网侧储能系统，在用电高峰抑制充电需求，实现削峰填谷，有效平抑电力波动。二是佛蒙特州绿山能源企业"无污染电动汽车充电"项目，公司购买特斯拉 Powerwall 产品（即家用储能和充电设备）给用户使用，"要求用户参与需求响应计划，在超高峰时段中断电动汽车充电"，Powerwall 的储能电池形成共享微电网，既降低电网用电高峰负荷，又为用户节省电费。

反观我国，受电力批发市场结构限制，电力需求侧响应项目发展较为缓慢，目前仅有分时电价、阶梯电价等基于价格的需求响应，还没有针对电动汽车充电需求响应项目。《报告》认为，中国开展汽车充电需求响应项目"取决于现货市场、辅助服务等领域的电力市场改革"。由此，建议分两步走启动电动汽车充电响应试点：一是试点放开电力交易相关市场，支持战略性新

---

① 2017 年 11 月，宝马、戴姆勒、福特、大众四家汽车企业成立大功率充电联盟合资公司 IONITY，打造欧洲电动汽车快速充电网络（350kW），通过企业联盟与西门子等公司合作，德国联邦交通部为该项目提供了 780 万欧元补助。2017 年已建设 20 个充电站，2018 年计划建设 100 个充电站。2018 年 9 月，公司开始对汽车充电收费 8 欧元/次。

兴产业，在浙江、江苏等地推进电力直接交易，支持充电设施运营商参与大用户直接交易，有效降低用电成本。二是借鉴美国经验，由电网、汽车厂商、充电智能技术公司合作开展充电需求响应的项目和商业模式试点，利用电动汽车入网技术[①]（V2G），将电动汽车作为分布式储能单元，以充放电形式参与电网调控，可在用电高峰由电动汽车反向馈电，实现削峰填谷、电力调频、平抑可再生能源电力波动、为电网提供无功支撑等储能功能。

（三）探索新的商业模式，进一步提高充电企业经营效率

美国充电企业经营相对灵活，市场经营能力相对较强。一是独立充电企业具有盈利能力。美国零售商利用汽车充电招徕顾客，《报告》指出"市场调查结果显示，电动车用户在商店停留时间翻了3倍，消费额也提高"。目前，商场、酒店、餐馆等商家主动与充电企业合作，按月支付充电服务费。相比之下，我国独立充电企业与商家合作程度较浅，还存在充电桩布局不合理、维护欠佳等问题。据中国电动汽车百人会公布的数据显示，2018年全国公共充电设施利用率不足10%，充电站内部收益率为5.3%。因此，建议我国在新能源汽车推广较好的地区，探索可持续商业模式，试点放开充电服务费上限，实行充电企业自主定价，通过差异化收费策略实现双赢。比如，在市中心等繁华地段，充电企业可与酒店、购物中心等商家合作，按照高标准收取服务费；在市郊等偏远地方，充电企业可与加油站、便利店、主题公园等商家合作，以低标准或免收服务费。二是美国充电桩选址更加注重效益。由于独立运营商和汽车企业是美国充电设施建设主体，充电桩选址自主决策。我国相当一批公共充电站建设则主要基于规划和行政命令，存在选址位置偏僻、充电桩利用率低等问题。因此，我国应注重市场需求导向，在充电桩后续建设过程中，综合考虑交通便利性和运行经济性，对充电站位置进行科学合理论证，提高充电桩利用效率，改善企业经营业绩。

---

① 电动汽车入网技术即车电互联技术（Vehicle to grid），在电动汽车和蓄电设备装置智能传感设备，实时检测用电量及用电功率，并能够通过控制器控制电力的通断，由此形成分布式电动汽车智能储能系统，在电网负荷过高时，由电动汽车馈电，而电网负荷低时，车辆又可以储备过剩的发电量，从而实现能量互动。

第四节　从道路测试看中美自动驾驶差距及追赶启示

道路测试是检测自动驾驶汽车系统性能的必要环节，也是实现自动驾驶商业部署的前置条件。美国，尤其加州汇集了大批优秀的自动驾驶企业，较早地开展自动驾驶测试工作，已在测试里程、牌照数量、牌照申请机制、测试成本、测试路网丰富程度等方面形成优势。分析美国推进自动驾驶测试的工作做法，总结形成促进国内自动驾驶测试工作的相关措施，对于实现我国在智能网联汽车领域的技术赶超，具有重大意义。

一、中美两国自动驾驶测试发展情况比较

（一）从测试里程和开放城市看，美国已大幅领先，我国处于起步阶段

美国形成较为宽松的自动驾驶政策氛围，全美已有 41 个州允许进行自动驾驶测试，占到美国州政府数量的 80%。其中，加州地区测试处于领先位置，自 2015 年加州开展自动驾驶"脱离"测试以来，已连续四年发布测试报告。2018 年共有 48 家企业参与"加州路测"，496 台车辆累计完成测试行驶路程 325.81 万公里，其中，Waymo、GM Cruise 行驶里程分别达 203 万公里和 71.6 万公里，比前一年增长 2.6 倍和 2.4 倍，平均每次"脱离"行驶里程分别为 17846 公里和 8327 公里，增长 1 倍和 3.2 倍。相比之下，我国自动驾驶测试主要还是大中城市，截至 2019 年 6 月末，17 个城市累积发放 200 余张自动驾驶路测牌照。其中，我国最早启动道路测试工作的北京市，牌照数量最多是 67 张，约是加州牌照数量的八分之一。2018 年"北京路测"共有 8 家企业参与，54 辆车累计完成测试里程 15 万公里，仅是加州路测里程的 4.6%（见图 10-1），其中，百度完成行驶里程 14 万公里，占全部企业测试里程的 90%（百度也参与了 2018 年"加州路测"，测试里程 2.9 万公里）。

（二）从测试进度看，美国开始从公开道路测试向商业部署过渡，我国还处在开放道路测试阶段

加州自动驾驶已完成封闭测试场测试、道路测试、区域测试，目前处在商业预部署，且已有数家企业开始商业开发。截至 2019 年 7 月，已有两家企业获得自动驾驶运营牌照：一是有中国企业（东风汽车）股权投资的 AutoX，成为首家获准在加州开展自动驾驶出租车的公司；二是 Zoox 成为首

家提供自动驾驶班车服务的公司。相比之下，北京在 2018 年 2 月才正式开放第一个封闭测试场，经过一年半的运营，目前处在自动驾驶开放道路测试阶段，自动驾驶测试至少比加州测试落后两个阶段（分别是开放区域测试、商业预部署）。

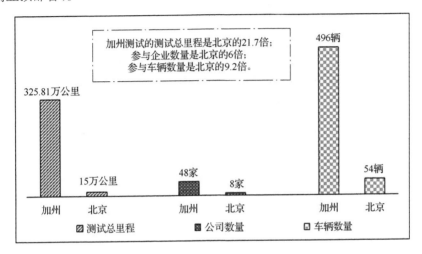

加州测试的测试总里程是北京的21.7倍；
参与企业数量是北京的6倍；
参与车辆数量是北京的9.2倍。

325.81万公里

496辆

15万公里

48家

8家

54辆

加州　北京　　加州　北京　　加州　北京

▨ 测试总里程　　■ 公司数量　　□ 车辆数量

图 10-1　中国北京和美国加州自动驾驶测试基本情况比较

数据来源：2018 年加州和北京自动驾驶路测报告，赛迪智库整理，2020 年 3 月。

（三）在申请机制方面，美国形成较为便捷的牌照申请机制，我国申请较为烦琐

美国加州对申请测试车辆进行刹车、灯光、排放等方面的一般检查，提交材料一周内完成评审，发放测试许可牌照，没有实车审查环节。我国自动驾驶申请工作较为烦琐。一是申请评审流程较多。要求测试主体提交材料较多，牌照延期手续繁杂。部分城市规定测试许可牌照三个月到期后（都是临时牌照），需要递交材料重新申请，增加企业测试成本。二是申请评审时间较长。北京、上海等城市在评审阶段，设定额外的实车审查要求，北京仅完成 5000 公里的封闭试验需要两周时间，之后还有车辆等级场景评估、专家评审及现场演示、政府联席会议等。

（四）在测试路网方面，美国测试场景丰富，我国测试道路建设仍不足

美国已经完成开放区域测试，加州、凤凰城等地进入实地商业部署，测试路网更贴近实际路网，而且，美国道路测试已积累了一定数量的真实事故

案例，整体较为可靠，统计显示，2014—2018 年加州处于自动驾驶模式下的汽车在行驶过程中发生事故 38 例，除 1 例以外，其余事故都是人类过错责任。目前看，我国测试道路建设仍需加强。一是国内封闭测试场的容量较为紧张。我国自动驾驶厂商数量在 170 家以上，自动驾驶测试需求旺盛，但国内自动驾驶测试场建设数量不足，由于大多数城市出台的测试规范对封闭测试场地的门槛要求较高，投资额度大，难以实现快速扩张。二是公开道路测试开放区域和路段较少，自动驾驶功能测试场景有限。截至 2018 年末，北京自动驾驶测试道路为 123 公里，深圳市为 124 公里，上海、重庆和杭州分别为 32.6 公里、12.5 公里和 3.2 公里，部分城市还限定可进行测试的天气状况以及时间段，据参与测试的企业反馈，北京 123 公里测试道路因修路、违章停车等，仅有 35%～40%的路段可用。

（五）美国自动驾驶技术处于全球领先水平，但我国也有一定自身优势，发展自动驾驶潜力更大

第一，我国具有全国统一规范的产业制度优势。2019 年 4 月我国发布《智能网联汽车道路测试管理规范（试行）》，各地跟进出台法规，仅两个月就新增自动驾驶路测牌照 91 张，增幅达到 80%，截止到 2019 年 6 月末，全国中国自动驾驶路测牌照 200 张。相比美国，我国产业政策执行效率更高，发展新兴产业意愿强烈，制度优势将激励形成良好的自动驾驶产业氛围。第二，我国具有全产业链优势。国内已形成从原始物料、一级供应商、二级供应商、主机厂、出行服务商的自动驾驶全产业链，在环境感知、运算决策、执行层各环节培育一批企业，大量企业在集中攻关传感器、人工智能芯片、高精地图、深度学习算法等核心技术，其中，百度开发 AI、自动驾驶技术和高精地图等软件，通过 Apollo 系统整合芯片、传感系统、视觉系统等硬件供应商，再赋能给车企，实现全产业链整合。第三，我国具有统一部署的 5G 通信等智能化道路基础设施优势。我国拥有全球领先的 5G 技术，形成 5G 车内网、车际网和互联网互联标准，已在北京首钢园、重庆仙桃和礼嘉、浙江云栖小镇和桐乡乌镇等地进行 5G 车联网应用示范，其中，华为与通信运营商深度合作，建设基于 5G 技术的 C-V2X 智能交通，全国智能交通基础设施建设稳步推进。第四，我国是全球最大的自动驾驶潜在市场。综合多家全球调研机

构的调查[①]，发现中国消费者比其他国家更容易接受自动驾驶。波士顿咨询公司预计，到 2035 年中国自动驾驶汽车销量 300 万辆，占到全球自动驾驶汽车销量的四分之一。

二、启示

（一）借鉴吸收、引资引智、对外投资相互结合，利用国际资源加快我国自动驾驶商业化进程

一是有针对性借鉴和吸收国际先进自动驾驶测试成果。我国企业已深度参与国外测试，例如，百度、小马智行等 11 家总部位于中国的企业参与了 2018 年美国"加州路测"，占参与加州路测企业数量的 23%。我国应制度创新，组织行业专家研究接轨政策，通过评议机制等办法，对在国外测试中表现优秀的测试成果进行确认，吸引企业到国内进行自动驾驶测试，既可节省测试资金和时间成本，又大幅加快我国自动驾驶技术发展进程。二是将"引智"和引资相结合，重点引进国际先进自动驾驶企业。《鼓励外商投资产业目录（2019 年版）》新增"智能汽车关键零部件制造及研发"，将"传感器、车载芯片、定位和地图技术、……测试基础数据库建设"等 26 个环节作为引进外资的重要方向，建议各地依托国际知名自动驾驶城市测试结果（主要是美国、德国、瑞典、日本），积极引进全球领先自动驾驶企业，出台引资配套措施，例如进口自用设备免征关税、优先供应土地且可享受 30%土地出让金优惠、企业所得税优惠等，引进自动驾驶技术的关键环节，实现强链和补链。三是扶持企业投资和并购海外自动驾驶企业。我国已有多家企业在海外投资和收购自动驾驶技术公司，例如 4 月东风汽车领投美国硅谷无人驾驶技术公司 AutoX，双方合作研发无人驾驶商用车，我国应出台对外投资的便利化政策，扶持企业对国外自动驾驶资源的投资和布局，提升我国汽车的智能化水平。

---

① 2019 年 5 月，法国凯捷研究院发布全球调查结果，53%的中国受访者表示，未来五年自动驾驶汽车将成为他们的首选交通工具，比美国受访者高出 17 个百分点。

（二）简化申报手续、完善标准体系、建立互认机制，打破障碍建设自动驾驶测试便利化机制

一是简化测试牌照申报手续。借鉴加州做法，尽快出台路测申请、检查、评审等方面的便利化措施，简化企业申报材料、压缩申报时间；可延长临时牌照有效期至一年以上，并简化临时牌照延期手续；实施实车审查"豁免制度"改革，对于在国内外测试场地已积累一定测试里程和信誉良好的企业，可由企业签订承诺声明，免除实车审查环节。二是加快智能网联汽车标准化工作。目前国内还没有形成一套完整成熟的关于自动驾驶汽车测试评价体系，我国应在仿真测试、封闭测试，开放测试、示范运营等方面形成建设技术指南，并加快车联网产业、C-V2X（基于蜂窝网络的车联网技术）等标准体系建设指南，开展标准体系建设工作总结和绩效评估，持续优化完善标准体系。三是建立跨地区测试准入互认机制。企业在不同城市展开自动驾驶道测试，需从封闭测试场环节开始（广州已部分认可其他地区的测试报告），按照各城市要求重新申请，我国应规范测试方法和评价标准等，实现不同场地测试证明等材料互认，打破"孤岛"现象，建立协同机制，有效提高测试效率，降低企业支出。

（三）加快场地建设、降低测试成本、丰富测试场景，助力企业进一步优化自动驾驶路网环境

一是加快测试场地建设。支持各地建设封闭测试场，及时认证国家或省市级封闭测试基地，提升各地省市级示范区的测试能力，及时选拔合格基地将其列入进入国家示范区。二是降低企业测试成本。改革工作方法，例如，封闭测试场在一个时段只能给一家企业使用，封闭测试需要"包场"，造成测试场地大多数场景处于闲置状态，应改革相关措施，在保证安全前提下，允许多家企业按照测试环节有序入场测试，减少企业场地使用费用负担。三是进一步丰富开放道路和区域的测试场景。重点在机场、港口、矿区、工业园区和旅游景区等相对封闭的区域，建立自动驾驶示范应用项目；针对出租车、班车等自动驾驶商业需求较高的场景，加快研究和试点场景的可实现性；完善高速公路测试场景，总结阳泉市政府与百度在五孟高速阳泉段开展的自动驾驶高速公路测试的探索实践，建立自动驾驶高速公路测试体系，加快促进商业应用，尤其是促进高速公路自动驾驶开车编队等较为容易实现商业落地的应用。

展　望　篇

第十一章

机遇与挑战

2019 年，面对复杂严峻的内外部环境和不断加大的经济下行压力，我国工业发展形势良好，高端制造业水平扎实推进，两化融合水平稳步提升，全年工业经济运行总体平稳，主要指标总体处于合理区间。2020 年是全面建成小康社会、实现第一个百年奋斗目标的决胜之年，也是"十三五"规划的收官之年。展望 2020 年，工业发展仍面临困难和风险挑战。从国际上来看，世界经济仍处在国际金融危机之后的深度调整期，全球大变局加速演变的特征更趋明显，产业链重构不断加速，世界经济进入下行期的可能性增大。从国内来看，我国仍处在转变发展方式、优化经济结构、转换增长动力的攻关期，"三期叠加"的影响还在持续深化，工业稳增长的压力依然很大。

第一节 机遇

一、工业生产平稳增长，制造业高质量发展成果显著

（一）工业生产稳定增长

2019 年，全国规模以上工业增加值同比增长 5.7%，保持在合理区间运行。分季度看，一到四季度全国规模以上工业增加值同比分别增长 6.5%、5.6%、5.0% 和 6.0%，在前三季度逐季回落，四季度明显回升。整体年内变化趋势呈现缓中趋稳、回升向好态势。分产业看，全国 41 个大类行业增加值全部实现增长，其中 20 个大类行业增速较上年有所加快。化纤、造纸、电气机械和仪器仪表行业增速均加快 3 个百分点以上，黑色金属矿采选、建材和钢铁行业受需求增加、价格上涨影响，分别增长 7.1%、8.9% 和 9.9%，增速较上年加快 2.9～11.8 个百分点。

（二）战略性新兴产业发展迅速

2019 年，我国战略性新兴产业增加值增长 8.4%，增速高于规模以上工业 2.7 个百分点。其中，新能源产业增速为 14.9%，新一代信息技术产业增速为 9.5%。高技术制造业增加值同比增长 8.8%，增速高于规模以上工业 3.1 个百分点。其中，医疗仪器设备及仪器仪表制造业增长 13.5%，同比增长 4.1 个百分点。高技术制造业占规模以上工业增加值比重达 14.4%，同比提高 0.5 个百分点。

（三）装备制造业增长超预期

2019 年，我国装备制造业增加值增长 6.7%，增速高于规模以上工业 1 个百分点。其中，电气机械、仪器仪表行业分别增长 10.7%、10.5%，增速同比增长 4 个百分点左右。电子行业受中美经贸摩擦等外部因素影响，出口交货值增速回落，增加值增长 9.3%，增速较上年回落 3.8 个百分点，但仍明显高于规模以上工业。

二、民营小微企业发展迅速，经营状况明显改善

（一）民营企业释放发展活力

2019 年，民营企业规模以上工业增加值增长 7.7%，增速同比增长 1.5 个百分点，高于规模以上工业 2 个百分点；2019 年 1—11 月份，民营企业利润同比增长 6.5%，明显高于其他类型企业，反映出营商环境不断改善，民营经济竞争力和活力有所提高。

（二）小型企业利润较快增长

2019 年 1—11 月份，规模以上工业中，小型企业利润同比增长 8.9%，明显好于大中型企业。第四季度抽样调查显示，小型企业对减税降费、创新支持、简政放权等 7 项扶持政策总体满意度升至 63.3%，较上年同期大幅提升 7.1 个百分点；享受税收减免政策的小微企业占比为 56.2%，惠及面连续七个季度扩大，融资和招工需求满足程度有所提高，企业获得感大幅提升。

（三）企业营商环境明显改善

2019 年，推动落实更大规模减税降费，推动工业生产许可证种类大幅度

减少，多措并举缓解中小企业融资难融资贵问题，扎实开展清理拖欠民营企业账款工作等各项支持和鼓励制造业发展的举措不断推出，提振了民营企业的发展信息。中小企业支持政策落地实施，推动涌现一批专精特新"小巨人"企业。制造业单项冠军培育提升专项行动实施以来，工信部会同有关方面先后遴选了 4 批共 256 家示范企业和 161 项冠军产品。通过国家重大专项首台套、首批次保险等方式，为创新产品的产业化应用提供助力。

三、互联网消费潜力巨大，实现传统业态融合发展

（一）工业品消费整体稳中趋缓

2019 年社会消费品零售总额 411649 亿元，同比增长 8.0%。其中，受成品油价格回落、汽车销售量下滑等因素影响，限额以上单位石油类商品零售额增速同比回落 12.1 个百分点；受房地产市场总体放缓影响，限额以上单位家用电器和音像器材类、家具类和建筑及装潢材料类商品零售额增速分别回落 3.3、5.0 和 5.3 个百分点。

（二）网上零售消费业态兴起

全年全国网上零售额 106324 亿元，同比增长 16.5%。其中，实物商品网上零售额 85239 亿元，增长 19.5%，占社会消费品零售总额的比重为 20.7%，同比提高 2.3 个百分点。国家邮政局预计 2019 年快递业务量和业务收入分别完成 630 亿件和 7450 亿元，分别增长 24% 和 23%。据测算，实物商品网上零售额对社会消费品零售总额增长的贡献率超过 45%。

（三）传统业态加快融合发展

为应对网上零售等新模式对实体店零售的冲击，传统零售业态加速转型升级，积极推进线上线下融合发展。2019 年，包括超市、专卖店、专业店等在内的限额以上单位实体店零售额同比增长 3.8%。其中，限额以上超市和便利店零售额分别增长 6.5% 和 4.9%，增速比实体零售平均增速分别快 2.7 和 1.1 个百分点。据测算，2019 年，限额以上单位通过互联网实现的商品零售额占限额以上单位消费品零售额的比重为 12.9%，同比提高 2.7 个百分点。

四、对外开放水平不断提升，积极开展国际合作

（一）对外贸易水平逆势增长

2019 年我国货物进出口总额 315446 亿元，同比增长 3.4%。其中，出口 172298 亿元，增长 5.0%；进口 143148 亿元，增长 1.6%。进出口相抵，顺差为 29150 亿元。一般贸易进出口占进出口总额的比重为 59.0%，同比提高 1.2 个百分点。机电产品出口增长 4.4%，占出口总额的 58.4%。我国对欧盟、东盟进出口分别增长 8.0% 和 14.1%；与"一带一路"沿线国家进出口增势良好，对"一带一路"沿线国家合计进出口增长 10.8%，高出货物进出口总额增速 7.4 个百分点。全年规模以上工业企业实现出口交货值 124216 亿元，同比增长 1.3%。

（二）高质量推进共建"一带一路"计划

截至 2019 年 10 月底，中国已经同 137 个国家和 30 个国际组织签署 197 份共建"一带一路"合作文件。进博会是中国高水平对外开放的重大决策和举措，作为主场外交的收官之作，第二届进博会有 180 个国家、地区和国际组织、3800 多家企业参展。同时，在世界银行的全球营商环境排名上，中国在 2018 年已经提升 32 位至第 46 位的基础上，2019 年又大幅提升了 15 位至第 31 位。

（三）中美贸易摩擦影响逐步降低

2019 年 11 月、12 月份开始，自美进口已经有了恢复性增长，特别是 12 月份进口了 788.3 亿元，增长了 9.1%，其中农产品进口 141 亿元，增长了 2 倍；汽车进口 2.3 万辆，增加了 1.5 倍。2019 年 12 月 6 日，国务院关税税则委员会根据相关企业的申请，开展了大豆、猪肉等自美采购商品加征关税的排除工作，对排除范围内的商品采取不加征反制关税的措施等。12 月当月，进口美国大豆、猪肉等产品均有大幅度提升。

第二节　挑战

一、突发疫情对工业形成冲击，短期内造成增长压力

（一）疫情对部分省份工业增长造成压力

湖北、广东及浙江为疫情较为严重地区，同时上海、广东、江苏、山东、浙江、福建、湖北、重庆等各省市占全国工业总产值比重约 50%，延期复工将严重拖累一季度工业经济增长。停工停产时期相对较长，从行业影响来看，计算机、通信和其他电子设备制造、化工品制造影响相对较为集中，电气机械制造与汽车制造次之，金属制品、纺织业、通用设备制造最弱。

（二）疫情影响的产业链传导效应较大

疫情产业链冲击源于两个维度：一是供给层面，由于交运限制，中游产业供给收缩，带来下游产业的被动收缩；二是需求层面，下游需求减弱，使得中游上游连续生产型企业存在库存积压风险。当前疫情发展阶段中，管制措施严格，供给收缩风险较大，同时也会对对中游连续生产型企业的间接影响。

（三）要警惕医疗用品行业产能过剩

当前新冠肺炎疫情造成口罩、防护服、护目镜等疫情防控物资用品极度紧缺，医疗用品行业正加快复工全力生产，相关重点企业已投入新设备进行扩产以满足当下防疫需求。但需要警惕，特殊时期防疫工作需求带来的生产扩张，在疫情过后可能会造成产能过剩现象。

二、国内外市场需求持续减弱，制约国内产业发展

（一）影响全球经济发展的不确定因素较多

2019 年，全球经济均面临较大下行压力，突出特点表现为欧美各国纷纷进入低增长、低通胀、低利率的"日本化经济陷阱"。2019 年，全球有 37 个国家和地区的央行降低了基础利率，以刺激国内经济。全球贸易、投资、工业生产等经济活动进程显著放缓，主要经济体经济增速同步下行。美国经济增速减弱，欧元区和日本经济持续疲软，新兴经济体经济下行压力不断加大。

（二）投资需求动力不足

从固定资产投资增速来看，2019 年一季度增速为 6.3%，全年增速为
5.4%，基本呈现小幅下行态势。其中，制造业投资仅增长 3.1%，处于有统计
数据以来较低水平。同时，国内基础设施投资不足，增速为 3.8%，直接影响
了上下游行业发展。此外，我国项目储备少，新开工项目、大项目、工业项
目少，这既影响经济发展的后劲，又会直接影响 2020 年的投资增长。

（三）重点商品消费需求增长放缓

分产业看，我国目前汽车消费持续低迷。受宏观经济下行、排放标准切
换、新能源汽车补贴退坡等因素影响，我国汽车月度产销量已连续一年多下
降。据中国汽车工业协会统计，2019 年，我国汽车产量和销量分别同比下降
7.5% 和 8.2%，降幅较年初有所收窄，但仍然呈下降趋势。汽车需求遇冷，导
致汽车投资和生产都明显放缓。2019 年，汽车制造业投资同比下降 1.5%，
汽车制造业增加值同比增长 1.8%，都处于近年来的低位。

三、新兴产业增速放缓，制造业高质量发展急需破局

（一）新兴产业高速发展态势趋缓

2019 年，以高技术制造业、工业战略性新兴产业等为代表的新兴产业工
业增加值增速明显放缓，且对规上工业的引领性明显减弱。2019 年，我国高
技术制造业增加值同比增长 8.8%，增速较上年回落 2.9 个百分点；相对规上
工业增速从上年同期的 5.4 个百分点收窄至 3.1 个百分点；工业战略性新兴
产业增加值同比增长 8.4%，增速较上年回落 0.5 个百分点。

（二）高技术制造业投资增速放缓

2019 年，我国高技术制造业投资同比增长 17.7%，增速较上年小幅加快
1.6 个百分点,；主要装备制造行业中，专用设备制造业、通用设备制造业投
资增速较上年都回落超过 5 个百分点；汽车制造业、电气机械和器材制造业、
铁路船舶航空航天和其他运输设备制造业投资持续下降，降幅分别为 1.5%、
7.5%、2.5%。

（三）制造业资本流失较严重

我国经济发展进入新常态之前，制造业发展速度相对较快，增速保持在10%以上，大部分产业、企业利润率较高，但随着进入制造业微利时代，制造业企业效益逐渐下滑，在我国 31 个制造行业中，目前有 9 个行业总资产利润率低于同期一年期贷款利率，存在资本从制造业流出的现象。

四、企业生产成本上升，民营企业融资难问题凸显

（一）劳动力成本不断提升

我国制造业就业人数于 2013 年达到峰值后逐步回落，而同时，我国制造业职工工资水平保持快速增长，据统计，2018 年我国规模以上制造业企业就业人员年平均工资达 64643 元，是 2013 年的 1.5 倍。叠加 2020 年爆发新冠肺炎疫情对员工流动性冲击，在一段时期内，企业招聘员工成本会有所上升。

（二）工业扩产需求面临阻碍

近年来，随着城镇化速度的加快，土地稀缺性问题日益突出，但工业用地需求依旧增长迅速，加之当前有关环保等问题的约束，工业用地批复等速度明显放缓。工业用地指标已经成为制约地区工业发展的刚性约束，工业用地成本增加压缩了企业利润空间。同时，由于我国不断加强对高投入、高消耗、高污染工业企业的环保督察和生态整治，《中华人民共和国环境保护法》等法律法规的出台也在不断增强工业生产的环境约束，工业企业的环境保护成本随之提高。

（三）民营企业融资环境仍需改善

在民营企业直接融资方面，由于受规模、盈利水平等多方面限制，民营企业无法发行股票筹资；在民营企业间接融资方面，银行"不愿贷、不敢贷、不会贷"，使很多企业的优秀项目因为缺乏资金而不得不放弃。同时，中小企业融资成本居高不下，2019 年我国中小企业的融资成本已经高于 10%，而社会平均融资成本为 7.6%，如果中小企业选择融资租赁、保理、小贷等融资方式，其融资成本则可能达到 20%。

第十二章

政策展望

　　2019 年是新中国成立 70 周年，也是全面建成小康社会的关键之年。70年来，中国工业由小到大、由弱到强，新技术新应用快速普及，制造强国和网络强国建设稳步推进。纵观全球，大国博弈日益明显，国际制度、体制机制加速变化，新一轮科技革命和产业革命规模正在扩大，由科技力量推动的产业变革正加速重塑世界，党中央做出了世界处于百年未有之大变局的重大判断。2020 年初，全球遭遇了突如其来的新冠疫情，社会生活面临巨大挑战，工业作为立国之本，强国之基的作用更加凸显。展望全年，我国在疫情得到有效控制的前提下，正在有序复工复产，尽管经济运行风险增加，外部环境复杂严峻，但是在以习近平同志为核心的党中央的坚强领导下，贯彻全新发展理念，推动制造业高质量发展；围绕新基建布局，加快数字经济提速；增强自主创新能力，确保核心技术自主可控；坚持对外开放政策，适应海外市场变化，仍将是今后工作的重点。

第一节　全面贯彻新发展理念，推动制造业高质量发展

　　当前，我国经济正面临国内外风险挑战明显上升的复杂局面，特别在疫情笼罩下全球经济增长明显放缓影响，使得本就处于深度调整期的世界经济格局面临更多的不利因素。全面贯彻创新、协调、绿色、开放、共享的新发展理，统筹推进稳增长、补短板、调结构、促融合、优环境各项工作，推动制造业高质量发展是保障我国经济平稳运行，激发增长内生动力的必然要求。

一、夯实产业基础，提升产业链现代化水平

　　坚持以新时代中国特色社会主义思想为指导，立足制造强国、网络强国

建设，尽快提升产业基础能力和产业链现代化水平，为构建现代化经济体系，实现经济实现高质量发展提供强有力支撑。要围绕工业领域关键技术和核心设备补齐短板，推动核心技术研发创新和产业化落地。以技术改造为抓手，秉持绿色、智能、安全、质量理念，积极推动企业技术改造和设备更新。我国已建立的全产业链发展是"中国制造"的重要保证，是产业结构优化和产业链现代化的前提。提升产业链现代化水平，要注重保持我国产业链完整，将产业链跨国依赖向本地要素市场和消费市场依存转变，发挥市场在资源配置中的作用，注重评估经济合理性和产业安全性。

二、平衡新旧动能，先进和传统制造业发展并重

制造业作为实体经济的构成主体，担负着推动经济长期稳定增长的核心引擎作用。加快先进制造业发展和改造提升传统产业是制造业面临的重要而艰巨的战略任务，必须坚持二者并重，把发展先进制造业作为创新引领，提升传统产业改造升级作为重要支撑。一方面，要坚持制造业高质量发展新理念，摒弃重量轻质的粗放式发展方式，围绕供给侧结构性改革主线，强调创新驱动，注重产品品质和培育品牌意识，提高传统制造业生产效率。另一方面，要以科技创新为突破，促进新一代信息技术与制造业融合发展，推动以数字化、网络化、智能化为特色的先进制造业发展。

三、聚焦两业融合，推动向价值链中高端迈进

先进制造业和现代服务业融合是顺应产业变革和增强制造业核心竞争力、培育现代产业体系的重要途径。当前我国制造业尚未充分享有上游研发设计和下游销售服务环节价值，存在"两头在外"问题，制造业和服务业融合仍处在初级阶段。随着我国制造业逐渐由大变强，已具备两业融合基础，先进制造业与现代服务业融合已势在必行。2019 年 11 月，多部门联合发布《关于推动先进制造业和现代服务业深度融合发展的实施意见》，为两业融合提供了政策指引。要探索基于现实需求的服务和制造业结合点，将医药健康、家居生活、养老等消费方向作为两业融合发展的重点。同时，发挥我国共享经济优势，将其运用到共享工厂、工业互联网、智能平台等服务型制造业。切实转变发展思路，利用大数据、服务渠道等资源，以现代服务业带动制造业发展。

第二节 围绕新基建积极布局，加快数字经济全面提速

2020 年 3 月，中央政治局常务委员会部署加快 5G 网络、数据中心等新型基础设施建设进度，"新基建"提速推进，5G、特高压、城际高速铁路和城际轨道交通、充电桩、大数据中心、人工智能、工业互联网等七大领域新型基础设施建设将迎来战略发展机遇。以投资驱动和硬核科技为核心的"新基建"，必将为发展带来更大的增长新动能，推动经济实现高质量发展。

一、5G 建设速度再次提速，成为引领新基建之首

5G 技术不仅是移动通信技术的简单升序，而是带来全新的网络架构、推动实现数字社会的技术性变革。5G 网络建设加速对车联网、物联网等数据应用领域和技术研发将起到根本性的推动作用，带来人工智能、可穿戴设备、车联网、物联网等领域数据采集和数据使用的标准化。国务院近期发布的"关于构建更加完善的要素市场化配置体制机制的意见"中明确提出加快培育数据要素市场，互联网数据中心（IDC）建设将成为数据要素市场发展重点，一方面数据中心将满足数据量大幅增长对处理能力的需求，另一方面，数据中心技术将拉动整体数据处理水平的提升，包括数据采集、管控、安防、流动等各方面。受全球疫情影响，物资协调、远程办公、共享协同的生产方式等生产经营新模式爆发增长，围绕 5G 技术的新一代信息基础设施建设技术创新及应用，必将推动在各领域数字化、智能化转型中的支撑引领作用。

二、特高压新能源迎机遇，电力基础设施拉动投资

特高压和充电桩建设将带动投资节奏加快，这两个领域具有投资规模大、产业链条长和经济社会效益明显的特点。国家电网近期表示，今年特高压建设项目投资规模将扩大至 1811 亿元，其可带动其他社会投资 3600 亿元，总规模约 5411 亿元。国家电网将确保年内建成"3 交 1 直"工程，明年将争取建成陕北-湖北、雅中-江西直流工程，建设节奏明显加快，相关行业发展有望得到有效拉动。未来特高压将迎来核准量、开工量、投产量和投资额的全面增长，带来更大经济和社会效益。在新能源基础设施方面，截至 2019 年末全国充电基础设施累计数量为 121.9 万个，全国新能源汽车保有量达 381 万辆，3:1 的车桩比距国家规划 1:1 要求仍有较大差距，加速充电桩建设尤为重要。今年全年预计完成投资 100 亿元，新增公共桩预计 20 万个，

私人桩预计超 40 万个，形成高速公路、城市、乡村公共充电网络。

三、技术催生新业态新模式，产业加快智能化变革

5G、特高压、充电桩等新型基础设施建设加快的同时，大数据、人工智能、工业互联网等新一代信息技术将催生新业态、新模式的诞生，产业智能化转型发展将不断加速。能源、交通、物流、制造业、医疗、教育、服务等众多产业都面临着基础设施的数字化智能化转型。特别是在近期疫情影响下，"无接触生产服务""互联网+"等倒逼各行业的线上发展加速，迫切需要公共服务平台和产业生态圈构建加快，促进各类资源和生产要素合理流动和优化配置，加快形成更加适应数字经济、智慧社会需要的基础设施体系。人工智能、大数据、工业互联网、区块链等新技术代表了未来生产力和经济发展方向，将成为我国深化供给侧结构性改革，创新推进经济高质量发展的重要引擎。

第三节　增强自主创新能力，确保核心技术自主可控

创新是引领发展的第一动力，我国 70 年工业发展离不开创新驱动。改革开放以来，我国坚持协同推进技术创新、管理创新和制度创新，产业发展的动力逐渐向以技术进步为主导转换。党的十八大以来，党中央始终把科技创新摆在国家战略核心位置，提出完善国家创新体系，夯实科技能力基础。这就要求聚焦重大需求突破关键核心技术，牢牢把握发展和安全的主动权。

一、提升软件技术和硬件能力，在关键领域进行重点攻坚

产业技术变革方兴未艾，正处在从量的积累向质的飞跃、点的突破向系统能力提升的重要时期。随着移动互联网、大数据应用快速兴起，解决技术升级给产业发展带来的新的挑战是全球产业竞争共同面临的课题。目前，我国很多行业仍然面临着关键技术受制于人的局面，产品技术可靠性和标准化亟待解决，部分高端产品的主要依赖进口，存在"卡脖子"现象。要完全掌控一项产品技术，需要软硬件能力的同步提升，否则技术无法实现突破。目前，包括华为、北汽、大疆、阿里等在内的众多国内企业，正在不断加大企业研发投入，进行全球产业新技术研发。近期，我国提出实施"国家软件重大工程"，软件领域的国产化有望提速，特别是在基础软硬件方面，集中力

量研究关键软件技术问题，推动工业技术的软件化，加快软件定义网络的应用推广，实现国产软件规模化发展。

二、抓住产业链重构机会，加速部分产业进口替代进程

当前，全球产业联系密切，各类商品服务涉及多个生产环节，原材料和中间产品加工制造离不开全球各国家地区的参与，全球产业链紧密耦合。随着近年来贸易保护主义抬头，加之疫情全球蔓延扩散，全球产业链正在遭受前所未有的打击，由此引发的经济发展放缓和衰退的预期不容忽视。我国企业需要密切留意此次疫情正在带来的全球产业链重构历史机遇，充分研判产业发展趋势，结合自身发展实际，为后疫情时期的全球产业恢复积极探索自身优势和产业韧性，为全球产业链重构重建和全球经济恢复发挥重要作用。目前，通信、计算机、汽车、医药、新能源、化工等产业都面临着产业链转移机会，特别是要加大对医疗器械、生物疫苗、计算机软件等产品研发和专利保护的支持力度，避免对海外企业过分依赖，逐步实现国产进口替代。

三、加强知识产权保护力度，提前布局专利和技术人才

现代科技研发和技术产业化应用的快速发展，离不开知识产权保护。知识产权是人类对于社会实践过程中创造的智力劳动成果专有权利的享有，是当代社会财富的重要来源。自主知识产权的技术成果的占有量，反映了一国企业竞争力的强弱。在提升自主创新能力的过程中，必须要切实保护好创新主体的知识产权，真正激发创新创业主体的积极性，加快创新型国家建设步伐，为制造强国建设奠定基础。提前谋划专利成果布局，掌握创新主动权，加强在重点海外目标市场的专利授权，为企业国际化经营做好准备。重视企业核心技术人才的自主可控，加强核心技术人才培养力度，形成人才长效培养机制和专业技术团队化，构建相对完整的研发业务体系。

第四节 落实对外开放政策，适应海外市场变化

2019年，我国围绕外商投资、市场准入、汽车金融业开放等出台多项扩大对外开放举措，自贸试验区扩围至18个，营商环境持续改善。当前，全球经济不确定性大增，海外市场波动性增加，我国企业面临的外部环境和形势更加复杂，需积极调整适应。

一、进一步放宽市场准入，持续改善营商环境

2019 年，中国频繁出台扩大开放的多项新举措，引起各国广泛关注。2019 年 11 月，国家发展改革委公布《市场准入负面清单（2019 年版）》，共列入事项 131 项，相比前一年减少了 20 项，缩减比例为 13%。具体来看，清单减少了管理措施、公布了主管部门、明确了统一编码，丰富健全市场准入体系，增强了负面清单的科学规范性，市场准入负面清单制度体系不断健全。进一步放宽市场准入既是当前我国政府积极推进对外开放的重要方向，也是中国经济转型的自主抉择，未来将继续出台相关措施，不断加快开放的步伐。在改善营商环境方面，我国去年首次出台优化营商环境行政条例，以法治手段推动营商环境优化，彰显了不断深化改革、扩大开放的坚定决心，在稳定全球市场预期、提振内部信心方面具有发挥关键作用。中国正在通过不断扩大开放的确定性应对外部环境的不确定性，为维护全球贸易投资自由、建设开放型世界经济贡献中国智慧和方案。

二、做好稳外贸稳外资工作，开拓多元化国际市场

当前，稳外贸稳外资已经成为我国应对海外市场变化的首要任务。要以全面、长期视角看待全球外贸外资发展中出现的现象，增强自身产业竞争力，坚定战胜困难的信心。随着 2020 年初全球疫情的爆发和持续，短期内对外贸外资造成了冲击，但是中国经济长期向好的基本面和中国的全球价值链地位不会改变；中国产业规模大、门类全、配套完备的特点短期内不会改变，疫情因素的影响也可适时转化成推进高水平对外开放的动力。一方面，要分类指导分业施策，加强稳外贸针对性。另一方面，要促增量、稳存量并举，稳定外资。重点保障推进在谈和在建项目，协调解决实际困难，争取按计划推进，创新优化招商引资模式吸引新项目落地。

三、积极参与国际合作，推动区域贸易投资协定达成

从 2019 年"一带一路"的经贸数据来看，我国参与国际合作取得显著成效。一是与沿线国家贸易额显著增加，贸易成本下降。二是在沿线国家的工程建设开拓了彼此市场，为全球经济增长做出贡献。三是货物贸易向服务贸易、博览会等形式拓展，为各国带来更多发展机遇。随着国际市场的变化，我们要积极应对境外贸易限制措施，深化服务贸易创新发展，

鼓励企业用好自贸协定优惠政策。我国扩大开放带来更多机遇的同时，随之而来的也是更加激烈的竞争，国内企业需及时调整并提升市场竞争力。加快中国与其他国家的自贸协定谈判步伐。2019 年年底，商务部表示将促成《区域全面经济伙伴关系协定》（RCEP）签署[①]。2020 年 4 月，中国-柬埔寨自贸协定第二轮谈判举行，双方就投资、经济、技术合作、跨境电商和法律等相关问题达成共识。

---

① 编者注：本书正式出版前，RCEP 已于 2020 年 11 月 15 日正式签署。

后　记

　　赛迪智库工业经济研究所长期跟踪研究工业经济，在对我国工业经济发展趋势研判、制造业发展的营商环境、工业经济发展质量、工业领域前沿技术创新的基础上，历时半载，经广泛调研、详细论证、数次修订和完善，完成了《2019—2020 年中国工业发展质量蓝皮书》。

　　本书由刘文强担任主编，秦海林、关兵、王昊、梁一新担任副主编，负责书稿框架设计和审稿，关晓旭负责统稿校对。全书共分为六篇，其中：理论篇由张亚丽（第一章）、乔宝华（第二章）编写；全国篇由乔宝华（第三章）、张文会（第四章）编写；区域篇由乔宝华（第五章）、韩力、韩建飞、周禛、孟凡达、王昊、张厚明、张赛赛、刘世磊、谢雨奇、秦婧英、张凯（第六章）编写；专题篇中的工业高质量发展专题研究由秦海林（第七章）编写，国际经贸与产业发展专题研究由梁一新（第八章）编写，财税金融政策专题研究由张淑翠（第九章）编写，新能源及智能网联汽车专题研究由赫荣亮（第十章）编写；展望篇中的机遇与挑战由李佳璐（第十一章）编写，政策展望由苍岚（第十二章）编写。同时，本书在研究和编写过程中得到了工业和信息化部各级领导，以及行业协会和企业专家的大力支持与指导，在此一并表示衷心的感谢。

　　本书以习近平新时代中国特色社会主义思想为指引，围绕我国工业经济当前的重点、热点、难点问题进行研究，特别是对制造业高质量发展过程中所面临的机遇与挑战进行深度分析，构建了成熟的指标体系，旨在推动我国工业经济高质量发展。同时，希望我们的研究能够为探索工业高质量发展新路径提供一些思考，为制造强国战略的进一步落实提供一种新的监测和评估视角。

思想，还是思想
才使我们与众不同

《赛迪专报》　　　　《安全产业研究》　　　　《产业政策研究》

《赛迪前瞻》　　　　《工业经济研究》　　　　《军民结合研究》

《赛迪智库·案例》　《财经研究》　　　　　　《工业和信息化研究》

《赛迪智库·数据》　《信息化与软件产业研究》　《科技与标准研究》

《赛迪智库·软科学》《电子信息研究》　　　　《无线电管理研究》

《赛迪译丛》　　　　《网络安全研究》　　　　《节能与环保研究》

《工业新词话》　　　《材料工业研究》　　　　《世界工业研究》

《政策法规研究》　　《消费品工业"三品"战略专刊》《中小企业研究》

　　　　　　　　　　　　　　　　　　　　　　《集成电路研究》

通信地址：北京市海淀区万寿路27号院8号楼12层
邮政编码：100846
联 系 人：王　乐
联系电话：010-68200552　13701083941
传　　真：010-68209616
网　　址：www.ccidwise.com
电子邮件：wangle@ccidgroup.com

研究，还是研究
才使我们见微知著

规划研究所	知识产权研究所	安全产业研究所
工业经济研究所	世界工业研究所	网络安全研究所
电子信息研究所	无线电管理研究所	中小企业研究所
集成电路研究所	信息化与软件产业研究所	节能与环保研究所
产业政策研究所	军民融合研究所	材料工业研究所
科技与标准研究所	政策法规研究所	消费品工业研究所

通信地址：北京市海淀区万寿路27号院8号楼12层
邮政编码：100846
联系人：王 乐
联系电话：010-68200552 13701083941
传　　真：010-68209616
网　　址：www.ccidwise.com
电子邮件：wangle@ccidgroup.com

面向政府　服务决策

思想，还是思想
　才使我们与众不同

《赛迪专报》	《安全产业研究》	《产业政策研究》
《赛迪前瞻》	《工业经济研究》	《军民结合研究》
《赛迪智库·案例》	《财经研究》	《工业和信息化研究》
《赛迪智库·数据》	《信息化与软件产业研究》	《科技与标准研究》
《赛迪智库·软科学》	《电子信息研究》	《无线电管理研究》
《赛迪译丛》	《网络安全研究》	《节能与环保研究》
《工业新词话》	《材料工业研究》	《世界工业研究》
《政策法规研究》	《消费品工业"三品"战略专刊》	《中小企业研究》
		《集成电路研究》

通信地址：北京市海淀区万寿路27号院8号楼12层
邮政编码：100846
联系人：王　乐
联系电话：010-68200552　13701083941
传　真：010-68209616
网　址：www.ccidwise.com
电子邮件：wangle@ccidgroup.com

研究，还是研究
才使我们见微知著

规划研究所	知识产权研究所	安全产业研究所
工业经济研究所	世界工业研究所	网络安全研究所
电子信息研究所	无线电管理研究所	中小企业研究所
集成电路研究所	信息化与软件产业研究所	节能与环保研究所
产业政策研究所	军民融合研究所	材料工业研究所
科技与标准研究所	政策法规研究所	消费品工业研究所

通信地址：北京市海淀区万寿路27号院8号楼12层
邮政编码：100846
联系人：王 乐
联系电话：010-68200552 13701083941
传　　真：010-68209616
网　　址：www.ccidwise.com
电子邮件：wangle@ccidgroup.com